21世纪信息与管理系列教材 Textbooks of Information and Management in 21st Century

专业统计与信息系统

Professional Statistics and Information System

主　编　王永全 刘　琴
副主编　胡翠华 王　弈 汪靠斌

北京大学出版社
PEKING UNIVERSITY PRESS

图书在版编目(CIP)数据

专业统计与信息系统/王永全,刘琴主编.—北京:北京大学出版社,2007.2
(21世纪信息与管理系列教材)
ISBN 978-7-301-11568-8

Ⅰ.专… Ⅱ.①王… ②刘… Ⅲ.①劳动就业-社会保障-经济统计-高等学校-教材 ②劳动就业-社会保障-管理信息系统-高等学校-教材 Ⅳ.C913.7

中国版本图书馆CIP数据核字(2007)第010359号

书　　　名:专业统计与信息系统
著作责任者:王永全　刘　琴　主编
责 任 编 辑:杨丽明　王业龙
标 准 书 号:ISBN 978-7-301-11568-8/TP·0896
出 版 发 行:北京大学出版社
地　　　址:北京市海淀区成府路205号　100871
网　　　址:http://www.pup.cn
电　　　话:邮购部62752015　发行部62750672　编辑部62752027
出版部62754962
电 子 邮 箱:law@pup.pku.edu.cn
印　刷　者:世界知识印刷厂
经　销　者:新华书店
730毫米×980毫米　16开本　18.75印张　357千字
2007年2月第1版　2009年1月第3次印刷
定　　　价:30.00元

前　言

现代社会是一个信息爆炸的社会,各种信息、数据散布在社会经济和生产经营活动的每个角落。独立的信息、数据对于用户来说价值甚微,只有将这些数据采集起来,进行合理的整理、加工、统计、分析、处理,从而获取相关的知识,才能更好地为社会经营管理决策提供支持。因此在信息社会中,数据的采集、整理、加工、统计和分析显得尤为重要。特别是在涉及社会经济活动与管理以及社会经济发展与统筹规划的相关专业领域,如人力资源、劳动就业、社会保障、教育和社会发展等领域,通过有效的专业统计理论和分析方法,利用现代信息技术手段对所取得的原始数据进行加工和处理,取得更高层次的信息,为制定宏观政策提供科学的依据,进而辅助社会经济管理与决策具有重要意义。

计算机技术的快速发展、信息系统的科学开发与管理、统计分析工具相关功能的有效使用不仅有利于各专业统计领域中相关数据的采集、整理、加工、统计、分析和使用,而且还大大提高了相关统计工作的效率。这就要求数据统计工作者不仅要具备专业统计领域的相关知识,还要具备计算机、信息管理等学科的专门知识,并掌握统计分析工具的使用技能。

根据以上思考,特别是近几年,随着社会经济发展及其统筹规划,以及相关公共事业管理工作对人才的客观需求,许多高校新设置了劳动与社会保障专业,通过该专业中必修课程专业统计与信息系统的教学实践,我们深切感受到,适合该课程教学使用的相关教材还很少见,也尚未见到以课程名称专业统计与信息系统命名的教材,这给该课程的教学工作带来了许多不便。为此,我们根据相关专业人才培养对学生应具备的知识和技能的要求,并从课程具体教学目标的实现出发,组织具有丰富教学经验的教师,在专业统计与信息系统课程教学讲义的基础上共同编写了本书。

本书在内容取舍上,对统计学(特别是专业统计领域知识)、计算机、信息管理与信息系统以及相关统计分析工具的使用等学科和知识进行了合理的融合,从这个角度来说,本书目前是第一本综合运用多学科知识介绍专业统计与信息系统内容的书籍。对于统计工作者来说,通过本书不仅可以了解国民经济与社会经济发展中各专业统计领域的统计理论与方法、统计指标(体系)及指标计算,还可以参照书中详细介绍的数据处理与统计分析软件 Excel 和 SPSS 相关功能对这些统计指标进行分析;对于计算机专业工作者来说,可以针对本书介绍的专业统计领域的统计指标及统计信息系统的开发思路,建设科学合理的专业统计管理信息系统;而对于信息管理工作者来说,可以针对本书介绍的专业统计领域的统计指标与统计信息系统的构建原理,科学合理地采集、整理、加工、分析和处理相关统计数据。

在谋篇上,全书共计 11 章,分为两大部分:第一部分是专业统计方面的内容,包括第 1 章至第 6 章。这部分主要对社会经济发展与国民经济生活中和劳动与社会保障工作紧密相关的几方面内容进行了介绍,主要包括人口和人力资源统计、国民经济核算统计、居民生活水平统计、社会保障统计、教育统计、社会发展统计等领域的专业统计理论、统计指标和统计分析方法。第二部分是信息系统方面的内容,包括第 7 章至第 11 章。这部分先介绍了统计信息系统的基本概念和构建原理;然后分别从统计信息系统的开发与管理和现有流行统计分析软件的使用两个角度,分别论述了如何对专业统计领域的原始数据进行科学的统计分析与处理,主要包括统计信息系统的基本概念和构建原理,统计信息系统的开发方法与管理,数据处理和统计分析软件 Excel,数据处理和统计分析软件 SPSS,以及其他数据处理和统计分析软件(如 SAS、LISREL、SARP 等),特别是其中的数据处理和统计分析软件方面的内容,通过实例分别详细介绍了如何使用 Excel、SPSS、SAS、LISREL、SARP 等软件工具来实现数据统计分析功能。此外,书中所介绍的针对劳动与社会保障领域的数据进行统计分析与处理的大量实例,实用性强,可直接应用于统计工作实践。全书内容可为人力资源、劳动就业、社会保障、教育和社会发展等专业统计领域的统计核算及统计数据的信息化处理与分析提供有益的理论参考和实践指导。

本书可作为高等院校劳动与社会保障专业、统计学专业以及财经管理类相关专业的教材,也可供相关专业师生、学者、统计工作者参考。

本书的特色体现在:

1. 系统性

本书涉及的内容和知识较为丰富,包括专业统计、计算机、信息管理与信息系统,以及较为流行的统计分析软件等工具的使用。但在全书的组织、内容的衔接和编排上并未生搬硬套,而是全面考虑了本书的系统性、连贯性,自然衔接,系统地涵盖了相关的重要知识点。

2. 实用性

本书运用了许多实例来讲述所涉及的知识和技能,这对于理解和掌握有关知识点,进而举一反三十分有利;另外,由于这些例子大都是各行业的实际案例,对读者理论联系实际,做好有关实际工作也将起到切实的帮助作用。

3. 通俗性

本书在内容的叙述和编写方面,始终贯彻深入浅出的原则,力求用简洁、流畅的语言进行描述,因而可读性强,便于读者理解和掌握有关概念、知识和技能。

全书由王永全和刘琴任主编，胡翠华、王弈和汪靠斌任副主编。第 1 章、第 2 章、第 5 章、第 6 章由王永全编写；第 3 章由王弈编写；第 4 章由汪靠斌编写；第 7 章、第 10 章由胡翠华编写；第 8 章、第 9 章由刘琴编写；第 11 章由汪靠斌和刘琴共同编写。本书第 9 章、第 10 章的示例文件均见于上海圣大燕园文化传播有限公司网站“资源下载”，即 www.shengdabooks.com。主编在审阅过程中还对一些章节的内容作了合理的修改和整理。全书由王永全和刘琴拟定编写大纲并统稿。

本书是在张明军教授、黄安余教授和方乐华教授的大力支持、帮助和鼓励下完成的；同时，本书的编写还得到了华东政法学院各级领导，特别是政治学与公共管理学院以及信息科学技术学院领导的关怀和支持，在此一并表示诚挚的感谢！

由于时间紧迫以及作者水平有限，书中存在缺点和错误在所难免，恳请专家和广大读者不吝指正。

编　者

2006 年 12 月 28 日

目　录

第1章 人口和人力资源统计

在经济社会生活中，人力资源是第一构成要素，它是以人口为基础形成的，而人口在经济社会生活中又起着双重角色的作用。一方面，作为生产者，在人口基础上形成的人力资源是经济活动不可或缺的条件之一；另一方面，作为消费者，人口处于社会消费主体的地位，体现着经济社会的终极目的，是人类物质文化生活需要的承载者。一个国家的人口状况以及由此形成的人力资源的特征构成了该国经济社会特征的重要方面，并且是其他方面特征的决定因素，如收入分配问题、就业问题、生产率问题，以及劳动与社会保障问题等。经济社会的许多问题都是以人口和相应的人力资源为前提的。在我国，人口更是一个关系到经济社会发展的根本问题，因此人口统计及与此紧密关联的人力资源统计是经济社会统计首先需探讨的重要内容。

1.1 人口规模与人口构成统计

1.1.1 人口规模统计

1. 人口规模统计指标

人口规模是体现一个国家或地区国情国力的基本信息，也是制定该国或地区人口规划的基本依据。人口规模是通过人口数这个指标来反映的。

2. 人口规模统计

人口规模是通过人口数这个统计指标加以反映的，而人口数可以按在居住地的居留时间长短及其所反映的时间性质分别加以统计。

(1) 按在居住地的居留时间长短统计

人口数按在居住地居留时间长短不同，可以分为常住人口数和现有人口数。

① 常住人口数统计

常住人口数是指以该地区为经常留居地的人口的总和，或者说是长期（通常指一年以上）居留于该地区的人口总和。

② 现有人口数统计

现有人口数是指在特定调查时点上该地区实际居留的人口的总和。

导致现有人口数与常住人口数之间差异的原因是人口的短期流动。常住人口数和现有人口数两者之间的数量差异关系可用下列公式表示：

现有人口数 = 常住人口数 + 临时寄居的外来人口数
- 临时外出的常住人口数

(2) 按其所反映的时间性质统计

人口数按其所反映的时间性质不同,可以分为时点人口数和平均人口数。

① 时点人口数统计

时点人口数是指某一特定时刻的人口数。在人口经常登记中,时点人口数包括年初人口数和年末人口数。

年初人口数是指1月1日0时这一时间状态下的人口数;年末人口数是指12月31日24时这一时间状态下的人口数。两者关系可用下列公式表示:

年末人口数 = 年初人口数 + (年内出生人口数 - 年内死亡人口数)
+ (年内迁入人口数 - 年内迁出人口数)

② 平均人口数统计

平均人口数是某一时期某一地区的各时点人口数的平均值。它是人口研究中最基础而又重要的指标。特别是在计算出生率、死亡率、人口自然增长率,以及人均产量、人均产值等统计指标时都必须使用平均人口数。

根据所掌握的统计资料不同,平均人口数的计算主要有算术平均数法和序时平均数法。

算术平均数法:若取得的人口资料为每日人口数,其公式为:

$$\bar{p} = \frac{1}{n}\sum_{i=1}^{n} p_i$$

上述公式中,$\bar{p}$ 表示平均人口数;p_i 表示时间为 i 的人口数;n 表示日历天数。

序时平均数法:若取得的人口资料为三个时点以上的人口数,则用这种方法。它具体又分为两种方法:

第一,若时点间隔 t 为等距离,即 $t_1 = t_2 = t_3 = \cdots = t_n$,则对 n 个时点的人口数 $P_0, P_1, P_2, \cdots, P_n$ 有:

$$\bar{P} = \frac{\frac{p_0}{2} + p_1 + p_2 + \cdots + p_{n-1} + \frac{p_n}{2}}{n}$$

第二,若时点间隔 t 为不等距,即 $t_1 \neq t_2 \neq t_3 \neq \cdots \neq t_n$,有:

$$\bar{p} = \frac{\frac{p_0 + p_1}{2} \times t_1 + \frac{p_1 + p_2}{2} \times t_2 + \cdots + \frac{p_{n-1} + p_n}{2} \times t_n}{t_1 + t_2 + \cdots + t_n}$$

1.1.2 人口构成统计

1. 人口构成统计指标

人口构成一般可分为人口自然构成、人口社会构成、人口经济构成和人口地域构成四类。因此,可以按照上述四类中的具体统计指标对人口构成情况分类进行统计。

2. 人口构成统计

(1) 人口自然构成统计

人口自然构成是指按照人口的自然标志如性别、年龄等对人口进行划分而形成的构成。它是人口现象中最为重要的构成。

① 人口性别构成统计

用来描述人口性别构成的基本统计指标是性比例和性别比,计算公式如下:

$$\text{性比例} = \frac{\text{男(女)性人口数}}{\text{总人口数}} \times 100\%$$

$$\text{性别比} = \frac{\text{男性人口数}}{\text{女性人口数}} \times 100\%$$

在人口性别构成研究中,除上述两个基本统计指标外,还可以根据上述公式的同一原理按年龄性别比、婚龄期性别比、出生婴儿性别比等派生指标进行类似统计。

② 人口年龄构成统计

年龄是一个人生存时间长度的自然标志。人口统计中,年龄的计算是以周龄为准的。周龄是指一个人从出生到计算期为止所经历过的整年数。

人口年龄构成统计是建立在对人口按年龄进行分组的基础上的,用各年龄组人口占总人口的比重来表示。在我国,人口年龄构成统计中最常用的特殊年龄分组如表1-1所示:

表1-1　我国最常用的特殊年龄分组

年龄分组区间	分组区间名称
0岁	婴儿组
1—6岁	学龄前儿童组
0—14岁	少年儿童组
15—64岁	成年组
65岁及以上	老年组
16—60岁(男) 16—55岁(女)	劳动力年龄组
20岁(女) 22岁(男)	法定婚龄起点组
15—49岁(女)	育龄妇女组

在人口年龄分组区间的基础上，我们可以计算一些派生指标，如少年儿童人口系数、成年人口系数、老年人口系数、抚养系数以及年龄中位数等指标。

$$少年儿童人口系数=\frac{0—14\text{ 岁人口数}}{总人口数}\times 100\%$$

$$成年人口系数=\frac{15—64\text{ 岁人口数}}{总人口数}\times 100\%$$

$$老年人口系数=\frac{65\text{ 岁以上人口数}}{总人口数}\times 100\%$$

$$抚养系数=\frac{0—14\text{ 岁人口数}+65\text{ 岁以上人口数}}{15—64\text{ 岁人口数}}\times 100\%$$

值得注意的是，为了描述人口年龄和性别交叉构成状态，还可以利用有关统计资料绘制人口年龄金字塔。

所谓人口年龄金字塔，是用几何图形来描述人口年龄构成状况的图示形式。人口年龄金字塔图形分左右两部分，一般男性在左，女性在右，中间纵轴按年龄分别由下向上排列，向左右两方延伸的横轴按人口数或者各年龄的人口占总人口的比重标出。根据某一时间上各个年龄组的男性和女性人口数或者年龄构成的比重资料，在图形上标出各点并连接成线，即得人口年龄金字塔。人口年龄金字塔示意图如图 1-1 所示。

就人口年龄的自然构成特征而言，人口年龄的分布特征应该是一个塔底宽、塔尖窄，并按照人口年龄自然顺序从塔底顺次缩进至塔尖的金字塔的分布。然而，当人口受到外界因素影响，人口年龄金字塔的形状就会发生变化，这也正是我们研究人口年龄金字塔的意义所在。下宽上窄的人口年龄金字塔称为增长型的人口年龄金字塔；反之，则称为缩减型的；底以及中部宽窄相近的人口年龄金字塔称为稳定型的。这三种不同形状的人口年龄金字塔分别反映了人口再生产趋势的三种类型。

（2）人口社会构成统计

人口社会构成统计主要通过人口民族构成和人口教育水平构成等统计指标进行统计。

① 人口民族构成统计

人口的民族构成是把人口按民族标志进行划分，然后计算各个民族的人口数在总人口中所占的比重。计算公式为：

$$（某）民族人口比率=\frac{该民族人口数}{总人口数}\times 100\%$$

② 人口教育水平构成统计

可以按两种方式对人口教育水平构成进行统计：

一种是将人口按照文盲者与识字者进行分组，计算文盲率与识字率等指标。

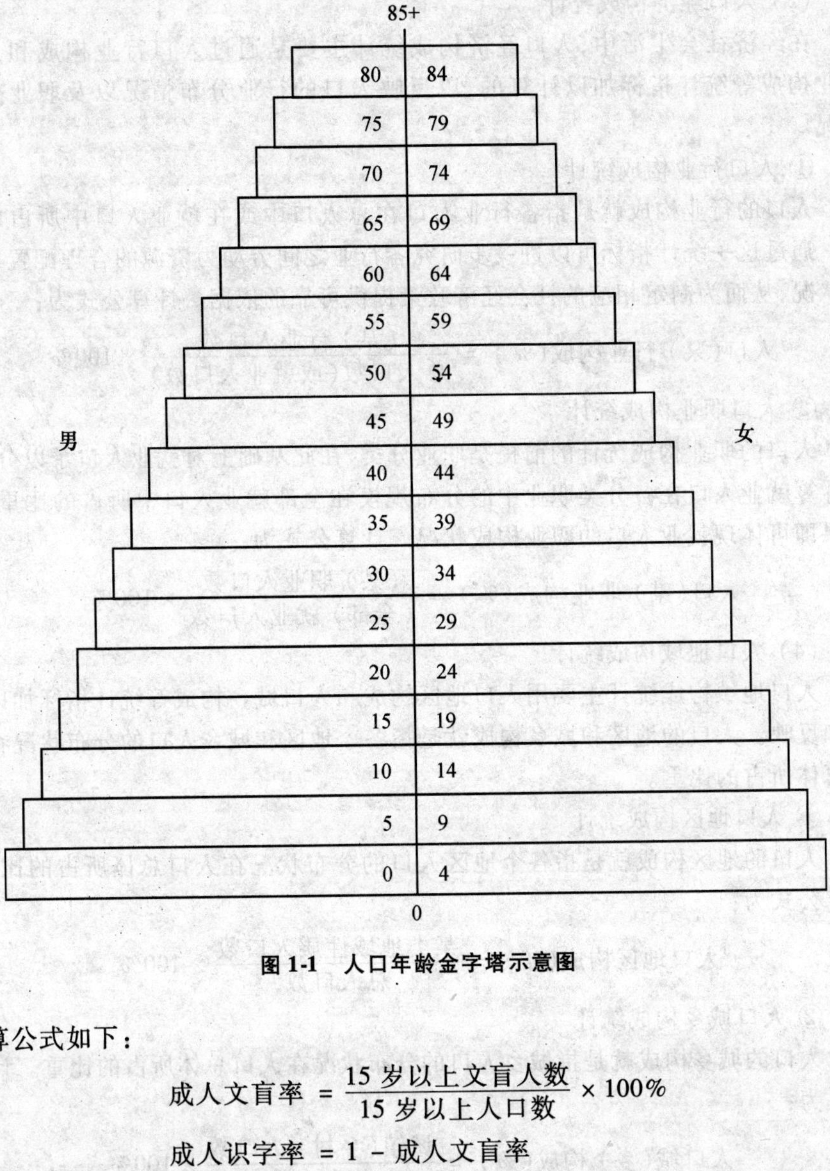

图1-1 人口年龄金字塔示意图

计算公式如下：

$$成人文盲率 = \frac{15\ 岁以上文盲人数}{15\ 岁以上人口数} \times 100\%$$

$$成人识字率 = 1 - 成人文盲率$$

另一种是将人口按受教育程度划分为文盲、半文盲、小学、初中、高中、大学本(专)科、研究生等,计算各组人数比重和每万人中具有各类文化教育程度人数等比率指标。计算公式如下[以受大学本(专)科教育程度为例,其余类似]:

$$接受大学本(专)科教育人数比率 = \frac{接受大学本(专)科教育人数}{总人口数} \times 100\%$$

(3) 人口经济构成统计

在经济社会生活中,人口经济构成统计主要是通过人口行业构成和人口职业构成等统计指标加以计算的,以反映人口的行业分布情况以及职业分布情况。

① 人口行业构成统计

人口的行业构成就是指各行业人口在总人口中或在就业人口中所占的比重。通过这一统计指标可以进一步研究各行业之间劳动力资源的合理配置与转移状况,从而为制定相应的社会经济政策提供可靠的依据。计算公式为:

$$\text{人口(某)行业构成(\%)} = \frac{\text{(某)行业人口数}}{\text{总人口数(或就业人口数)}} \times 100\%$$

② 人口职业构成统计

人口的职业构成统计的前提是职业分类,在此基础上对就业人口予以分组,并计算就业人口在各分类职业中的分布规模在全部就业人口中所占的比重,其结果即可体现就业人口的职业构成状况。计算公式为:

$$\text{人口(某)职业构成(\%)} = \frac{\text{(某)职业人口数}}{\text{(全部)就业人口数}} \times 100\%$$

(4) 人口地域构成统计

人口地域构成统计主要用人口地区构成和人口城乡构成等统计指标加以统计和反映。人口的地区和城乡构成就是指各个地区和城乡人口的分布状况在人口总体所占的比重。

① 人口地区构成统计

人口的地区构成就是指各个地区人口的分布状况在人口总体所占的比重。计算公式为:

$$\text{人口地区构成(\%)} = \frac{\text{某类地域性质人口数}}{\text{总人口数}} \times 100\%$$

② 人口城乡构成统计

人口的城乡构成就是指城乡人口的分布状况在人口总体所占的比重。计算公式为:

$$\text{人口城(乡)构成(\%)} = \frac{\text{城镇(乡村)人口数}}{\text{总人口数}} \times 100\%$$

人口城乡构成状况和经济社会发展程度密切相关。许多国家的经验表明,随着经济的发展,特别是工业化过程的推进以及当今社会信息化程度的不断提高,会出现城市化的趋势,即人口由农村向城镇流动,这将使得城镇人口比重不断增长。因此,城镇人口占人口总体的比重是一个很重要的统计指标,是用于衡量某个国家或者地区城市化进程和程度的重要标志。

人口密度是指单位土地面积上所聚居的人口数量,也即单位土地面积所负载的人口数量。计算公式为：

$$人口密度=\frac{某个国家或地区的人口数}{该国家或地区的土地面积}$$

在该公式中，人口密度的计量单位通常为每平方公里多少人，即用“人/平方公里”表示。分子中的人口数，是指一个国家或地区的常住居民人口数；分母中的土地面积是指该国或地区领土范围内的全部陆地面积（包括无人居住的沙漠和森林面积）、水域面积和沼泽面积之和。

1.2　人口变动统计

人口变动的原因有两个：其一是自然变动，主要由出生和死亡而引起；其二是机械变动，主要由人口迁移而引起。人口变动将导致人口数量和人口构成情况发生变化。

1.2.1　人口出生与人口死亡统计

1. 人口出生统计

(1) 出生人数统计

出生人数是指在一定时期内（通常指一年）出生的有生命现象的婴儿数之和（所谓有生命现象，是指有呼吸，或有心跳，或有随意肌抽动，或有脐带的蠕动）。出生人数中不包括死产，但包括出生后不久即死亡的婴儿。

(2) 出生率统计

出生率是反映一定时期内（通常是一年）平均每千人中的某类人口的出生人数，即某类人口出生这一事件发生的频率。计算公式如下：

$$(某类)人口出生率=\frac{年出生人数}{年平均人口数}\times 100\%$$

2. 人口死亡统计

(1) 死亡人数统计

死亡人数是指一定时期（通常指一年）内由于各种原因而失去生命的人数之和。死亡人数按死者的户口所在地而非死亡的发生地进行统计（但不包括死产）。该统计指标是分析人口死亡事件的基础指标。

(2) 死亡率统计

死亡率统计指标主要包括总死亡率、年龄别死亡率、婴儿死亡率及平均预期寿命等。

① 总死亡率

总死亡率（即粗死亡率）是某一地区某一年度的死亡人数与该年平均人口

数之比，它反映总人口中死亡这一事件发生的频率。计算公式为：

$$总死亡率 = \frac{一年内的死亡人数}{年平均人口数} \times 100\%$$

② 年龄别死亡率

年龄别死亡率是对不同年龄组的人口分别计算该年龄组死亡人数在该年龄组人口中所占的比重。计算公式为：

$$年龄别死亡率 = \frac{X\,岁年龄组死亡人数}{X\,岁年龄组平均人数} \times 100\%$$

③ 婴儿死亡率

婴儿死亡率是指一年内每千名不满周岁的婴儿中，死亡的婴儿人数所占的比重。该指标是死亡率统计中十分重要的一个指标。因为婴儿死亡率指标综合反映了一个国家或地区的医疗卫生条件、社会经济实力、人民生活水平以及科学技术水平的高低等各个方面的国情国力状况。婴儿死亡率的高低不仅直接影响到总人口的死亡率水平，而且也是人口平均预期寿命高低的重要影响因素。

$$婴儿死亡率 = \frac{年出生婴儿的死亡人数}{年出生婴儿之和} \times 100\%$$

④ 平均预期寿命

平均预期寿命是指在当前社会经济条件下同时出生的一批人预期可能生存的寿命。它既能综合反映当前人口的死亡水平，又不受实际人口的年龄构成影响。它是反映一个国家社会经济生活状况的重要国情指标，是在生命表的基础上利用生命表函数计算的。计算公式为：

$$平均预期寿命 \quad e_x^0 = \frac{t_x}{l_x} \quad (x = 0,1,2,...,w-1)$$

该公式中，t_x 为平均生存人年数合计，l_x 为存活到 x 岁的人数，$w-1$ 为人们可能达到的最大年龄。

比如，当 $x=0$ 时：

$$e_0^0 = \frac{t_0}{l_0}$$

此时，式中的 t_0 为 0 岁人口的平均生存人年数合计，l_0 为 0 岁的尚存人口数。e_0^0 表示一批人从出生到死亡平均每人可以存活的年数，说明这批人出生时的平均预期寿命。而 $e_1^0, e_2^0, e_3^0, \cdots$ 分别表示 1 岁、2 岁、3 岁等每个年龄的平均预期寿命。

1.2.2 人口迁移与人口流动统计

1. 人口迁移统计

(1) 人口迁移

一般情况下，人口总是在一定的地域范围内居住着，然而，由于各种社会经济原因，人口往往会从某个居住地移居到另一个居住地。

所谓人口迁移，就是指人口在一定的地域范围内所发生的改变自己常住地的移动。

(2) 人口迁移的分类

① 按移动范围分类

人口迁移按移动的范围，可分为国际间迁移和国内各地区迁移。同理，按此划分原则，国内人口迁移又可划分为省际人口迁移、县际人口迁移等。

② 按经济地域分类

人口迁移按经济地域可分为城市间、乡村间和城乡间人口迁移三类。

③ 按迁移的意愿分类

人口迁移按迁移的意愿可分为自愿性迁移和强制性迁移两类。

在人口迁移中，从乡村到城镇的迁移最为引人注目，它对迁入地和迁出地的人口总体都产生重要的影响。

(3) 人口迁移统计

① 人口迁移统计指标

用于反映人口迁移的统计指标主要包括人口迁移率、人口迁出率、总迁移率、净迁移率等。

② 人口迁移统计计算公式

$$\text{人口迁入率} = \frac{\text{某时期迁入人口数}}{\text{同一时期平均人口数}} \times 100\%$$

$$\text{人口迁出率} = \frac{\text{某时期迁出人口数}}{\text{同一时期平均人口数}} \times 100\%$$

$$\text{总迁移率} = \frac{\text{某时期(迁入 + 迁出)人口总数}}{\text{同一时期平均人口数}} \times 100\% = \text{人口迁入率} + \text{人口迁出率}$$

$$\text{净迁移率} = \frac{\text{某时期(迁入 - 迁出)人口总数}}{\text{同一时期平均人口数}} \times 100\% = \text{人口迁入率} - \text{人口迁出率}$$

上述人口迁移指标分别从不同侧面反映了一个地区一定时期内的人口迁移状况。其中，迁入率和迁出率分别反映一个地区一定时期人口的迁入和迁出程度；总迁移率反映人口迁移的总流量情况；净迁移率反映人口迁移的净流量情况,表明人口迁移的方向。

由于人口迁移程度与社会经济因素如新的经济开发、经济布局的改变、生活水平、战争等因素有关,因此人口迁移将会对社会经济产生相应的影响。一方面,人口迁移有利于促进经济的合理布局与发展,改善人口的地理分布状况;另一方面,人口迁移将带来人口构成的改变,从而对经济发展、人口素质的提高产生积极的影响。

2. 人口流动统计

(1) 人口流动

人口流动是指人口离开其原居住地但并不改变其户籍关系而跨越一定地域空间的人口移动。它是在市场经济发展过程中日益形成和发展起来的人口迁移现象。

人口流动是人口迁移中最具短期性、灵活性和频发性的人口在地理位置上移动的情况,对社会经济及其发展具有显著的影响。

(2) 人口流动的特征

一般而言,人口流动具有以下四个基本特征:一是不改变户籍关系;二是跨越一定地域空间;三是在流入地有一定时间的停留;四是有往返行为。

(3) 人口流动的统计指标

可以通过计算一些统计指标来反映人口流动的数量、程度和特点。人口流动的统计指标有流动人口数和人口流动率等。

① 流动人口数

流动人口数是反映一定地区在一定时点条件下人口流动规模的绝对指标。它是研究一定地区社会经济负荷与相应管理能力的基本依据。

② 人口流动率

人口流动率是反映一定地区在一定时点条件下人口流动程度的相对指标。它对于研究一定地区内对流动人口的可容纳程度具有重要意义。人口流动率计算公式为:

$$人口流动率 = \frac{流动人口数}{常住人口数} \times 100\%$$

1.2.3 人口增长统计

1. 人口增长

人口增长的原因有两个:一是人口自然增长(出生人数抵消死亡人数后引起);二是人口迁移增长(迁入人口抵消迁出人口后引起)。对于一个国家或地区来说,人口总增长就是指人口自然增长与人口迁移增长的总和。

2. 人口增长统计

(1) 人口增长统计指标

① 绝对指标

人口增长统计的绝对指标有人口自然增长数、人口迁移增长数和人口总增长数。

② 相对指标

人口增长统计除上述绝对指标外，还可以有一系列相对指标，即人口自然增长率、人口增长率和人口年平均增长速度等。

(2) 人口增长统计计算公式

这里主要给出人口增长统计相对指标的计算公式。

① 人口自然增长率

人口自然增长率是反映一定时期内由于人口自然增长而引起人口增长程度的相对比率。它是人口自然增长数同其相应的年平均人口数之比。

$$\text{人口自然增长率} = \frac{\text{年出生人数} - \text{年死亡人数}}{\text{年平均人口数}} \times 100\% = \text{出生率} - \text{死亡率}$$

一定时期内，出生人口数大于死亡人口数时，人口自然增长率为正数；出生人口数小于死亡人口数时，人口自然增长率为负数；出生人口数等于死亡人口数时，人口自然增长率为零，这时人口处于零增长状态。

② 人口增长率

人口增长率是反映一定时期内由于人口自然增长和人口迁移增长而引起人口增长程度的相对比率。它是人口增长总数与平均人口数之比，表明年内增长的人口相对于全年平均人口的增长程度。

$$\text{人口增长率} = \frac{\text{人口增长总数}}{\text{年平均人口数}} \times 100\%$$

③ 人口年平均增长速度

人口年平均增长速度用于反映一定时期内人口增长变动趋势的一般水平（人口增长速度是反映单位时间内人口数量增长的变动程度的指标）。人口年平均增长速度的计算公式为：

$$\bar{x} = \sqrt[n]{\frac{p_n}{p_0}} - 1$$

在上述公式中，$\bar{x}$ 为人口年平均增长速度，p_n 为期末人口数，p_0 为期初人口数，n 为间隔的时间数。

1.3 人力资源统计

1.3.1 人力资源的概念

1. 人力资源的定义

(1) 劳动能力

劳动能力一般主要由智力和体力劳动能力两部分构成。一个人是否具有劳动能力,一般是以年龄作为衡量标准的。通常将法定劳动年龄作为有无劳动能力的界限。所谓法定劳动年龄,是指国家立法规定的劳动年龄,一般是指法律允许参加社会劳动的最低年龄。

(2) 人力资源的定义

人力资源也称劳动力资源,是指具有劳动能力(也即智力和体力劳动能力)的人口的总和。从数量上看,人力资源是指一个国家或者地区中具有劳动能力的总人口数;从质量上看,人力资源是劳动人口所具有的体质、智力、知识和技能水平以及劳动态度的总和。人力资源是人口总体中的重要组成部分,代表社会经济体系中最为活跃、最为重要的资源。

1996 年,我国劳动统计制度中将人力资源定义为 16 岁及以上劳动年龄人口的总和。

2. 人力资源的分类

人力资源按照是否从事经济活动可以分为经济活动人口和非经济活动人口两类。

(1) 经济活动人口

经济活动人口也被称为劳动力,是指所有年龄在 16 岁以上,在一定时期为各种经济生产和服务活动提供劳动力供给的人。它是国际上通行的且用于反映一个国家或者地区劳动力市场总供给状况的重要指标,也是联合国和国际劳工组织向各国推荐使用的指标。经济活动人口根据其实际利用状况分为就业人口和失业人口。

该指标是按照实际或可能参加社会经济活动来定义的,因此一般把在校学生、义务劳动者、家务劳动者等排除在外。在国家层次进行统计时,可按照是否包括现役军人具体区分两种口径,其中不包括军人在内的口径称为民用经济活动人口。

(2) 非经济活动人口

非经济活动人口是指人力资源中,除经济活动人口之外的人口,包括在校学生、待学人员、家务劳动者、在押犯人、丧失劳动能力者等不在业人口。这些人口有劳动能力，未参加或不要求参加社会经济活动。

人力资源的概念及其体系可用下面的表 1-2 表示：

表 1-2　人力资源概念及其体系

- 人力资源
  - 经济活动人口
    - 民用经济活动人口
      - 就业人员
      - 失业人员
    - 现役军人
  - 非经济活动人口
    - 在校学生
    - 待学人员
    - 家务劳动者
    - 丧失劳动能力者
    - 其他非劳动力（如在押犯人等）

1.3.2　人力资源统计

人力资源统计主要是对人力资源总数及其构成、人力资源利用状况和人力资源变动状况等进行统计。人力资源统计数据可为人们了解社会经济发展中的劳动力结构和就业状况，为国家制定合理的劳动与社会保障政策等提供重要依据。因此，在社会经济发展中对人力资源进行统计具有重要意义。

1. 人力资源总数及其构成统计

按照人力资源的概念及其体系，可以得到人力资源的各绝对数统计指标，主要包括人力资源总数；经济活动人口总数及就业人口总数、失业人口总数；非经济活动人口总数及其各分项总数等。

在对各总数予以分组的前提下，可以进行人力资源构成统计，以便反映人力资源的不同的内部构成情况，研究其中包含的社会差异。其中重要的分组构成有性别构成，即男性与女性之间的比例；年龄构成，即人力资源在各年龄段上的分布构成；城乡构成，即城市劳动力和乡村劳动力之间的比例；教育水平构成，即劳动力的识字水平及其在不同受教育层次上的比例，这是反映人力资源文化素质的重要方面。

2. 人力资源利用状况统计

人力资源只有在实际中得到充分利用并发挥重要作用，才能成为经济社会系统中的能动力量。从微观上看，劳动者只有实际就业，才能获得相应的经济社会地位，从而为自己和家人奠定生存和发展的经济基础。

（1）经济活动参与率统计

经济活动参与率又称劳动参与率，是指经济活动人口在所考虑的总体中所占有的比例。通过经济活动参与率，可以反映某一人口（或人力资源）总体中人们参与社会劳动的普遍程度。

经济活动参与率的具体计算有两种口径:一是经济活动人口数占总人口的比例;二是经济活动人口数占人力资源总数的比例。统计计算公式为:

$$经济活动参与率=\frac{经济活动人口总数}{总人口数(或人力资源总数)}\times 100\%$$

一定时期经济活动参与率的高低取决于经济活动人口与非经济活动人口之间相互转换的对比关系。从一个时期的劳动力供给角度看,非经济活动人口中具有较高弹性的主要有两类人员:一是家务劳动者;二是16岁以上的在校及待学人员,他们完全具有劳动能力,随时可以进入劳动市场,进而成为经济活动人口。同时,现有经济活动人口也可以随时退出劳动市场,转入家务劳动者和就学者行列。因此,针对经济活动人口和非经济活动人口这两部分计算其在总体中占有的比例非常必要。此外,由于16岁以上就学人员正是接受高中和高等教育的年龄,这部分人口所占比例的大小还可以在一定程度上说明该国或者地区未来人力资源的素质水平,是社会进步水平的重要标志之一。

(2) 就业统计

① 就业和就业人员

就业是指有劳动能力的人参加某种社会劳动,并取得报酬或收入的经济活动。

根据就业的基本含义,世界各国和有关国际组织从国民经济管理的需要出发,依据自己的国情对就业人员的统计确定了具体的数量标准。我国统计制度中规定:就业人口是指在一定年龄以上,有劳动能力从事一定社会劳动并取得劳动报酬或经营收入的人员。在城镇劳动力调查中,就业人员是指城镇16岁以上,具有劳动能力,且为取得报酬或经营利润,在调查周内从事了1小时以上(含1小时)劳动的人员,或者由于学习、休假等原因在调查周内暂时处于未工作状态,但有工作单位或场所的人员。

② 就业统计

就业统计的指标一般用就业率来表示。从人力资源角度来考虑,就业率公式为:

$$就业率=\frac{就业人口}{经济活动人口}\times 100\%$$

③ 就业结构

从社会发展的内在要求看,就业统计不仅需要计算整个经济活动人口的就业率,还需要考虑就业结构。

就业结构主要是指一个国家就业人口总体中不同性别、年龄、文化程度和技能水平的人员的比例,以及一个国家就业人员在不同部门、产业、职业、生产单位类型等方面的分布情况。因此,就业结构是一个国家经济发展的综合反映。一般说来,从一个国家就业结构的数据指标可以判断其基本经济类型、现实生产力水平、主要部门发展状况。

④ 就业人口黄金年龄构成指数

一个人的黄金年龄时期是对社会贡献最大的时期。对于就业人员来说,也同样如此。因此,在某类行业或职业中,就业人口黄金年龄构成指数的高低,是这类行业或职业所拥有的就业人口的实力与潜力状况的重要表现。所以,就业人口黄金年龄构成指数在就业人口年龄构成分析中具有十分重要的意义。

$$\text{就业人口黄金年龄构成指数} = \frac{\text{黄金年龄人口数}}{\text{全部在业人口数}} \times 100\%$$

在上述公式中,就业人口黄金年龄的年龄界限根据我国目前的实际经济发展水平、人口普遍的身体素质状况以及职工离退休管理制度等方面的实际情况,可定为20—44岁。

(3) 失业统计

① 失业和失业人口(员)

失业与就业以及失业人口(员)与就业人口(员)是两对对应存在的概念,其定义具有重要的经济社会意义,既涉及劳动力市场供给问题,又有人口生存的社会性意义。

失业人口(员)是指那些处于劳动年龄内,有劳动能力,调查期内未从事有收入的劳动(具体指调查周劳动时间不到1小时),当前有就业可能(具体指如有工作,两周内可以上班),并正以某种方式寻找工作的人口。在城镇劳动力调查中,失业人口(员)是指16岁及以上,具有劳动能力且在调查周内未从事为取得报酬或经营利润的劳动(或也没有处于就业定义中的暂时未工作状态),或在某一特定期间内采取了某种方式寻找工作,或当前如有工作机会可以在一个特定期间内应聘就业或从事自营职业的人员。

一般而言,如果在劳动年龄之外,或没有劳动能力,或从事没有收入的劳动(比如义务劳动或家务劳动),或没有寻找工作,那么,就不属于失业人口,且不属于经济活动人口。

如果不考虑现役军人,经济活动人口就由就业人口(员)和失业人口(员)组成。

② 失业统计

失业状况的统计除了计算失业人数以外,通常采用失业率这个统计指标进行统计。因此,也把失业率作为反映劳动力市场的供求状况、劳动力利用程度方面的基本指标来看待。

失业率的计算有两种方法。比较粗略的计算方法是:

$$\text{失业率} = \frac{\text{失业人口数}}{\text{经济活动人口数}} \times 100\%$$

如果考虑就业不足即劳动者的不完全失业状态，也可以依据劳动时间计算失业率，得到的计算结果将更加准确，这也是国际劳工组织推荐的计算方法。即：

$$\text{失业率}=\frac{\text{就业不足劳动时间}+\text{失业人员法定劳动时间}}{\text{经济活动人口法定劳动时间总量}}$$

我国的失业统计指标目前应用最多的是城镇登记失业率。城镇登记失业率是指城镇登记失业人数同城镇就业人数与城镇登记失业人数之和的比。计算公式为：

$$\text{城镇登记失业率}=\frac{\text{城镇登记失业人数}}{(\text{城镇就业人数}+\text{城镇登记失业人数})}\times 100\%$$

城镇登记失业人员指有非农业户口，在一定的劳动年龄内，有劳动能力，无业而要求就业，并在当地就业服务机构进行求职登记的人员。

3. 人力资源变动状况统计

随着人口年龄的变动，有些人进入人力资源的范畴，而有些人则退出人力资源的范畴，因此人力资源总量总是处于不断变化的过程中。分析人力资源规模扩大和缩小的状况，有利于人力资源的开发利用。

用于分析人力资源变动状况的主要指标有人力资源新增率、人力资源减少率、人力资源动态指标、行业（或职业）间人力资源转移指数等。

(1) 人力资源新增率

人力资源新增率是指本期人力资源新增加人数和期末人力资源总数对比的结果，用于表明现有的人力资源规模扩大的程度。该指标计算公式为：

$$\text{人力资源新增率}=\frac{\text{本期人力资源新增加人数}}{\text{期末人力资源总数}}\times 100\%$$

(2) 人力资源减少率

人力资源减少率是指本期人力资源减少数和期初人力资源总数对比的结果，用于说明原来的人力资源规模经过变动缩减的程度。该指标计算公式为：

$$\text{人力资源减少率}=\frac{\text{本期人力资源减少人数}}{\text{期初人力资源总数}}\times 100\%$$

(3) 人力资源动态指标

人力资源动态指标是指报告期期末和基期期末的人力资源总数对比的结果，用于说明人力资源规模扩大或缩减的程度。该指标计算公式是：

$$\text{人力资源动态指标}=\frac{\text{报告期期末人力资源总数}}{\text{基期期末人力资源总数}}\times 100\%$$

(4) 行业（或职业）间人力资源转移指数

随着社会经济的发展，各行业和职业间的人力资源会相应地发生转移。行业（或职业）间人力资源转移指数，主要表现在农业部门向其他部门的转移，也即第一产业向第二产业和第三产业的转移，这是一个国家或地区产业结构不断提高或升级的过程。一定时期内,人力资源的转移程度,可通过人力资源转移指数指标来反映。

人力资源转移指数反映一定时期内人力资源的转移程度,即由本行业(或职业)向其他行业(或职业)的转移情况。该指标计算公式为:

$$行业(或职业)间人力资源转移指数=\frac{某行(职)业转移人口数}{同一行(职)业全部在业人口数}\times 100\%$$

转移指数为正值时,表明本行(职)业的劳动力向其他行(职)业转移。

人力资源在行业间和职业间进行转移,即一些行(职)业的劳动力向其他行(职)业的转移,使得另一些行(职)业得到或增加了劳动力。这将对社会经济发展和就业结构的变化和调整产生较大的影响。

思考与练习

1. 某城市的人口资料如下:

指标	城市	郊区
一年中出生人数	42319	18133
一年中死亡人数	15836	10749
年平均人数	1628098	786912

年初:现有人口198670人,其中临时寄居4200人,临时外出人口3310人。

一年中人口变动:出生人数2480人,死亡人数1250人,迁来常住人口4720人,常住人口迁出285人。

年末:临时寄居人口2615人,临时外出人口2812人。

根据上述资料计算:

(1) 年初和年末常住人口以及现有人口;

(2) 一年来常住人口和现有人口增长速度;

(3) 年出生率、死亡率和人口自然增长率;

(4) 一年来常住人口迁移变动净额和迁移变动率(注:全部出生和死亡人数都作为常住人口)。

2. 一个国家或地区的人口绝对规模和相对规模是如何统计的?

3. 我国最常用的特殊年龄的分组情况如何(有哪些分组类型)?

4. 人口社会构成和经济构成是通过哪些统计指标进行统计的?

5. 人口迁移和流动统计的主要统计指标有哪些?

6. 人口增长统计指标有哪些?

7. 人力资源概念及其体系如何?人力资源利用状况是如何进行统计的?

8. 人力资源变动状况统计有哪些主要指标?什么是人力资源转移指数?

第2章 国民经济核算统计

2.1 国民经济核算

2.1.1 国民经济核算的概念及其作用

1. 国民经济核算的概念

国民经济核算也称为国民核算(National Accounting),是以国民经济为整体,以一定的经济理论为指导,综合运用各种统计的方法、工商会计的记录方法,以及一整套相互有联系的数表,全面、系统地描述一个国家或地区国民经济运行的理论和方法。

2. 国民经济核算的作用

(1) 从核算内容上看

国民经济核算可以揭示国民经济运行过程中各种经济系统的主要经济功能及相互联系。具体而言,用以说明生产如何创造或转换为货物和服务,以及如何形成初次分配和再分配收入;用以说明收入如何用于消费和积累,以及经济中通过各种金融中介机构进行的融资活动;用以说明国内与国外发生的经常收支往来和资本收支往来,以及国民财产和财富的状况及其变化情况。

(2) 从核算所通过的规范的概念、分类、核算原则、表式及其逻辑关系看

国民经济核算不仅可以对国民经济进行系统的描述,而且还能根据核算中的有关平衡关系,为建立宏观经济计量模型提供理论依据,也可以对国民经济运行过程进行监测、反馈和预警,从而更好地为宏观调控和管理服务。

2.1.2 与国民经济核算相关的一些基本概念

1. 经济领土和常住单位

(1) 经济领土

经济领土是指由一国政府控制或拥有的地理领土,还包括该国驻外使领馆、科研站及援助机构、军事基地等所拥有的地域等,同时相应地扣除外国驻本国的上述机构所拥有的地域。

(2) 常住单位

常住单位是指在一国经济领土上具有经济利益中心的经济单位。

所谓经济利益中心，是指在一国经济领土内拥有一定活动场所，从事一定的生产和消费活动，并持续经营或居住一年以上的单位或个人。一般就单位（机构单位）而言，不论其资产和管理归属哪个国家控制，只要符合上述标准，该单位（机构单位）在所在国就具有利益中心。就个人而言，不论其国籍属于哪个国家，只要符合上述标准，该居民在所在国就具有经济利益中心。

根据以上概念，可以划定一国经济总体的边界，从而确定哪些属于国内发生的经济活动，哪些属于该国对外发生的经济活动，哪些不属于该国国民经济活动。

2. 机构单位和机构部门

(1) 机构单位

机构单位是指有权拥有资产和承担债务，能够独立从事经济活动和与其他实体进行交易的经济实体。机构单位按依据不同，有以下几种分类方法：

① 按具备机构单位的条件可以分为住户单位和法人单位。法人单位指得到法律或社会承认的独立于其所有者的社会实体，具体包括企、事业单位，机关（行政）单位，社会团体单位，基层群众自治组织和其他单位。

② 按经济活动的市场特征可分为营利性机构单位和非营利性机构单位。营利性机构单位以营利为目的，如企业、公司等；非营利性机构单位以非营利为目的，主要指政府单位和以慈善为目的的民间组织，以及消费者协会、工会、宗教、学术团体等民间组织。

③ 按一国（或地区）国民经济核算的范围可分为常住机构单位和非常住机构单位。常住机构单位即前面定义的常住单位。非常住机构单位指不具有常住性质的单位，一般是作为国外来处理的。

(2) 机构部门

机构部门是指由同类机构单位的集合构成的部门。机构部门按其在国民经济活动中的性质不同，可分为五大类：

① 非金融企业部门。所有非金融企业归并在一起，就形成非金融企业部门。非金融企业主要从事市场货物生产和提供非金融市场服务，主要包括从事上述活动的各类法人企业。

② 金融机构部门。所有金融机构归并在一起，就形成金融机构部门。金融机构指主要从事金融媒介以及与金融媒介密切相关的辅助金融活动的常住单位，主要包括中央银行、商业银行和政策性银行、非银行信贷机构和保险公司。

③ 政府部门。所有政府单位归并在一起，就形成政府部门。政府单位指在

我国境内通过政治程序建立的、在一特定区域内对其他机构单位拥有立法、司法和行政权的法律实体及其附属单位。政府单位的主要职能是利用征税和其他方式获得的资金向社会和公众提供公共服务;通过转移支付,对社会收入和财产进行再分配。它主要包括各种行政单位和非营利性事业单位。

④ 住户部门。所有住户归并在一起,就形成住户部门。住户指共享同一生活设施,部分或全部收入和财产集中使用,共同消费住房、食品和其他消费品与服务的常住个人或个人群体。

⑤ 国外部门。所有不具有常住性质的机构单位都是非常住单位。将所有与我国常住单位发生交易的非常住单位归并在一起,就形成国外部门。对于国外部门来说,并不需要核算它的所有经济活动,而只需核算它与我国常住机构单位之间的交易活动。

3. 基层单位和产业部门

(1) 基层单位

基层单位也称为产业活动单位。它是以生产活动和生产某个产品的相对独立性为原则划分的,具体特征包括:

① 具有一定的生产场所。

② 能够获取有关生产活动的投入和产出资料,包括劳动和资本生产要素的投入。

③ 具有自己的管理部门,负责日常生产活动,并能编制反映生产过程的生产账户。

如果企业只生产一种产品,那么它就构成一个基层单位;如果企业生产数种产品,那么该企业根据不同产品划分为多个基层单位。一般说来,一个产品的生产组织就确定为一个基层单位。

基层单位和机构单位是一种隶属关系。一个机构单位可以包含一个或多个完整的基层单位,而一个基层单位只能隶属于一个机构单位。

(2) 产业部门

对基层单位按照其生产产品或服务的同质性进行分类便形成国民经济产业部门,在我国习惯性地称之为国民经济行业部门。产业部门分类是针对生产核算进行的部门分类,它应用于国内生产总值核算和投入产出核算。

目前,国民经济核算体系根据新的国民经济行业分类标准(GB/T4754—2002)和统计基础情况确定产业部门分类。在分类基础上,还对其进行了三次产业划分,即:

第一产业:农业,林业,牧业和渔业;

第二产业:采矿业,制造业,电力、燃气及水的生产和供应业,建筑业;

第三产业:除了第一产业和第二产业以外的其他行业,具体包括交通运输、仓储和邮政业,信息传输,计算机服务和软件业,批发和零售业,住宿和餐饮业,金融业,房地产业,租赁和商务服务业,科学研究、技术服务和地质勘察业,水利、环境和公共设施管理业,居民服务业,公共管理和社会组织,国际组织等。

国民经济核算体系有关三次产业的分类,为计算国内生产总值奠定了基础,为分析和预测我国国民经济的产业结构及其发展趋势,以及进行国际间的比较提供了依据。

4. 生产理论和生产范围

(1) 生产理论

生产理论在经济学中有不同的学派,这里是指国民经济核算中所使用的生产理论。

生产是指生产者利用土地、劳动、资本和管理等生产要素的投入以及对货物和服务的全部消耗,创造出新的货物和服务的过程。简言之,生产就是一个投入产出过程,通过生产过程,使生产消耗的价值向新产品转移,劳动与资本的结合创造新价值,一般称之为增加值。

生产的产出为社会形成了新的货物和服务,按照对新货物和服务的使用分为中间产品和最终产品。中间产品是指用于生产过程的货物和服务,最终产品是指用于最终消费、积累和净出口的货物和服务。最终消费是指用于居民消费和社会公共消费的货物和服务。

(2) 生产范围

国民经济核算的生产范围包括以下三部分:

① 生产者提供或准备提供给其他单位的货物或服务的生产。

② 生产者用于自身最终消费或固定资本形成的所有货物的自给性生产。

③ 自有住房提供的住房服务和付酬家庭雇员提供的家庭服务的自给性生产。

因此,生产范围包括所有货物的生产,不论是对外提供的货物还是自产自用的货物,而服务的生产,则基本上限于对外提供的部分。自给性服务,除了自有住房服务和付酬家庭雇员提供的家庭或个人服务外,则被排除在生产范围之外。被排除在生产范围之外的自给性服务是指住户成员为本住户提供的家庭或个人服务,如清扫房屋、做饭、照顾老人、教育儿童等。

5. 市场价格

价格是货物或服务项目的单位价值表现。国民经济核算原则上是以现期市场价格进行计算的。

所谓市场价格,是指市场上买卖双方认定的成交价格,生产者价格和购买者价格都是市场价格。

(1) 生产者价格

生产者价格等于生产者生产单位货物和服务向购买者出售时获得的价值,包括开给购买者发票上的增值税或类似可抵扣税。该价格不包括货物离开生产单位后所发生的运输费用和商业费用。

(2) 购买者价格

购买者价格是购买者购买单位货物和服务所支付的价值,包括购买者按指定的时间和地点取得货物所发生的运输和商业费用。购买者价格等于生产者价格加上购买者支付的运输和商业费用,再加上购买者缴纳的不可扣除的增值税和其他税。

2.2 国民经济核算体系的基本内容

2.2.1 我国新国民经济核算体系的基本框架

我国新国民经济核算体系由基本核算表、国民经济账户和附属表三部分构成。基本核算表包括国内生产总值表、投入产出表、资金流量表、国际收支表和资产负债表;国民经济账户包括经济总体账户、国内机构部门账户和国外部门账户;附属表包括自然资源实物量核算表和人口资源与人力资本实物量核算表。

基本核算表和国民经济账户是本体系的中心内容,它们通过不同的方式对国民经济运行过程进行全面的描述。附属表是对基本核算表和国民经济账户的补充,它对国民经济运行过程所涉及的自然资源和人口资源与人力资本进行描述。新国民经济核算体系基本框架见表 2-1 所示。

在该体系中,基本核算表与国民经济账户都是对国民经济运行过程及结果的描述,两者之间既密切联系,又相对独立。每张基本核算表侧重于经济活动某一方面的核算,所有的基本核算表构成一个有机整体,对国民经济活动进行全面的核算。国民经济账户则侧重于对经济循环过程的核算,各个账户按生产、收入分配、消费、投资和融资等环节设置,相互之间通过平衡项来衔接,既系统地反映了经济循环过程中每个环节的基本内容,又清楚地反映了各环节之间的有机联系。

基本核算表之间及与附属表的关系见表 2-2 所示。

表 2-1 新国民经济核算体系基本框架

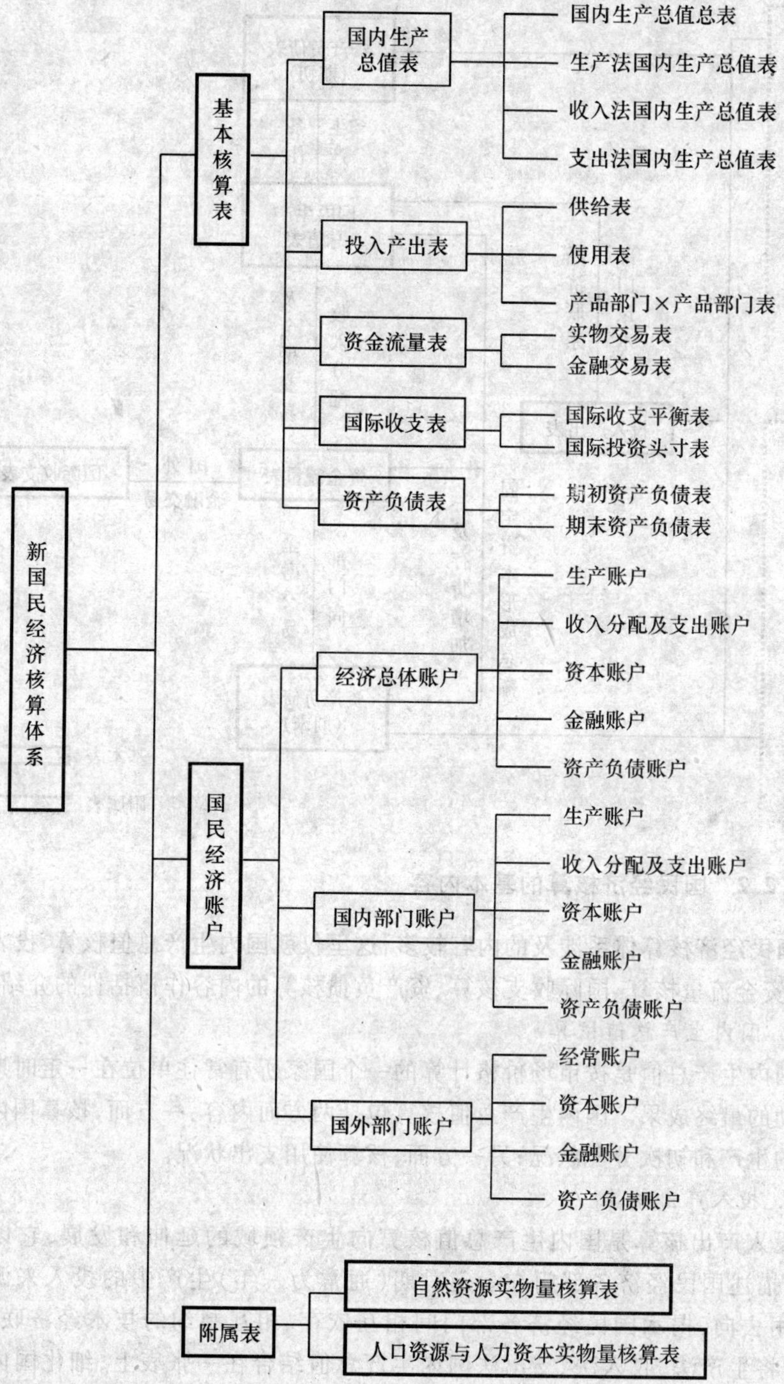

表 2-2 基本核算表之间及与附属表的关系

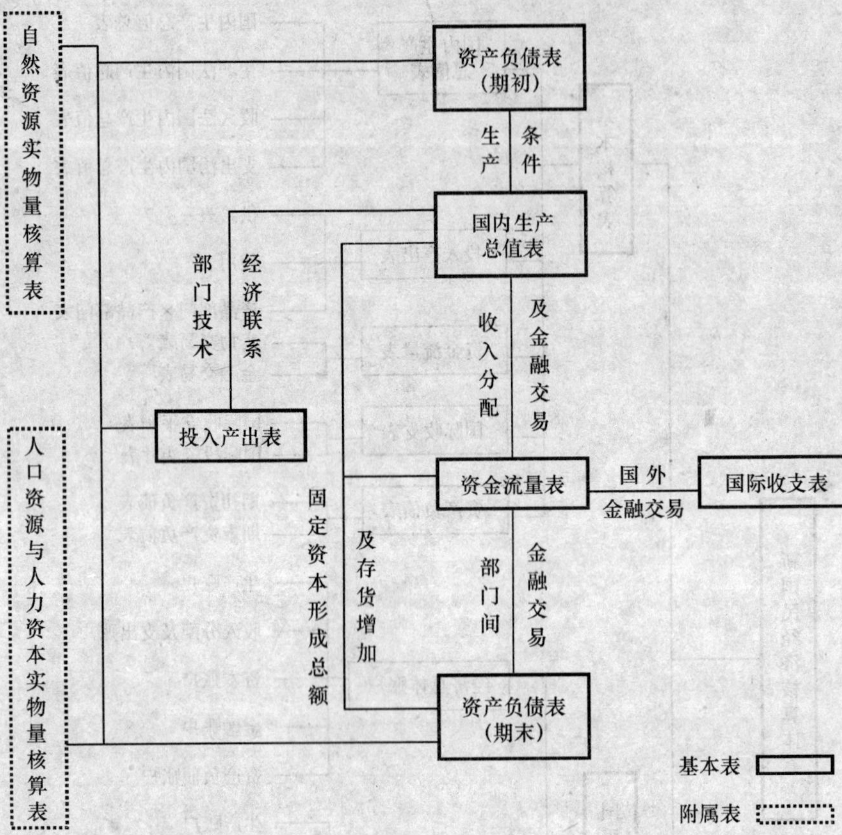

2.2.2 国民经济核算的基本内容

国民经济核算体系涉及的内容较多，这里仅就国内生产总值核算、投入产出核算、资金流量核算、国际收支核算、资产负债核算的内容作概括性的介绍。

1. 国内生产总值核算

国内生产总值是按市场价格计算的一个国家所有常住单位在一定时期内生产活动的最终成果。国内生产总值核算包括两方面内容：一方面，核算国内生产总值的生产和初次分配状况；另一方面，核算使用支出状况。

2. 投入产出核算

投入产出核算是国内生产总值核算向生产领域的延伸和发展，它以矩阵形式，描述国民经济各部门在一定时期（通常为一年）生产中的投入来源和产出使用去向，揭示国民经济各部门间相互依存、相互制约的技术经济联系；同时，它将生产法、收入法、支出法国内生产总值结合在一张表上，细化国内生产总值核算。

3. 资金流量核算

资金流量核算是从收入分配和资金流动角度对国内生产总值核算的补充。其内容包括两方面:一方面是实物交易核算,主要反映国民经济范围内的收入分配过程;另一方面是金融交易核算,主要反映各部门参与金融交易的状况,以及某一时期的资金运动状况。

4. 国际收支核算

国际收支核算以国际收支表(包括国际收支平衡表和国际投资头寸表)为中心,运用借贷记账法原理,反映某一国家一定时期内常住单位和非常住单位之间发生的交易,以及该国特定时点上常住单位对外金融资产和负债的规模与收支平衡状况。

国际收支平衡表的记账原则为:资产持有额的减少、债权的减少和债务的增加记入贷方;资产的增加、债权的增加和债务的减少记入借方。

5. 资产负债核算

资产负债核算是以经济资产存量为对象的核算。它反映某一时点上机构部门及经济总体所拥有的资产和负债的历史积累状况。期初资产负债规模和结构是当期经济活动的初始条件,经过一个核算期的经济活动(生产、分配、投资、资金融通等)和非经济活动(如自然灾害、战争等)形成了期末资产负债的规模和结构。因此,资产负债核算与经济流量核算之间有着密切的联系。

在上述五种基本核算中,前四种核算是关于经济流量的核算,反映核算期当期实际发生的经济活动总量;第五种核算是关于经济存量的核算,反映在特定核算时点上某一国家或某一部门所拥有的经济资产总量。

2.3 国民经济核算中的主要统计指标及其平衡关系

国民经济核算也称为宏观经济统计,其统计指标主要以总量指标为中心,这些指标包括国内生产总值、国民生产总值(国民总收入)、国民净收入、国民可支配收入、国民财产等。这些主要指标及其平衡关系可以反映国民经济活动总量的基本方面。

2.3.1 国内生产总值核算主要统计指标

1. 国内生产总值(Gross Domestic Products,简称 GDP)

国内生产总值是按市场价格计算的某一个国家(或地区)所有常住单位在一定时期内生产活动的最终成果。国内生产总值有三种表现形态,即价值形态、收入形态和产品形态。从价值形态看,它是所有常住单位在一定时期内所生产的全部货物和服务价值超过同期投入的全部非固定资产货物和服务价值的差额,即所有常住单位的增加值之和;从收入形态看,它是所有常住单位在一定时期内所创造并分配给常住单位和非常住单位的初次分配收入之和;从产品形态看,它是最终使用的货物和服务减去进口货物和服务。

在国民经济核算中,国内生产总值的三种表现形态是通过三种不同方法计算的,具体计算方法如下:

(1) 生产法(部门法或增加值法)

生产法是从生产的角度按生产部门投入和产出直接计算国内生产总值,也即将各部门增加值进行加总得到国内生产总值,这也可以认为是国民经济总产出价值减去各部门中间消耗的结果,它反映了国内生产总值的形成过程。计算公式为:

$$\begin{aligned}\text{国内生产总值} &= \text{各部门增加值之和}\\ &= \sum(\text{各部门总产出} - \text{各部门中间消耗})\\ &= \sum \text{各部门总产出} - \sum \text{各部门中间消耗}\end{aligned}$$

增加值是一定时期内各单位新创造的价值。各部门的总产出减去各部门的中间消耗,就是各部门的增加值。

总产出是指各生产单位在一定时期内所生产的全部货物和服务的总价值。其中既包括即将被其他单位用于生产作为中间投入的中间产品,也包括即将用于最终消费、积累和出口的最终产品。

从价值形态看,总产出包括中间投入和最初投入两部分价值。所谓中间投入也称中间消耗,是指在生产这些产品的过程中所消耗的中间产品的价值,即由其他单位所提供的产品的价值;所谓最初投入又称增加值,是指在生产过程中新创造的价值,它体现为各种生产要素包括劳动、土地和资本等运用于生产过程新创造的价值。

(2) 收入法(分配法或成本法)

收入法是从分配或收入的角度计算国内生产总值。按照这种方法进行计算,首先是各个部门根据生产要素在初次分配中应得到的收入份额来计算增加值,然后再汇总各部门的增加值,从而得到国内生产总值。计算公式为:

国内生产总值 = 各部门固定资产折旧 + 各部门劳动者报酬 + 各部门生产税净额 + 各部门营业盈余

上述公式中,固定资产折旧是指核算期内各生产单位为补偿生产活动中所耗用的固定资产按比例提取的折旧费;劳动者报酬是指劳动者从其所在的生产单位通过各种渠道得到的所有货币形式或实物形式的劳动收入,代表了劳动这种生产要素从生产的价值中所获得的收入;生产税净额是生产单位在生产、销售、购买、进口和使用货物或服务时向国家缴纳的税金,如产品税、销售税、营业税等(不包括针对企业利润、盈余及其他收入所缴纳的税收),减去国家针对货物或服务的生产或进口对生产单位所作的补体,代表了政府参与生产单位生产所获得的收入;营业盈余是生产单位总产出扣除中间消耗、劳动报酬、生产税净额和固定资产折旧以后的余额,代表了劳动以外的土地、资本及管理等生产要素所得收入之和。

(3) 支出法(最终产品法或使用法)

支出法是从最终使用的角度来计算国内生产总值。计算公式为:

国内生产总值 = 最终消费 + 资本形成总额
+ (货物和服务出口 - 货物和服务进口)

上述公式中,最终消费是当期在非生产过程中所使用的货物和服务价值,从消费者角度看,就是为获得这些货物和服务所花费的最终消费支出。从消费群体角度看,消费者主要包括居民个人消费和政府消费。资本形成总额是指在经济活动过程中用于积累,从而增加了资产的货物和服务的价值,主要包括固定资本形成和存货增减变化两部分。因货物和服务出口是本国生产的被国外使用的货物和服务价值,所以计算时应加上这一部分价值。货物和服务进口是因为用于本国消费、积累和出口的货物和服务中,有一部分是由国外生产的,故要将这部分进口成本价值扣除,才能推算出当期国内生产总值的最终产品价值。

从理论上来说,上述三种方法计算的结果应当是一致的,称为三等价原则,如图 2-1 所示,即生产法 GDP = 分配法 GDP = 支出法 GDP。但是,在具体的统计实践中,由于用不同方法核算国内生产总值的资料来源不同,而且都有一定的估算成份,因此常会出现一定的差异,这种差异属于统计误差。

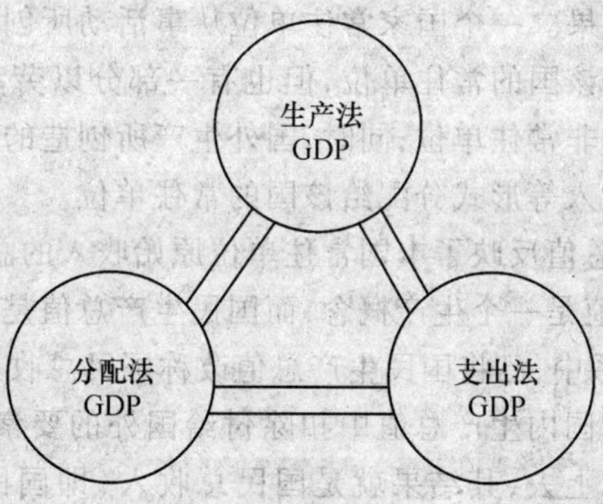

图 2-1　三等价原则

下面通过国内生产总值核算表(如表 2-3 所示,表中的数字为假设数据)说明这三种方法的具体计算方式。

表 2-3 国内生产总值核算表

单位:亿元

生产		使用	
生产法国内生产总值	3956	支出法国内生产总值	3956
总产出	7416	最终消费	2718.5
中间消耗(-)	3460	居民消费	2286
		政府消费	432.5
收入法国内生产总值	3956	资本形成总额	1393.5
劳动报酬	2171.5	固定资本形成	1151
生产税净额	350.5	存货增加	242.5
固定资产折旧	450.5	净出口	-154.2
营业盈余	983.5	出口	433.3
		进口(-)	587.5
		统计误差	-1.8

采用生产法计算:

国内生产总值 GDP = 7416 - 3460 = 3956(亿元)

采用分配法计算:

国内生产总值 GDP = 2171.5 + 350.5 + 450.5 + 983.5 = 3956(亿元)

采用支出法计算:

国内生产总值 GDP = 2718.5 + 1393.5 + (433.3 - 587.5) - 1.8 = 3956(亿元)

2. 国民生产总值(Gross National Products,简称 GNP)

国民生产总值是按市场价格计算的一个国家所有常住单位在一定时期内收入初次分配的最终成果。一个国家常住单位从事活动所创造的增加值在初次分配过程中主要分配给该国的常住单位,但也有一部分以劳动者报酬和财产收入等形式分配给该国的非常住单位;同时,国外生产所创造的增加值也有一部分以劳动者报酬和财产收入等形式分配给该国的常住单位。

可见,国民生产总值反映了本国常住单位原始收入的总和,它与国内生产总值不同,国内生产总值是一个生产概念,而国民生产总值是个收入概念。在联合国的新 SNA 核算体系中,已将国民生产总值改称国民总收入。

如果从该国当期国内生产总值中扣除付给国外的要素收入,再把该国自国外得到的要素收入加上去,其结果就是国民总收入(即国民生产总值),它反映某一国家从国内和国外的生产中所获得的生产性收入总量。计算公式为:

国民生产总值 = 国内生产总值 - 付给国外的要素收入 + 来自国外的要素收入
= 国内生产总值 + 来自国外的要素收入净额

2.3.2 收入分配和使用总量核算的主要统计指标

国内生产总值反映各部门当期生产创造的价值,但并不等于各部门最终获得的收入。各部门最终收入是通过初次分配和再分配获得的。

1. 初次分配总收入

初次分配是针对各生产单位当期生产的增加值的分配。其前提是生产要素必须参与生产过程,由此所产生的收入都与生产有关,是参与生产过程的结果,所得收入属于生产性收入。

各部门初次分配 = 各部门增加值 - 支付的劳动报酬 + 收到的劳动报酬
- 支付的生产税净额 + 收到的生产税净额
- 支付的财产收入 + 收到的财产收入

在以上分配关系和计算中,生产要素收入主要包括劳动者报酬、生产税净额和财产收入。

劳动者报酬是劳动者在生产过程中付出劳动所获得的收入。

生产税净额是政府因对生产活动或生产要素征税而获得生产税或因对生产进行补贴而支付的生产补贴。

财产收入是资产所有者通过将资产投入生产经营过程而获得的收入。具体内容包括:因资金借贷所产生的利息,因股票买卖而产生的红利,因土地等资产出租所形成的租金,因专利、商誉等无形资产使用权转让而产生的无形资产使用费等。在现实经济活动过程中,一个部门既可以将自己的资产转借给其他部门使用,也可以使用其他部门提供的资产,因此财产收入的获得和支付可以在国民经济各部门之间以及与国外之间相互发生。

但是,由于各种初次分配流量在各部门间具有特定流向,因此各部门所获得的初次分配总收入与所生产的增加值在量上不会相等。例如,劳动报酬对住户部门主要是收入,对其他部门是支出;生产税对政府部门主要是收入,对其他部门是支出。与增加值的部门比例相比,企业部门占有初次分配总收入的比例会大大降低,而住户和政府部门的比例则会提高。

2. 可支配总收入

收入再分配是指在收入初次分配的基础上,以经济单位之间所发生的单方面收支(称为经常性转移)为主所形成的对收入格局所作的进一步调节,其目的是保证社会分配的公平和均衡发展。

经常性转移包括:

(1) 收入税

政府向收入较多的单位和个人征收的税种即收入税。

(2) 社会保障和社会福利

① 社会保障是指居民部门为保证在未来某个时期能获得社会福利，而向政府所组织的社会保险计划或各单位建立的基金所缴纳的款项，如失业保险、退休保险、医疗保险等。

② 社会福利是指符合条件的居民从政府或其他部门所得到的收入，具体包括社会保险福利基金向居民提供的福利和社会救济福利。

③ 其他经常性转移。其他转移是除上述转移之外发生于各机构部门与国外之间和机构部门内部的经常性转移，如捐赠和援助支出、会费交纳支出等。

在初次分配总收入的基础上，将收入再分配所发生的各项经常转移收支考虑在内就形成可支配总收入。它反映在整个收入分配之后由各部门和该国经济总体所拥有的可以用于消费和投资的收入总量。

各部门可支配总收入 = 各部门初次分配总收入 + 再分配总收入 - 再分配总支出
= 各部门增加值 + 分配所得收入 - 分配所付支出

国民可支配总收入 = $\sum$ 国内各部门可支配总收入
= 国内生产总值 + 来自国外的要素收入
- 付给国外的要素收入
+ 来自国外的转移收入 - 付给国外的转移收入
= 国民生产总值 + 来自国外的转移收入
- 付给国外的转移收入

国民经济活动的最终目的是为居民个人和社会公众提供各种最终消费的货物和服务。各部门可支配总收入首要的是用于消费，从各部门可支配收入中扣除用于消费的部分，所结余的数额就是各部门可用于投资的自有资金，通常称为储蓄。这样，可支配收入就等于总消费和总储蓄之和。在国民经济层次上，上述关系可用公式表示为：

国民可支配收入 = 国内总消费 + 国内总储蓄

2.3.3 国民资产负债核算主要统计指标

1. 资产

这里所说的资产指经济资产，它是指机构单位对它拥有所有权，所有者通过对它的使用可以获得经济利益的实体，负债则是资产的对应物。国民资产负债核算是以一个国家(或地区、部门)为整体进行核算的。

2. 资产的分类

为了考察研究全国、各部门资产负债存量的结构、内容和作用，以便进行核算和分析，新 SNA 资产的具体分类如表 2-4：

表　2-4

- 资产
  - 非金融资产
    - 生产资料
      - 有形资产——固定资产、库存、贵重物品
      - 无形资产——主要是无形固定资产如矿物勘探权利、计算机软件、娱乐、文学或艺术原作生产与复制权利等
    - 非生产资料
      - 有形资产——土地、地下资产、非培育的生物资源和水资源
      - 无形资产——专利权、契约、商誉等
  - 金融资产——各种金融手段，包括货币黄金和特别提款权、货币和存款，股票以外的证券、贷款、股票及其他股本，保险专门准备金和其他应收或应付账款等

3. 国民资产负债核算的主要统计指标及其核算

国民资产负债核算的主要统计指标是资产负债差额和国民财产。

将各部门持有的非金融资产和金融净资产相加总，就是各部门的净资产总量。净资产是各部门所持有的所有资产（包括非金融资产和金融资产）与所承担债务相抵的结果，一般称为资产负债差额或净值。

资产负债差额 = 非金融资产总量 + 金融净资产
　　　　　　 = 非金融资产总量 + 金融资产总值 - 负债总量

将某一国家国内各部门净资产加总，就是一国的国民财产，所以国民财产属于净资产概念，它反映一国资产总量与负债总量的差额。

国民财产 = 各部门净值之和
　　　　 = 非金融资产 + 对外金融资产 - 对外负债

在此，需要说明的是，一国国内各机构部门之间的金融资产与负债关系是可以抵消的，所以一国金融资产与负债实际上是该国对国外持有的金融资产和对国外承担的负债。

2.4　国民经济核算统计分析

国民经济核算统计分析不仅涉及的范围较广，而且方法也较多。这里所论述的统计分析是从国民经济核算的主要统计指标的应用角度并联系经济社会问题所进行的分析。

2.4.1　国内生产总值指标的统计分析

国内生产总值是宏观经济管理和分析研究中常用的核心指标，应用极其广泛，归纳起来，主要有：

1. 分析某一国家(或地区)的经济发展水平

为了便于比较,对于各国(或地区)的经济发展水平,通常采用 GDP(或人均 GNP)来分析。

$$人均 GDP(GNP) = \frac{全年 GDP(或者 GNP)}{年平均人数}$$

利用这一指标可以进行静态比较、动态比较以及各国之间经济发展水平的比较。由于 GDP(或 GNP)是按当年价格计算的,因此可直接用于某一国家各地区经济发展水平的比较,如果某一国家(或地区)利用这一指标进行动态比较,各年 GDP(或 GNP)则要按同一年的可比价格计算;若进行国际比较,各国的 GDP(或 GNP)必须统一折算为某一国的货币额。

2. 分析某一国家(或地区)经济增长情况

分析经济增长情况,一般需要计算 GDP 的增长率或平均增长率(平均递增率)。

$$某年 GDP 的增长率 = \frac{某年 GDP}{前一年 GDP} - 1$$

$$某一时期 GDP 平均增长率 = \sqrt[n]{\frac{最末一年 GDP}{最初水平 GDP}} - 1$$

此处仍需将各年 GDP 指标按同一年价格加以调整。

3. 分析产业构成

产业构成是各产业的增加值占经济总体 GDP 的比重。

$$产业构成比重(\%) = \frac{该产业增值}{经济总体的 GDP} \times 100\%$$

4. 利用收入法计算 GDP

利用收入法计算 GDP,可以分析各收入要素所占比重,说明收入的初次分配结构,并以此进行动态比较。

$$劳动报酬占 GDP 比重 = \frac{劳动报酬总额}{GDP} \times 100\%$$

$$生产税净额占 GDP 比重 = \frac{生产税净额}{GDP} \times 100\%$$

$$固定资产折旧占 GDP 比重 = \frac{固定资产折旧}{GDP} \times 100\%$$

$$营业盈余占 GDP 比重 = \frac{营业盈余}{GDP} \times 100\%$$

2.4.2 收入分配和使用指标的统计分析

利用收入的分配及其使用指标,可以进行以下几方面的分析:

1. 分析收入分配结构

分析收入分配结构，常用的方法是计算一些相关的比重，从而对收入的形成、初次分配、再分配的部门占有结构和分配要素构成进行横向和纵向的分析研究。

$$机构部门收入占有额 = \frac{某部门收入量}{国民经济收入总量}$$

利用该指标可以分析企业（非金融企业和金融机构）、政府和居民三者之间的分配关系以及各自内部关系。

2. 分析收入分配的公平程度

分析收入分配的公平程度常用的指标和方法是计算洛伦茨曲线和基尼系数，这两种方法将在相关章节中介绍。这里介绍用财富分配来说明分配的公平程度。

$$财富系数 = \frac{最高20\%家庭户收入占总收入百分比}{最低20\%家庭户收入占总收入百分比}$$

当财富系数为 1 时，表示分配绝对平均。财富分配系数越大，说明分配越不公平；财富分配系数越小，说明分配越公平。

3. 收入使用结构对消费的影响

分析可支配收入使用结构对消费的影响，主要是通过消费率和储蓄率来进行的。

消费率和储蓄率公式为：

$$消费率 = \frac{最终消费支出}{可支配收入}$$

$$储蓄率 = \frac{储蓄}{可支配收入}$$

不同消费率或消费率变动对最终消费支出总额的影响额的计算公式为：

$$\begin{aligned}&消费率变动对最终消费支出总额的影响额\\&=(报告期消费率-基期消费率)\times 报告期可支配收入\end{aligned}$$

不同储蓄率或储蓄率变动对最终消费支出总额的影响额的计算公式为：

$$\begin{aligned}&储蓄率变动对最终消费支出总额的影响额\\&=(报告期储蓄率-基期储蓄率)\times 报告期可支配收入\end{aligned}$$

研究消费率时，一般要求消费率的最低限度能保证社会及其成员的最终消费额，在可支配收入增加的基础上，居民物质文化生活水平有所提高。消费率的最高限度是可支配收入用于消费之后，能保证最低限度储蓄，满足投资资金的需要。

例 1　假定某一地区 2006 年可支配收入增长了 7.2%，人口增长了 1.6%，计划要求，投资资金最低需要增长 1.8%，消费最低需要增长 2.4%，其余资料由

表2-5给出。

表2-5 消费和储蓄的最高、最低界限

单位:亿元,%

	2005年可支配收入		2006年可支配收入			
	绝对额	比重	消费率最低界限或储蓄率最高界限		消费率最高界限或储蓄率最低界限	
			绝对额	比重	绝对额	比重
消费	4500	75.00	4581	71.22	4896	76.12
储蓄	1500	25.00	1851	28.78	1536	23.88
合计	6000	100.00	6432	100.00	6432	100.0

$$消费最低需要量 = 4500 \times (1 + 1.8\%) = 4581(亿元)$$

$$储蓄最低需要量 = 1500 \times (1 + 2.4\%) = 1536(亿元)$$

由此,可以计算2005年该地区最终消费和储蓄可行的参考范围为:

消费率的允许范围应在71.22%—76.12%之间;

消费额的允许范围应在4581亿元—4896亿元之间;

储蓄率的允许范围应在23.88%—28.78%之间;

储蓄额的允许范围应在1536亿元—1851亿元之间。

以此为参照,再将2005年该地区的实际消费额、消费率、储蓄额、储蓄率与之相对比,就可有根据地评价消费率的变动对消费的影响是否合乎相应的要求。

4. 消费、投资与国内生产总值增长之间的弹性分析

弹性分析是反映消费、投资的增长对国内生产总值增长的反应程度,计算公式为:

$$消费弹性系数 = \frac{消费的增长速度}{国内生产总值的增长速度}$$

$$投资弹性系数 = \frac{投资的增长速度}{国内生产总值的增长速度}$$

例2 假如某个地区2002—2006年国内生产总值增长20%,消费增长14.8%,投资增长16.4%,则

消费弹性系数为:14.8%/20% = 0.74

投资弹性系数为:16.4%/20% = 0.82

这说明:2002—2006年国内生产总值每增长1%,消费相应增长0.74%,投资相应增长0.82%。也即在国内生产总值增长中,用于投资的增长显然大于消费的增长。

5. 分析储蓄率对经济增长的影响

根据哈罗德—多马经济增长模型，可以分析储蓄率与资本系数对经济增长的影响。哈罗德—多马经济增长模型为：

$$经济增长率 = \frac{储蓄率}{资本系数} = \frac{S}{Y} \div \frac{I}{\Delta Y}$$

上述公式中，S 为储蓄额，Y 为国内生产总值，I 为投资额，且等于储蓄额，ΔY 为国内生产总值增长额。

例 3　假如某个地区 2006 年的国内生产总值为 420 亿元，2005 年为 400 亿元，2006 年储蓄额为 60 亿元，则经济增长率为：

$$经济增长率\frac{\Delta Y}{Y} = \frac{S}{Y} \div \frac{I}{\Delta Y}$$

$$\frac{420 - 400}{400} = \frac{60}{400} \div \frac{60}{420 - 400}$$

$$5\% = 15\% \div 3$$

这说明：该地区 2006 年比 2005 年经济增长 15%，是储蓄率增长 15% 和资本系数为 3 的条件共同作用的结果。

2.4.3　国民资产负债核算指标的统计分析

利用国民资产负债核算有关指标，除可以进行总量以及有关构成分析外，还可以对国民资产的利用效果进行分析。常用的分析指标有国民资产产值率、国民资产利税率、贷款产值率、贷款利税率。

1. 国民资产产值率

国民资产产值率综合反映一定时期内拥有的（或占有的）国民财产，与所能被用于生产而取得的生产成果的比率，即单位国民资产产值率。显然，其产值率愈高，国民资产利用的经济效果愈好。

$$国民资产产值率 = \frac{报告期国内生产总值}{报告期国民资产平均余额}$$

$$= \frac{报告期国内生产总值}{\dfrac{期初国民资产总额 + 期末国民生产总值}{2}}$$

国民资产是一个综合总量，可以根据研究目的，按分类资产项目或机构部门计算产值率。例如：

实物资产（或固定、金融资产等）

$$= \frac{报告期国内生产总值}{报告期实物资产（或固定、金融资产等）平均余额}$$

非金融企业（或金融机构、政府）

$$= \frac{\text{报告期非金融企业(或金融机构、政府)部门的增加值}}{\text{报告期非金融企业(或金融机构、政府)部门占用的资产平均余额}}$$

$$\times \text{部门资产产值率}$$

2. 国民资产利税率

国民资产利税率是反映经济核算主体报告期内占用资产为国家提供多少利润税收的情况的分析指标。

$$\text{国民资产利税率} = \frac{\text{核算主体报告期上缴利税总额}}{\text{核算主体报告期占用的资产平均余额}}$$

根据上述公式,可以计算全部资产利税率,也可以计算分析各项资产项目(如实物资产、固定资产或金融资产)的资产利税率;可以计算整个国民经济的资产利税率,也可以计算分析各机构部门的资产利税率。

3. 贷款产值率

贷款产值率是反映贷款使用的经济效果的分析指标。

$$\text{贷款产值率} = \frac{\text{报告期国内生产总值}}{\text{报告期国民经济所有贷款平均余额}}$$

如果要分析机构部门的贷款产值率,则应以报告期部门的增加值与同期该部门的贷款平均余额对比计算。

4. 贷款利税率

贷款利税率是说明贷款运用为国家提供利润税收情况的分析指标。

$$\text{贷款利税率} = \frac{\text{报告期核算主体上缴利润税款总额}}{\text{报告期核算主体贷款平均余额}}$$

此处的核算主体可以是国民经济总体,也可以是各机构部门,从不同范围说明贷款运用对国家的贡献程度。

上述分析计算的资产负债经济效果指标,不仅可以从时间数列方面进行动态分析,研究其发展变化趋势;还可以从其他方面进行因素分析,得出更有价值的信息。

思考与练习

1. 国民经济核算及其所包括的内容是什么?

2. 简述下述基本概念:经济领土;常住单位;机构单位;机构部门;基层单位;产业部门;生产理论;生产范围。

3. 试述国内生产总值概念及其计算方法?

4. 国民生产总值的概念是什么?它与国内生产总值有何不同?

5. 什么是初次分配总收入?什么是国民总收入?各部门获得的初次分配总收入与所生产的增加值是否会相等?为什么?

6. 什么是收入再分配?什么是国民可支配总收入?它和国民总收入有何

区别？经常转移包括哪些内容？

7. 什么是资产负债和国民财产？某个国家国内各机构部门之间的金融资产与负债是什么样的关系？

8. 已知某地区非金融企业部门增加值总计 668 亿元，支付劳动报酬 250 亿元，上缴生产税 82 亿元，从政府获得生产补贴 5.5 亿元，支付银行利息等财产收入 41 亿元，获得国债利息、红利等财产收入 36.5 亿元，用于职工生活困难补助支出 6.8 亿元，支援灾区捐款 2.9 亿元，上缴所得税 42.3 亿元。请你根据所给资料计算该地区非金融企业部门的总营业盈余、初次分配总收入和可支配总收入。

9. 已知某个国家有如下资料：

(1) 劳动报酬 20000 亿元，生产税 21000 亿元，所得税 6000 亿元，生产补贴 16000 亿元，固定资产折旧 12800 亿元，营业盈余 9260 亿元，来自国外的要素收入净额 -60 亿元。

(2) 国民可支配收入 50000 亿元，总消费 36000 亿元，总投资 11000 亿元，进口 1380 亿元，出口 1440 亿元，来自国外的资本转移净额 -30 亿元。

试用分配法计算国内生产总值、国民总收入、总储蓄及使用法的国内生产总值。

10. 已知 1997 年我国非金融机构部门增加值 44628.72 亿元，劳动者报酬支出 17844.76 亿元，生产税净额 9728.46 亿元，财产收入 2282.72 亿元，财产收入支出 6517.83 亿元，经常转移支出 2861.33 亿元，经常转移收入 321.8 亿元。

试计算：(1) 非金融机构部门初次分配总收入；

(2) 非金融机构部门可支配总收入；

(3) 非金融机构部门总储蓄。

第3章　居民生活水平统计

3.1　居民收入水平统计的基本内容

3.1.1　居民收入的概念

居民收入是指居民在一定时期内，通过初次分配和再分配从各种来源渠道所获得的收入总和。居民收入可以是货币收入，即通常所说的现金收入，也可以是非货币形态的实物收入。

由于城镇居民和农村居民在国民经济活动中所处的地位不同，收入的具体来源也不尽相同。其中，城镇居民收入的大部分来自工作单位，个体劳动者的收入主要来自经营所得。此外，城镇居民还可以从国家财政收入的再分配中得到益处，例如，住房补贴、物价补贴等。农村居民主要是农村合作经济和农村个体劳动者，他们通过生产经营和分配、再分配取得的收入，既有货币收入，也有实物收入。

一般地，城镇居民收入较为稳定，刚性较强；农村居民收入弹性较大，容易起伏。但是近年来，我国经济发展出现了地区之间、城乡之间的不平衡状态，使得城乡居民的收入水平差距有拉大的趋势。

3.1.2　居民收入统计

1. 城镇居民收入统计

城镇居民收入统计可以用“城镇居民家庭总收入”和“城镇居民家庭可支配收入”两个指标进行衡量。

(1) 城镇居民家庭总收入

城镇居民家庭总收入是指城镇居民家庭在一定时期内（通常以一年计算）全部的实际收入。它包括：

① 薪金收入：城镇居民从各企事业单位领取的劳动报酬，如工资、奖金、津贴等，是收入的主要来源。

② 经营净收入：城镇居民从事个体经营活动所取得的经营净收入。

$$经营净收入=经营收入-经营费用支出$$

③ 财产收入：主要包括出租财产所取得的收益，从事投资活动取得的投资收益等，如租金、股息。这部分收入目前在总收入中所占的比重比较小。

④ 经常性转移收入:主要指养老金、社会救济金、家庭成员之间的赡养和赠与等,往往是再分配的收入。

需要注意的是:居民收入不应该包括借贷性收入,它属于负债的范畴。因此,城镇居民家庭总收入为:

城镇居民家庭总收入=薪金收入+经营净收入+财产收入+经常性转移收入

(2) 城镇居民家庭可支配收入

城镇居民家庭可支配收入是国民经济分配中的重要指标,是指经过收入的初次分配和再分配之后,城镇居民家庭拥有的可用于消费和投资的收入总量。

城镇居民家庭可支配收入是通过城镇居民家庭总收入减去转移性支出计算得到的。

城镇居民家庭可支配收入=城镇居民家庭总收入-转移性支出

其中,居民的转移性支出主要包括:所得税支出、家庭成员之间的赡养和赠与支出、交纳的社会保障金等。

2. 农村居民收入统计

农村居民家庭总收入统计可以用"农村居民家庭总收入"和"农村居民家庭可支配收入"两个指标进行衡量。

(1) 农村居民家庭总收入

农村居民家庭总收入是指农村居民家庭在一定时期内(通常按一年计算)通过生产经营、分配和再分配得到的全部收入。它主要包括:

① 从农村集体经济得到的收入(报酬收入和分配收入);

② 家庭和个人从事经营活动获得的收入,包括承包收入和家庭自营收入;

③ 财产性收入;

④ 其他转移性收入。

(2) 农村居民家庭可支配收入

农村居民家庭可支配收入是指从总收入中扣除农村税费交付、家庭经营的各项费用支出,以及生产性资产购置支出和其他转移性支出之后的收入。它可以表示为:

农村居民家庭可支配收入=农村居民家庭总收入-农村税费-家庭经营费用-生产性资产购置费用-其他转移性支出

3. 居民家庭人均收入

对居民收入的统计,除了计算收入总和以及可支配收入之外,还可以用家庭和人口的人均收入指标衡量居民人均收入水平的高低。

(1) 人均收入

人均收入是计算每个人口的平均收入,是进行统计分析和研究的常用指标。它反映了全体居民的平均收入水平。

人均收入＝全部居民总收入/全部常住人口数

或者

人均收入＝全部居民的可支配收入/全部常住人口数

(2) 户人均收入

家庭是居民生活的基本单位,因此在计算人均收入的基础上计算户人均收入可以反映每一个家庭的生活水平的高低。

户人均收入＝居民家庭总收入/家庭常住人口数

或者

户人均收入＝居民家庭可支配总收入/家庭常住人口数

(3) 居民实际收入

居民的名义收入是指用货币计算的居民收入。居民名义收入往往受到价格变动的影响,不能全面反映居民实际用于购买生活消费品和服务的数量。为此,通过引入消费者价格指数来研究居民实际收入可以剔除消费品价格变动带来的影响。

居民实际收入＝报告期居民家庭人均货币收入/同期消费价格指数

3.2 居民消费水平统计

3.2.1 居民消费统计的概念和范围

1. 居民消费的概念

居民消费是指居民家庭及其成员为了满足自身的生活需要而消费物质产品以及服务的行为。

2. 居民消费统计的概念

居民消费统计是指对特定时期内消费数量、消费结构等内容进行统计。它反映了消费需求的状况,以及在此方面所达到的生活水平。居民消费统计主要包括以下四方面内容:

第一,研究居民消费水平统计;

第二,居民消费倾向与消费结构统计;

第三,居民消费价格指数编制及其应用;

第四,收入水平和消费水平对比分析。

3. 居民消费统计的范围

从理论上来说,居民消费应该包括居民直接消费(即居民个人消费)和公共消费(即政府为居民提供的消费)两大部分。本书主要以居民个人消费为研究对象,不涉及公共消费的内容。

对居民消费统计应该针对一定的时期,从流量角度出发,并且统计时不能包括投资性支出,而应该以居民的日常支出为研究对象。

另外,由于城乡居民在消费内容和消费结构上存在较大的差异,应该分别进行统计和计算。

3.2.2 居民消费水平统计

居民消费是指居民的最终消费,其总量的大小不但取决于国民经济发展所达到的规模和水平,而且还依赖于前期生产成果在积累和消费之间的分配比例。它通常用居民消费水平的实物指标、消费支出总额和人均消费支出统计等指标进行统计。

1. *居民消费水平的实物指标*

居民消费水平的实物指标是指居民消费品的消费量和人均消费品的消费量。其中,居民消费品消费量是指居民个人或者家庭在一定时期内所消费的各种物质产品和劳务服务的数量。例如,粮食、肉、蛋、奶、文化娱乐和教育消费等。

人均消费品消费量是指在一定时期内(通常以一年计算)按人口数平均计算的人均物质产品消费量。人均消费品消费量可以按全部人口来计算,也可以按家庭人口(户人口)进行计算。

全部居民人均消费品消费量=当年居民某种消费品消费总量/年平均人口数

2. *消费支出总额*

居民消费支出总额是指在一定时期内居民家庭用于生活消费的支出总额。它取决于消费水平的高低和人口数目的多寡。为了能进一步确切考察居民消费水平,一般地,还应该在计算居民消费支出总额的基础上再计算人均消费支出。

3. *人均消费支出统计*

人均消费支出统计可以按照全部人口进行计算,也可以按照家庭人口进行计算。

年人均消费支出=当年居民消费支出总额/年平均人口数

户人均年消费支出=当年户消费支出总额/户人口数

3.2.3 居民消费结构分组

通过对居民消费结构进行分组统计,不但可以了解到居民的消费水平和消费状况,对居民消费结构的变化进行及时分析,而且可以引导居民消费,使消费更趋向合理化、理性化。

一般地,对居民消费结构研究的常用分组有:

1. *居民消费按内容结构分组*

根据居民消费的内容,可以将居民消费分为物质消费和服务消费两大类。其中,物质消费又称为生活消费,主要指用于吃、穿、住等消费品方面的开支。物质消费品根据性质又可以分为耐用品消费和非耐用品消费。而服务消费是指享受他人提供的各种生活服务消费。

居民消费内容结构是指耐用品消费、非耐用品消费和服务消费各自所占的比重。

2. 居民消费按用途分组

根据消费目的不同,可以将居民消费按照消费用途进行分组。我国的惯用做法是:在物质消费和服务消费的划分基础上,进一步划分为食品、服装、家庭设备、医疗保健、交通通讯、文化娱乐教育服务、居住和杂项消费等。

居民消费用途结构是指上述各类消费在居民消费中所占的比重。

3. 居民消费按来源分组

根据取得消费对象的方式不同,可以将居民消费按照来源进行分组。通常居民消费可以分为商品性消费和自给性消费两部分,可以分别计算各部分在居民消费总量中所占的比重,从而了解居民消费来源的结构状况。

这种消费分组分析通常用于农村居民。根据农村居民生产的特点,即自产自用的产品较多,对消费来源结构进行观察有助于分析农民生活水平及其变化情况。

3.2.4 居民消费结构分析

随着国家经济的发展和居民生活水平的提高,居民的家庭消费品和服务的结构必然会发生质的变化,因此分析统计居民消费结构,具有十分重要的理论指导和现实意义。

居民消费结构分析既可以从动态角度分析,也可以从不同收入群体进行分析。动态分析主要考察不同时间居民消费结构的变化情况;对不同收入群体进行分析主要考察不同收入水平下消费结构的差异。通常使用恩格尔系数进行居民消费结构分析。

所谓恩格尔系数,是指用于食品的消费支出占居民消费总支出的比重。其计算方法为:

$$恩格尔系数=食品支出/全部生活消费支出$$

因为食品消费支出是用于满足居民最基本的物质需求,在整个消费中表现出很强的刚性。一个家庭或个人收入水平越低,其食品的支出在总收入中所占的比重越大。从宏观上讲,一个国家越贫穷,每个国民平均支出中购买食品的支出所占的比重越大。由此可见,恩格尔系数可以用来反映居民生活水平的高低。

随着社会的发展,人民生活水平的提高,居民消费结构也将发生变化,体现在恩格尔系数上就是该数值的下降。一般地,恩格尔系数在30%以下,生活水平最富裕;30%—40%是富裕;40%—50%是小康;50%—60%是勉强度日;60%

以上是绝对贫穷。

表 3-1　我国城乡居民 1978 年到 2003 年恩格尔系数变化情况表

年份	农村居民家庭恩格尔系数(%)	城镇居民家庭恩格尔系数(%)
1978	67.7	57.5
1980	61.8	56.9
1985	57.8	53.3
1989	54.8	54.5
1990	58.8	54.2
1991	57.6	53.8
1992	57.6	53.0
1993	58.1	50.3
1994	58.9	50.0
1995	58.6	50.1
1996	56.3	48.8
1997	55.1	46.6
1998	53.4	44.7
1999	52.6	42.1
2000	49.1	39.4
2001	47.7	38.2
2002	46.2	37.7
2003	45.6	37.1

来源：http://www.dataempery.com/search/Result.asp? Id = 5263

从表 3-1 可以看出，自 20 世纪 90 年代中期开始，我国城镇居民的生活水平开始进入小康阶段。自 21 世纪开始，城镇居民的生活水平开始进入富裕阶段，而同时期我国农村居民生活水平开始进入小康阶段。

在使用恩格尔系数对居民消费结构进行分析时，要注意以下几个问题：

(1) 恩格尔系数反映的是长期的趋势，要消除短期波动的影响。

(2) 恩格尔系数的应用是有前提条件的，如果温饱问题没有解决，居民收入的增长可能首先用于提高食品消费的数量和质量，从而会导致恩格尔系数的上升，而不是下降。

(3) 恩格尔系数受价格变动影响较大。往往价格上升较快时，食品价格上升更快。因此在用恩格尔系数分析时，要注意对价格变动进行分析。此外，居民消费习惯的不同也会影响到恩格尔系数的变化。若要全面考察、综合评价居民生活水平，仅依靠恩格尔系数是不够的。

(4) 要把恩格尔系数和居民收入水平关联考虑。

3.2.5 居民消费价格指数的编制

我国居民消费价格指数是采用固定权数加权算术平均指数方法来编制的。其编制方法是：首先，将各种居民消费划分为食品类、衣着类、家庭设备及用品类、医疗保健用品类、交通及通讯工具类、文教娱乐用品类、居住类、服务项目八大类，各大类再划分为若干中类和小类；其次，从上述各类中选定325种有代表性的商品项目（含服务项目）入编指数，利用有关对比时期的价格资料分别计算个体指数；再次，依据有关时期内各种商品的销售额构成确定代表品的权数。

居民消费价格指数的计算公式为：

$$I_F = \frac{\sum i_F w}{\sum w}$$

其中，i_F 为个体消费品指数，w 为不同消费品价值在全部消费品价值总量中所占的比重（也称为权数）。

利用上述公式，依次编制各小类、中类的消费价格指数和消费价格总指数。下面通过一个例子来说明居民消费价格指数的编制方法。

例题 3-1 根据表 3-2 的资料，编制消费价格指数。

表 3-2 消费价格指数的计算表

商品类别及名称	代表规格品	计量单位	平均价格（元）		指数 i_F(%)	权数 w(%)
			基期	报告期		
一、食品类					117.484	42
（一）粮食					105.32	35
(1) 细粮					105.60	65
面粉	标准	Kg	2.40	2.52	105.00	40
大米	梗米标一	Kg	3.50	3.71	106.00	60
(2) 粗粮					104.80	35
（二）副食品					125.40	45
（三）烟酒茶					126.00	11
（四）其他食品					114.80	9
二、衣着类					95.46	15
三、家庭设备及用品类					102.70	11
四、医疗保健用品类					110.43	3
五、交通和通讯工具类					98.53	4
六、文教娱乐用品类					101.26	5
七、居住类					103.50	14
八、服务项目					108.74	6

（1）计算各代表规格品的价格指数：

面粉和大米的价格指数分别为105%和106%。

（2）根据各代表规格品的价格指数及相应的权数，计算小类价格指数，如

$$\text{细粮类价格指数}=\frac{\sum i_F w}{\sum w}=\frac{105\%\times 40+106\%\times 60}{40+60}=105.6\%$$

（3）根据各小类价格指数及相应的权数，计算中类指数，如

$$\text{粮食类价格指数}=\frac{\sum i_F w}{\sum w}=\frac{105.6\%\times 65+104.8\%\times 35}{65+35}=105.32\%$$

（4）根据各中类价格指数及相应的权数，计算大类指数，如

$$\text{食品类价格指数}=\frac{\sum i_F w}{\sum w}$$

$$=\frac{105.32\%\times 35+125.4\%\times 45+126\%\times 11+114.8\%\times 9}{35+45+11+9}$$

$$=117.484\%$$

（5）根据各大类价格指数及相应的权数，计算总指数，即

$$\text{消费价格指数}=\frac{\sum i_F w}{\sum w}$$

$$=\frac{117.484\%\times 42+95.46\%\times 15+\cdots+108.74\%\times 6}{42+15+\cdots+6}$$

$$=108.29\%$$

3.2.6 居民收入、消费差异统计分析

不同的居民及其家庭在消费水平、收入和财产拥有上都会存在差异，差异的大小可以客观地反映分配是否公平。如果差异过大或者过小，都是分配不公的表现。因此，尽管差异是客观存在的，但是一定要控制在一定的范围内，否则会加深社会矛盾，影响社会稳定和谐地发展。经济社会统计研究将居民收入、消费差异统计分析纳为其研究内容之一。

对该项指标经常采用的统计方法有洛伦茨曲线和基尼系数等。下面分别对这两种统计方法进行介绍。

1. 洛伦茨曲线(Lorenz Curve)

国际上经常采用洛伦茨曲线对某种社会收入分配差异程度进行分析。洛伦茨曲线研究人口和收入之间的关系，可以反映收入分配的平均程度。

洛伦茨曲线的生成方法是：首先，对居民家庭按人均收入水平分组，并按从

低到高顺序排列；然后，计算各组家庭数占全部总户数的比重，并计算各组的比重；最后，以收入不高于某水平的家庭数占总户数的比重为 OP 轴，以与其相应的家庭拥有的收入在总收入中所占的比重为 OI 轴，建立如图 3-1 所示的平面直角坐标。

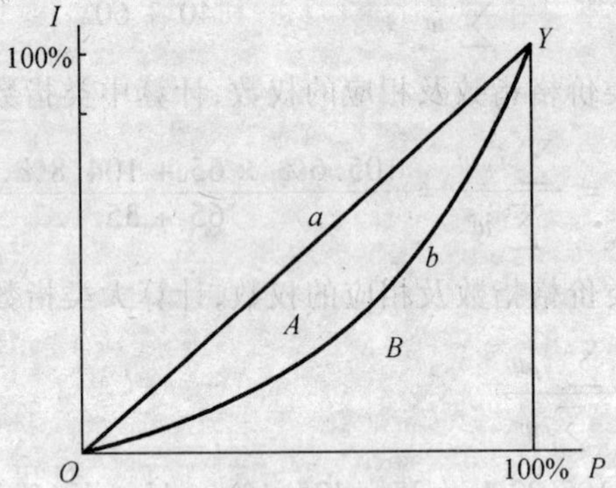

图 3-1 洛伦茨曲线

图中纵轴 OI 表示收入百分比，横轴 OP 表示人口百分比（数据采集由低收入到高收入）。

a 线与 OP 线成 45 度角，斜率 $dI/dP=1$，表示收入与人口成比例增长，称为绝对平均线。

OP-PY 线是绝对不平均曲线，这是一种极端的情况，它表示：社会成员中，除一人外，其余人的收入都是零，这一个人得到全部收入，占有线 a 下的整个面积。曲线 b 表示一般条件下的实际分配曲线，即实际的洛伦茨曲线。曲线 b 向下弯曲得越厉害，说明收入分配的不平等程度越高。

A 表示实际收入分配曲线 b 与绝对平均曲线 a 之间的面积；B 表示实际收入分配曲线 b 与绝对不平均曲线 OP-PY 之间的面积。

2. 基尼系数

基尼系数是在洛伦茨曲线图的基础上建立的，又称洛伦茨系数。基尼系数（Gini Coefficient 或者 Gini Ratio）是 1922 年由意大利人口学家、社会学家和统计学家基尼（Corrado Gini）根据洛伦茨曲线提出的判断分配平等程度的指标。

基尼系数用公式表示为：

$$G = A/(A+B)$$

它的意义可以理解为：低收入人群少于平均收入那一部分在社会全部收入中所占的比例。如果 A 等于零，基尼系数为零，收入绝对平均；如果 B 等于 0，基尼系数为 1，收入绝对不平均。基尼系数一般在 0 与 1 之间。基尼系数越小，说明收入分配越平均；基尼系数越大，说明收入分配越不平均。联合国有关组织认为，基尼系数为0.2—0.3,收入比较平均;0.4—0.5,收入差距过大;0.5以上,收入悬殊,国际公认的警戒线是0.4。

在实际应用中,一般用等分法(十等分法或辛普森四分位法)计算基尼系数。将研究对象按人均收入由低到高进行排序,分成若干组,计算每组人口比重(P_i)、每组收入比重(W_i)和累计比重(Q_i),利用以下公式计算基尼系数:

$$G = 1 - \sum_{i=1}^{N} P_i \cdot (2Q_i - W_i) = 1 - \sum_{i=1}^{N} P_i \cdot \left(2\sum_{k=1}^{i} W_k - W_i\right)$$

(来源:http://www.gdstats.gov.cn/tjkw/tjyyc/2003/2003/1/0009.htm)

3.3　居民生活质量统计

3.3.1　居民生活质量的基本定义

居民生活质量是世界各国普遍关心的一个问题。这里生活质量的含义比较广泛,不仅指人们在物质生活上的舒适安逸程度,而且还包括所生活的社会环境的稳定、和谐,以及精神生活的满意程度。

对统计学而言,生活质量体现了生活优劣的程度,它既包括物质生活的满足程度,又包括精神生活的实现程度。它是居民消费水平和所获得的社会福利程度,以及周边环境状况的一个综合体现,因此居民生活质量具有多重含义。

(1) 由于生活质量是一个具有多重内涵的概念,它可以对居民的生活状况进行全方位的研究,所以在研究其指标体系时,需要注意综合评价。

(2) 居民生活质量既要包括居民个人生活,也要包括居民社会生活。居民个人生活是社会生活水平的具体反映,而居民社会生活是个人生活的经济基础,所以从这两个层面进行研究才能真实体现居民生活质量的状况。

(3) 建立完整科学的指标体系和评价标准。

3.3.2　居民生活质量的统计分析

国际上通常根据生活水平高低将生活质量划分成不同的层次进行研究,较为常用的一种划分方法是将生活质量划分为贫困、温饱、小康和富裕四种类型。而我国目前主要从贫困和小康两个方面反映居民生活质量的状况。

1. 贫困

(1) 贫困的概念

贫困主要是指由于收入不足所导致的物质匮乏以及低水平的教育和健康状况,或者是指人们的生活水平不能达到一种社会可接受的最低标准时的状态。从程度上可以将贫困划分为:绝对贫困(生存贫困)和相对贫困(比较而言的贫困)。从范围上可以将贫困划分为:广义贫困(除经济贫困外,还包括精神、文化生活和环境方面的贫困)和狭义贫困(主要指经济上的贫困)。

(2) 贫困标准

通常由国家确定贫困线,也称为低收入水平。可以通过收入低于贫困线的居民人数及其占全部居民的百分比来比较各种极端贫困居民的收入情况。这里的“贫困线”是指一个国家根据本国社会生活标准(包括生活水平、消费习惯和最低消费数量),结合当年的物价水平,规定不同收入人口数的家庭或个人,在特定生活条件下,最低的生活费用标准。居民家庭全年货币收入低于贫困线的称为贫困户。

由于衡量贫困线的各项因素会受到时间、空间等诸多因素的影响,所以对于不同的国家,在不同时间,对不同人口的家庭,贫困线的标准是不一样的。此外,各个国家和地区之间也存在经济发展、生活收入水平、消费需求和生活习惯的差异,因此同样需要确定不同的贫困线标准,如城镇贫困线、乡村贫困线等。

为了国际上比较的需要,设置了所谓的国际贫困线。世界银行定义的贫困线按每天收入一个美元(以购买力平价计算)为标准。

(3) 贫困的测度

就我国目前的实际生活水平状况而言,对贫困问题的研究主要侧重在狭义贫困标准的确定。对城镇居民贫困标准的测量,主要从收入和消费两方面进行考察。对收入进行考察的主要依据是居民住户所获得的收入以及实际消费。相应的测定标准如下:

① 贫困人口的比重和规模

贫困人口的比重和规模是指收入水平在贫困线以下的人口数占全部人口数的比重和总数。该项指标可以反映处于贫困状态的家庭比例和人口数。国家政府和管理部门可以根据该指标制定和调整相关的扶贫政策以及社会保障政策。

② 贫困程度

贫困程度是指贫困居民的实际收入和生活水平与贫困标准和平均水平相比较的差距。对贫困程度的分析可以加深对贫困问题的认识。

对农村居民贫困的测定,不同的地域和情况有不同的测定标准。一般的测定指标为:以维持生产所需的最低生活费用的人均纯收入作为衡量贫困的标准,该标准以下的为贫困。其他测定标准还有:以维持生产和正常活动所需的营养标准作为维持生存所需的最低食品费用为测定依据;以维持最低生活需要的生活用品和劳务费用为测定标准等。

2. 小康水平

小康是指一定时期的生产力水平下,人民生活水平高于温饱但还不够富裕,达到丰衣足食、安居乐业、生活舒适便利、精神健康充实的一种程度。国外一般不把小康作为一个独立的发展阶段来研究，而是以低、中、高收入的国家和地区来研究其生活质量和贫困问题。但在我国，对于小康这个概念，人们已经耳熟能详。我国为小康生活水平制定了一个国家标准，其中包括 5 个方面共 16 项指标。

(1) 小康生活评价体系的建立

建立一个评价体系，需要综合考虑多方面的因素，使之最终达到一致、和谐、公平、客观的目的。对于小康生活体系的建立，应注意以下问题：

① 对于城镇和农村应该分别建立小康标准，而全国居民小康标准的制定是在这两个标准之上进行计算和加权平均。

② 标准的制定应具有一致性，从而使得指标之间具有可比性。

③ 小康生活是居民生活质量的综合体现，因此小康生活起点标准应做到在全国范围内统一。

④ 所制定的小康生活标准应当适应我国生产力发展的水平，标准的偏高或偏低都会影响小康目标的实现。

(2) 小康生活的评价体系及量化标准

我国国家统计局和国家计委及农业部 1992 年制定了衡量全国人民、城镇和农村小康生活水平的基本指标。全国标准是作为全国人民小康生活的统一标准设计的，包括经济水平、物质水平、人口素质、精神生活、生活环境五个方面共 16 个指标。第一类为经济发展水平，由人均国内生产总值一个指标组成；第二类为物质生活水平，由城镇人均可支配收入、农民人均纯收入、城镇人均居住使用面积、农村居民人均钢筋砖木结构住房面积、人均蛋白质日摄入量、城市居民每万人拥有铺装道路面积、农村通公路的行政村比重、恩格尔系数 8 项指标组成；第三类为人口素质，由成人识字率、人均预期寿命和婴儿死亡率 3 项指标组成；第四类为精神生活，由教育娱乐支出比重和电视机普及率 2 项指标组成；第五类为生活环境，由森林覆盖率和农村初级卫生保健基本合格以上县百分比 2 项指标组成。

城镇标准由经济水平、物质水平、精神生活、生活环境与社会保障 5 个部分 12 个指标组成。

农村标准由收入、物质生活、人口精神生活、生活环境和社会保障与安全六个部分组成，一共包括 16 项指标。

这三套标准是一个体系，它们之间既有联系又有区别，共同为反映小康水平服务，不违反统一性原则。

根据上述标准，以对浙江省 2005 年农村小康实现程度的调查为例，统计出各项指标，如表 3-3 所示：

表 3-3 2005 年浙江省农村全面建设小康综合表

指标	单位	总体小康值	全面小康值	2005 实际值	实现程度	权数	综合分值
A. 经济发展				—	90.4	29	26.2
农村居民人均可支配收入	元/人	2200	6000	5680	91.6	20	18.3
第一产业劳动力比重	%	50	35	25.9	100.0	5	5.0
小城镇人口比重	%	16	35	29.8	72.6	4	2.9
B. 社会发展				—	53.7	20	10.7
农村合作医疗覆盖率	%	10	90	65.5	69.4	8	5.6
农村养老覆盖率	%	1.8	60	17.3	26.6	4	1.1
万人农业科研人员数	人	1	4	1.1	3.3	4	0.1
农村居民基尼系数	—	0.35	0.3—0.4	0.3678	100	4	4.0
C. 人口素质				—	3.8	15	0.6
平均受教育年限	年	7.4	9	7.2	-12.5	12	-1.5
平均预期寿命	年	69.5	75	73.3	69.1	3	2.1
D. 生活质量				—	93.9	23	21.6
恩格尔系数	%	49	40	38.6	100.0	4	4.0
居住质量指数	%	18	75	74.3	98.8	11	10.9
农民文化娱乐支出比重	%	2.5	7	5.1	57.8	3	1.7
农民信息化程度	%	28	60	61.1	100.0	5	5.0
E. 民主法制				—	64.4	6	3.9
农民对村政务公开的满意度	%	55	85	77.2	74	3	2.2
农民社会安全满意度	%	60	85	73.7	55	3	1.6
F. 资源环境				—	14.3	7	1.0
常用耕地面积变动幅度	%	-0.3	0	-0.35	-100	3	-3.0
森林覆盖率	%	16.5	23	51	100	2	2.0
万元农业 GDP 用水量	立方米/万元	2600	1500	1257	100	2	2.0
农村全面建设小康实现程度合计						100	64.0

注:平均预期寿命为 2000 年人口普查数;森林覆盖率为第五次清查数

(来源:http://www.stats.gov.cn/was40/reldetail.jsp? docid=402336764)

(3) 小康生活评价分析

对生活水平的评价包括许多方面,各方面的内容都很丰富。为了便于最后进行综合评价,对各项指标需要进行统一,使其具有可比性。一般地,对综合评价主要采用无量纲化的方法,即先通过数学变换,将数据标准化、规范化;然后确定各项指标所占的权重;最后通过综合计算公式得出综合评价的结果。

具体而言,设 L_i 是数据未标准化之前指标体系中的数据,其中 $\max L_i$ 是最大值,$\min L_i$ 是最小值。无量纲化的数据,即标准化后的数据用 L_i' 表示。那么,数据规范化的公式为:

$$L_i' = \frac{L_i - \min L_i}{\max L_i - \min L_i} \quad (i = 1,2,3,\cdots,n)$$

综合指标的计算公式为：

$$Y = \sum_{i=1}^{n} L_i' \cdot W_i / \sum W_i$$

其中，W_i 是各项指标的权重。

3.4　居民生活水平统计分析

居民生活水平统计既包括收入水平和消费水平的统计和分析，也包括居民生活其他方面的综合评定和分析。居民生活水平既是物质生活的满足程度，又是精神生活的满足程度；它既体现为居民的消费水平，又体现为居民所获得的社会福利程度和环境状态。

3.4.1　居民物质生活水平统计分析

居民的物质生活水平是衡量一个国家人民在营养、卫生保健、国民教育等方面所达到的生活质量水平。对居民物质生活水平进行统计分析可以反映一个国家在满足人们基本需要方面所取得的成绩。其中设立的统计指标包括：反映居民摄取营养状况的统计指标，居民健康状况统计分析和居民受教育情况的统计分析。

1. 反映居民摄取营养状况的统计指标

摄取足够的营养是居民身体健康的重要保障。通过对居民摄取营养状况的统计分析，可以考察居民健康水平状况。

本指标主要统计居民每年平均消费的主要食品，例如，谷物、肉类、鱼、蛋白质、水果等数量和每天摄取的营养物平均数量，以及达到标准需要的百分数等。

居民年平均主要食品消费量 = 全年主要食品消费总量/年平均人数

每人每天摄取的营养物平均数量 = 居民全年营养品摄取总量/（年平均人数 ×365）

达到标准需要的百分比 = 平均每人每天营养品实际摄取量/标准需要量

2. 居民健康状况统计分析

按照国际卫生组织的定义，健康是指在身体、精神和社会适应上的良好状态。对居民健康状况进行统计分析，可以通过以下指标：

（1）疾病预防的评价指标

预防疾病是保证健康的手段之一。对居民健康状况进行评价分析，首先可以从预防疾病开始，这方面的常用分析指标有：

① 反映居民生存环境状况的指标

反映居民生存环境状况的指标包括获得安全饮用水的人口比重所占百分

比;无污染食品在全部食品中所占比重;空气质量等级等。这些指标都和居民生活紧密相关,指标的值越高,说明居民受到的疾病威胁越小。

② 反映医疗卫生等设施对居民生活健康保障程度的指标

该项指标包括每千人拥有的医疗机构数;拥有医疗保健技术的人员数;获得必要药品人口数占全部人口数的比重。该项指标越高,说明居民享受医疗保障程度越高。

③ 反映儿童免疫率的指标

按照世界银行的定义,反映儿童免疫率的指标指一岁以下的儿童对四种疾病,即麻疹、白喉、百日咳和破伤风接种预防疫苗的比率。因为这四种疾病对儿童的健康有致命威胁,所以较高的免疫接种率说明较高的健康保障程度。

(2) 健康状况评价指标

健康状况评价指标可以采用以下指标:

① 某几种疾病发生的次数、发病率和疾病率

某种疾病在一定时期内发生的次数主要是指几种影响居民身体健康的重大病症在一定时期内发生的次数。该项统计可为开展卫生防疫工作,提高居民身体健康状况提供必要的依据。

在统计某种疾病发生的次数的基础上,再统计和计算发病率与疾病指标。其中,发病率是指一定时期某地区或国家某种疾病实际发生的数目与该地区或国家全部人口之比。这里一般用一定时期内该地区或国家发现的某种疾病的新增病例数表示某种疾病实际发生的数目。

发病率 = 一定时期某种疾病实际发生数目/该地区全部人口数 × 100%

疾病率是指一定时期某地区或国家患某种疾病的人数与该地区或国家的全部人口数之比。这里患某种疾病的人数可以用新发生的和旧有的患病人数之和表示。

疾病率 = 该地区患某种疾病人数/该地区全部人口数 × 100%

用某种疾病发病率和疾病率进行动态比较,可以说明一定地区或国家居民身体健康水平状况。

② 平均预测寿命

平均预测寿命是指社会各不同年龄段人口的平均寿命。从人口统计史看,人口的平均寿命随着人口死亡率的不断降低而升高。平均预测寿命是综合反映人口健康水平的重要指标。

③ 人口死亡率

人口死亡率是指一定时期内(通常以一年计),死亡人数与全部人数的比值。计算方法如下:

人口死亡率 = 年死亡人数/年平均人口数 × 1000‰

该指标表示平均每千人中的死亡人数。同时还可以按不同年龄分组计算特殊死亡率,例如,婴儿死亡率、成年人死亡率和老人死亡率等。人口死亡率越大,表示各种疾病对人口寿命的威胁程度越大。该项指标还会受到社会经济制度、经济条件、科技水平和文化医疗卫生等其他因素的影响。

3. 居民受教育情况的统计分析

对居民受教育情况的统计分析可以反映一个国家或地区所拥有的人力资源的质量,以及居民文化精神生活水平。对居民受教育情况的评价分析可以从以下两方面入手:

(1) 受教育机会的评价分析

受教育机会的评价分析可以用各级学校入学率来表示,如学龄儿童入学率、高等教育入学率和各种职业学校入学率等。例如:

$$初等教育就学率 = 小学在学人数/6—13岁人口数$$

对于非正规教育的评价,如夜大、自学考试等,可以用接受教育的人数表示。

(2) 反映人力资源质量方面的指标

① 成人文盲率、成人识字率

成人文盲率是指15岁以及15岁以上人口中不识字或识字很少(不能阅读、理解)的人口数在15岁以及15岁以上人口总数中占的比重。其计算方法如下:

$$成人文盲率 = \frac{15岁以及15岁以上人口中不识字或识字很少的人数}{15岁以上人口数} \times 100\%$$

$$成人识字率 = 1 - 成人文盲率$$

如果成人文盲率大于成人识字率,说明该国的教育水平不高、教育投入不足;反之,则说明教育进步。通过对该指标的动态比较,可以反映出一个国家或地区的教育水平是升高还是下降。

② 平均受教育年限

平均受教育年限可以反映居民总人口所达到的教育水平,通过计算居民平均受教育程度指标可以获得该指标。居民人均受教育程度的计算方法如下:

$$人均受教育程度 = \frac{\sum(某种学制年限 \times 受该学制教育人数)}{\sum 受该学制教育人数}$$

其中,小学6年,初中9年,高中12年,等等。

③ 大学教育普及率

大学教育普及率的计算方法如下:

$$大学教育普及程度指标 = 大学在学人数/总人口数$$

表3-4是北京市石景山区在第四、第五次人口普查中对人口文化构成的调查情况。

表 3-4 石景山区第四、五次人口普查人口的文化构成情况

	五普		四普	
	人数	%	人数	%
6 岁及以上	468641	100	286770	100
大本	40977	8.74	16734	5.84
大专	43849	9.36	15592	5.44
中专	42184	9.01	21469	7.49
高中	105401	22.49	57437	20.03
初中	150343	32.08	87835	30.63
小学	67828	14.47	62806	21.90
不识字	18059	3.85	24897	8.67

（来源：http://www.sjs.bjstats.gov.cn/zxdc/default.htm）

3.4.2 居民精神生活评价分析

在社会进步的今天，人们在满足物质生活的同时，也重视精神生活水平的提高。对居民精神生活的统计评价分析可以采用下面指标：

1. 反映居民精神文化方面的统计指标

随着物质生活水平的提高和社会的进步，居民的精神生活日益丰富，受教育的机会也较以前增多。其中可以反映居民精神文化生活方面的统计指标包括：电视广播网覆盖率；每万人享受的公共图书馆数量，以及报刊和杂志的发行量；电影院和剧院的上座率；博物馆和各种展览参观人数等。

2. 反映居民闲暇时间分配利用情况的统计指标

居民闲暇时间是指居民个人根据其喜好自由选择支配的时间。拥有的闲暇时间越多，说明一个地区或国家的经济发展水平越高。因此闲暇时间从某种程度上反映了一个地区或国家的经济发展状况。联合国在 1990 年提出了不同发展阶段的闲暇时间标准（以年为考察单位）：每年人均闲暇时间在 3600—6400 小时之间，说明生活处于贫困和温饱阶段；闲暇时间在 6400—6816 小时之间，说明生活达到小康水平；闲暇时间在 6816 小时以上，说明生活达到富裕水平。

根据我国现实情况，按照联合国提出的标准，在小康阶段城市职工每周制度内工作时间为 5 天，每年闲暇时间为 6500—6700 小时，可达到世界中等收入国家的一般水平。

除了上述对居民物质生活和精神生活的满足程度的指标外，对居民生活水平进行评价分析的指标还有生态环境的变化、社会保障水平和福利水平等。

思考与练习

1. 哪些指标可以描述居民收入？
2. 什么是恩格尔系数、洛伦茨曲线和基尼系数？
3. 对居民消费结构应如何分析？
4. 何谓小康水平？如何测定？
5. 恩格尔系数有何局限性？

第4章　社会保障统计

4.1　社会保障统计的概念、范围和任务

4.1.1　社会保障统计的概念

社会保障是国家依法通过国民收入再分配的方式对社会成员的基本生活提供安全保障的行为、机制和制度的总称，是社会经济中最重要的制度安排之一，是社会的安全阀机制和公平机制。社会保障是社会成员应享有的基本权利，是国家应履行的确保社会成员生活权利的一种法律责任。对于社会保障，各国根据自己的国情，规定了不同的内容和范围。但是，从共性上看，社会保险、社会福利、社会救助和社会优抚是社会保障体系重要的和主要的组成部分。

社会保障统计是社会经济统计的主要组成部分，是社会经济统计的原理、方法在劳动保障领域的应用，社会保障是在质与量的辩证统一中研究大量劳动保障现象的数量方面，反映劳动保障现象在特定时间、地点和条件下的具体表现及其发展变化规律的社会认识活动。它是对社会保障工作中的数据进行收集、整理和分析，以观察研究社会对丧失或暂时丧失劳动能力的社会成员及其他需要与应该获得帮助的社会成员，在一定时期内所提供物资保障的范围、水平、规模、效益的状况以及发展的趋势、特点和规律的理论和方法。它是监督检查各项有关政策与措施的执行和落实情况，分析社会保障对预防社会问题的作用程度，研究改进与完善社会保障工作的形式和组织等工作的重要依据。可见，社会保障统计是一项社会性很强的工作，是进行社会管理与监督的重要手段。

4.1.2　社会保障统计的范围

在现阶段，我国社会保障统计主要包括社会保险统计、社会福利统计、社会救助统计、优抚安置统计等方面内容。社会保险是整个社会保障体系的核心；社会救济是最低层次的社会保障；社会保障是最高层次的社会保障；社会优抚则是专门性的社会保障。因此，这四部分统计构成的指标体系基本上可以反映我国社会保障体系的总体情况和内在联系。

《中华人民共和国统计法》对社会保障部门统计工作作出了明确规定：国务院和地方各级人民政府的各部门，根据统计任务的需要设立统计机构，或者在有关机构中设置统计人员，并指定统计负责人。其第21条对国务院和地方各级人

民政府的各部门统计机构或者统计负责人的主要职责规定如下:"(一)组织、协调本部门各职能机构的统计工作,完成国家统计调查和地方统计调查任务,制定和实施本部门的统计调查计划,搜集、整理、提供统计资料;(2)对本部门和管辖系统内企业事业组织的计划执行情况,进行统计分析,实行统计监督;(3)组织、协调本部门管辖系统内企业事业组织的统计工作,管理本部门的统计调查表。"

4.1.3 社会保障统计的任务

《中华人民共和国统计法》以及劳动保障统计的性质和研究对象决定了劳动保障统计的基本任务是:运用一整套科学的调查统计方法,采取严密的组织形式,准确、及时、全面、系统地搜集、整理和分析劳动保障资料,了解情况,发现问题,提出建议,以便对社会保障事业的开展加强管理与决策,实行统计监督。具体来说,劳动保障统计的任务包括以下几方面:

1. 开展统计调查和分析

按照法定程序,依照科学的统计指标体系,采用科学的调查方法,有计划、有组织地开展统计调查,搜集劳动保障统计资料,进行统计分析。例如,对上海市劳动保障情况的调查,如表4-1所示。

2. 提供统计数据和决策咨询

通过对统计数据的加工分析,准确、及时、全面、系统地为领导和社会提供统计资料,为国家制定社会保障的政策、计划提供咨询服务。

3. 对社会保障监测

根据统计调查和统计分析,客观反映劳动保障事业的运行状态,起到检查、监督和预警的作用。

4. 为社会保障事业的科学研究和宣传教育提供统计数据和分析资料

表4-1　上海市全市劳动保障基本情况调查表

项　目	2004年	2005年
一、年末单位个数(户)		
(一)国有集体和其他城镇单位个数		
(二)城镇私营企业个数		
(三)城镇个体工商户数		
二、年末从业人数合计(人)		
(一)单位就业人员数		
其中:农民工		
1-在岗职工		
2-其他就业人员		

（续表）

项　目	2004年	2005年
（二）私营个体就业人员		
1-私营企业		
2-个体工商户		
三、年末不在岗人员人数(人)		
四、年末实际参加基本养老保险人数(人)		
其中:参保职工人数		
五、年末实际参加基本医疗保险人数(人)		
六、年末实际参加失业保险人数(人)		
七、年末实际参加工伤保险人数(人)		
八、单位从业人员全年年平均劳动报酬(元)		
其中:农民工年平均报酬		
（一）在岗职工年平均工资		
（二）其他从业人员年平均报酬		
九、不在岗人员全年年平均生活费(元)		
十、年末离退休人数(人)		
十一、离退休人员全年平均离退休金(元)		

4.2 社会保险统计

4.2.1 社会保险统计的概念

社会保险是国家通过立法建立的一种社会保障制度,目的在于使劳动者因为年老、患病、生育、伤残、死亡以及失业等原因,本人和家属失去生活收入时,能够从社会(国家)获得物质帮助,以维护他们的合法权益,保障其基本生活。

社会保险统计是指应用社会保险学的理论以及社会经济统计学的基本原理和方法,对社会保障事业有关数据进行调查、整理和分析,实现统计监督和管理服务。目前,我国社会保险统计的范围包括:养老保险统计、失业保险统计、医疗保险统计、工伤保险统计和生育保险统计。

4.2.2 社会保险统计的内容

1. 社会保险覆盖情况统计

它主要包括两方面:(1) 社会保险单位;(2) 社会保险人数。

2. 社会保险基金统计

它主要包括四个方面:(1) 基金收入;(2) 基金支出;(3) 基金结存;(4) 基金调剂与平衡。

3. 社会保险事业统计

它主要包括两个方面:(1) 社会保险机构;(2) 社会保险所办事业。

4.2.3 社会保险覆盖情况统计

社会保险覆盖情况统计就是指加入社会保险的人数与总人数的比率。它在不同程度上反映了各种社会保险工作中的情况和问题。社会保险覆盖统计具体又可以分为社会保险覆盖对象统计和社会保险覆盖范围统计。

1. 社会保险覆盖对象统计

(1) 社会保险应参保人数统计。从理论上说,社会保险参保人数即全社会劳动者总数,但是在我国当前的国情下,社会保险覆盖范围还较狭小。国务院 1999 年 1 月 22 日颁发的《社会保险费征缴暂行条例》规定:基本养老保险费的征缴范围是国有企业、城镇集体企业、外商投资企业、城镇私营企业和其他城镇企业及其职工,实行企业化管理的事业单位及其职工。

基本医疗保险费的征缴范围是国有企业、城镇集体企业、外商投资企业、城镇私营企业和其他城镇企业及其职工,国家机关及其工作人员,事业单位及其职工,民办非企业单位及其职工,社会团体及其专职人员。

失业保险费的征缴范围是国有企业、城镇集体企业、外商投资企业、城镇私营企业和其他城镇企业及其职工,事业单位及其职工。

省、自治区、直辖市人民政府根据当地实际情况,可以规定将城镇个体工商户纳入基本养老保险、基本医疗保险的范围,并可以规定将社会团体及其专职人员、民办非企业单位及其职工,以及有雇工的城镇个体工商户及其雇工纳入失业保险的范围。省、自治区、直辖市人民政府根据本地实际情况,可以决定本条例适用于行政区域内工伤保险费和生育保险费的征收、缴纳。

(2) 社会保险实际参保人数。社会保险人数是指在一定时期内,向社会保险机构直接缴纳或由单位代为缴纳社会保险费以及享受社会保险待遇的人员的总和,包括参加而未享受社会保险人数和实际享受保险待遇人数。

2. 社会保险覆盖范围统计

(1) 总覆盖率

$$全社会人口社会保险覆盖率=\frac{全社会加入社会保险总人数}{全社会人口}\times 100\%$$

$$就业人员社会保险总覆盖率=\frac{实际参加社会保险的就业人员数}{全部就业人员总数}\times 100\%$$

(2) 分项目覆盖率

它的主要统计项目有养老保险覆盖率、失业保险覆盖率、医疗社会保险覆盖率、工伤保险覆盖率和生育保险覆盖率。

3. 社会保险覆盖程度变动分析

通过一个国家不同时期社会保险覆盖统计指标的测算对比，还可以观察出该国社会保险覆盖程度的历史动态变化过程和预测未来变动趋势。其计算公式为：

社会保险覆盖程度增减率(%)=报告期社会保险覆盖率－基期社会保险覆盖率

4.2.4 主要社会保险统计指标

1. 基本养老保险

(1)(参保)职工人数指报告期末按照国家法律、法规和有关政策规定参加基本养老保险并在社保经办机构已建立缴费记录档案的职工人数。它包括中断缴费但未终止养老保险关系的职工人数，不包括只登记未建立缴费记录档案的人数。

(2)(参保)离退休人员人数指报告期末参加基本养老保险的离休、退休和退职人员的人数。

(3)基本养老保险基金收入是指根据国家有关规定，由纳入基本养老保险范围的缴费单位和个人按国家规定的缴费基数和缴费比例缴纳的养老保险基金，以及通过其他方式取得的形成基金来源的收入。它包括单位和职工个人缴纳的基本养老保险费、基本养老保险基金利息收入、上级补助收入、下级上解收入、转移收入、财政补贴和其他收入。

(4)基本养老保险基金支出是指按照国家政策规定的开支范围和开支标准从养老保险基金中支付给参加基本养老保险的离休、退休、退职人员个人的养老金、丧葬抚恤补助，以及由于保险关系转移、上下级之间调剂资金等原因而发生的支出。它包括离休金、退休金、退职金、各种补贴、医疗费、死亡丧葬补助费、抚恤救济费、社会保险经办机构管理费、补助下级支出、上解上级支出、转移支出及其他支出等。

(5)基本养老保险基金累计结余是指截止报告期末基本养老保险基金收支相抵后的累计余额。

(6)离休、退休、退职人员指正式办理了离休、退休、退职手续，并享受相应的离休、退休、退职待遇的人员。

2. 基本医疗保险

(1)参保人数指报告期末按国家有关规定参加基本医疗保险的人数，包括参加保险的职工人数和退休人员人数。

(2)基金收入指根据国家有关规定，由纳入基本医疗保险范围的缴费单位和个人，按国家规定的缴费基数和缴费比例缴纳的基金，以及通过其他方式取得的形成基金来源的款项。它包括单位缴纳的社会统筹基金收入、个人缴纳的个人账户基金收入、财政补贴收入、利息收入及其他收入。

（3）基金支出指按照国家政策规定的开支范围和开支标准从社会统筹基金中支付给参加基本医疗保险的职工和退休人员的医疗保险待遇支出，从个人账户基金中支付给参加基本医疗保险的职工和退休人员的医疗费用支出，以及其他支出。它包括住院医疗费用支出、门急诊医疗费用支出、个人账户基金支出、其他支出。

（4）基金累计结余指截止报告期末基本医疗保险的社会统筹和个人账户基金累计结余金额，包括银行存款、财政专户、债券投资和其他。

3. 失业保险

（1）参保人数指报告期末按照国家法律、法规和有关政策规定参加了失业保险的城镇企业、事业单位的职工及地方政府规定参加失业保险的其他人员的人数。

（2）享受失业保险待遇人数是指按照国家法律、法规和有关政策规定，享受失业保险待遇的人数。

（3）失业保险基金。

① 基金收入是指按照规定从企业、事业及其他单位筹集的失业保险费及其他并入失业保险基金收入的总额。它包括单位和个人缴纳的失业保险费、失业保险基金利息收入、上级补助收入、下级上解收入、转移收入、财政补贴和其他收入。

失业保险费是指按照国家政策规定，由企业、事业单位及个人缴纳的失业保险费。

利息收入是指失业保险基金存入银行、购买国债获得的利息收入。

财政补贴收入是指失业保险基金入不敷出时，财政给予的补贴。

其他收入包括滞纳金收入等，不包括转移收入、上级补助收入和下级上解收入。

② 基金支出是指报告期内为保障失业人员和下岗职工基本生活、促进其再就业等支出的基金总额。它包括失业保险金、医疗费、死亡丧葬补助费、抚恤救济费、转业训练费支出、失业保险经办机构管理费、补助下级支出、上解上级支出、转移支出和其他支出。

失业保险金是指为保障失业人员的基本生活而按规定支付的失业保险金金额。

医疗补助金是指按规定对在领取失业保险金期间患病医疗的失业人员给予补助的金额。

丧葬补助金、抚恤金是指失业人员在领取失业保险金期间死亡的，按规定一次性发给其家属的丧葬补助金和其供养的配偶、直系亲属的抚恤金金额。

职业介绍、职业培训的补贴是指按规定对失业人员在领取失业保险金期间接受职业介绍和职业培训的补贴金额。

调剂用于再就业服务中心资金是指为保障国有企业下岗职工的基本生活和为下岗职工代缴失业保险费,从失业保险基金中调剂,向国有企业服务中心拨付的资金金额。

农民合同制工人一次性生活补助是指对城镇企业事业单位招用的农民合同制工人,因劳动合同期满未续订或提前解除劳动合同,按规定给予的一次性生活补助的金额。

③ 基金累计结余是指截止报告期末失业保险基金收支相抵后的累计余额。

4. 工伤保险

(1) 参加保险人数指报告期末依据国家有关规定参加工伤保险的职工人数。

(2) 享受保险待遇人数指劳动者因工负伤致残、死亡或因患职业病致残,根据有关规定享受工伤保险待遇职工或供养直系亲属人数。它包括伤残人数、职业病人数、因工死亡人数、供养直系亲属人数。

(3) 基金收入指根据国家有关规定,由参加工伤保险的单位按国家规定的缴费基数和缴费比例缴纳的工伤保险基金,以及通过其他形式取得的形成基金来源的款项。它包括单位缴纳的社会统筹基金收入、财政补贴收入、利息收入及其他收入。

(4) 基金支出指按照国家政策规定的开支范围和开支标准从工伤保险基金中支付给参加工伤保险的人员及供养直系亲属工伤保险待遇支出及其他支出。它包括工伤医疗费、伤残补助金、工亡补助金、护理费、丧葬补助费、工伤预防费用、职业康复费用和其他支出。

(5) 基金累计结余指截止报告期末工伤保险基金累计结余金额,包括银行存款、财政专户、债券投资和其他。

5. 生育保险

(1) 参保人数指报告期末依据有关规定参加生育保险的职工人数。

(2) 基金收入指根据国家有关规定,由参加生育保险的单位按照国家规定的缴费基数和缴费比例缴纳的生育保险基金,以及通过其他方式取得的形成基金来源的款项。它包括单位缴纳的基金收入、利息收入和其他收入。

(3) 基金支出指按照国家政策规定的开支范围和开支标准,从生育保险基金中支付给参加生育保险的职工,因妊娠、分娩和计划生育手术而享受的待遇及其他支出。它包括生育津贴、医疗费用支出及其他支出。

(4) 基金累计结余指截止报告期末生育保险基金累计结余金额,包括银行存款、财政专户、债券投资和其他。

附件 4-1

2005 年度劳动和社会保障事业发展统计公报

（一）养老保险

年末全国共有离退休人员 5088 万人，比上年末增加 413 万人。其中，离休人员 126 万人，比上年末减少 6 万人；退休人员 4962 万人，比上年末增加 419 万人。

年末全国参加城镇基本养老保险人数为 17487 万人，比上年末增加 1134 万人。其中，参保职工 13120 万人，参保离退休人员 4367 万人，分别比上年末增加 870 万人和 264 万人。年末企业参加基本养老保险人数为 15716 万人，比上年末增加 1037 万人。

全年企业退休人员基本养老金全部按时足额发放。年末纳入社区管理的企业退休人员共 2655 万人，占企业退休人员总数的 68.3%，比上年末提高 9.4 个百分点。

全年城镇基本养老保险基金总收入 5093 亿元，比上年增长 19.6%，其中征缴收入 4312 亿元，增长 20.3%。各级财政补贴基本养老保险基金 651 亿元，其中中央财政 544 亿元，地方财政 107 亿元。全年基金总支出 4040 亿元，比上年增长 15.4%。年末基本养老保险基金累计结存 4041 亿元。

年末全国参加农村养老保险人数为 5442 万人，比上年末增加 64 万人，全年共有 302 万农民领取了养老金，比上年增加 97 万人。全年共支付养老金 21 亿元。年末农村养老保险基金累计结存 310 亿元。

（二）失业保险

年末全国参加失业保险人数为 10648 万人，比上年末增加 64 万人。年末全国领取失业保险金人数为 362 万人，比上年末减少 57 万人。

全年失业保险基金收入 333 亿元，比上年增长 13.8%，全年基金支出 207 亿元，比上年减少 3%。年末失业保险基金累计结存 511 亿元。

（三）医疗保险

年末全国参加基本医疗保险人数为 13783 万人，比上年末增加 1379 万人。其中参保职工 10022 万人，参保退休人员 3761 万人，分别比上年末增加 977 万人和 402 万人。

全年基本医疗保险基金收入 1405 亿元，支出 1079 亿元，分别比上年增长 23.2% 和 25.2%。其中，统筹基金收入 820 亿元，支出 615 亿元，分别比上年增长 24% 和 25%。年末基本医疗保险基金累计结存 1278 亿元，其中统筹基金结存 750 亿元，个人账户积累 528 亿元。

（四）工伤保险

年末全国参加工伤保险人数为 8478 万人，比上年末增加 1633 万人。全年享受工伤保险待遇人数为65万人,比上年增加13万人。

全年工伤保险基金收入93亿元,支出48亿元,分别比上年增长58.7%和42.7%。年末工伤保险基金累计结存164亿元。

(五)生育保险

年末全国参加生育保险人数为5408万人,比上年末增加1024万人。全年共有62万人次享受了生育保险待遇,比上年增加16万人次。

全年生育保险基金收入44亿元,支出27亿元,分别比上年增长37.5%和42.1%。年末生育保险基金累计结存72亿元。

(六)社会保险基金监督

到年底,全国共有27个省成立了省级社会保障监督委员会,逐步加强基金监督工作,基金管理进一步规范。推进企业年金基金市场化管理,全年共批准了29家机构的37个企业年金基金管理资格。

4.3 社会福利统计

4.3.1 社会福利统计的概念

社会福利是指在国家法律法规的基础上,国家和社会为帮助社会成员改善生活条件,提高文化素质,以适应经济发展的需要,享受社会进步带来的便利条件而实行的制度,采取的措施和举办的事业的统称。

社会福利统计是社会保障统计的重要内容,通过对社会福利的统计分析可以了解当前社会福利的发展水平,以及本国社会福利水平与他国的差距。社会福利的统计资料分别由民政部、劳动和社会保障部提供,主要包括社会福利事业机构、人员、经费情况、优抚情况、社会救济、城镇社区服务及农村社会保障网络、婚姻登记、离退休人员及费用和劳动争议仲裁等情况。

4.3.2 社会福利规模统计

1. 社会福利机构数及构成统计

社会福利机构数就是在一定时期一国或地区所有专门从事社会福利方面业务的部门和单位的总称。

福利机构通常由社会以及全民、集体举办的社会福利事业单位、社会福利企业单位、商业、服务业、假肢工厂、盲人按摩所、安置农场、社区服务单位、烈士纪念建筑物管理单位、收容遣送单位和殡葬事业单位等构成,这些福利机构数总和为福利机构的总数。

2. 社会福利事业单位

社会福利事业单位指集中收养社会孤、老、残、幼的机构,包括由民政部门管理的社会福利院、儿童福利院、精神病人福利院,城镇集体举办的福利院,农村集体举办的敬老院,以及其他收养性单位、职工疗养院、休养所、职工文化宫、俱乐部、图书馆等。

3. 社会福利事业单位设施数

社会福利事业单位设施数主要是指社会福利机构的床位数以及其他各种固定资产的数量,其中主要反映床位数以及各类人员拥有的福利设施数。

在对社会福利事业床位数进行统计的基础上,还应对反映实际社会福利收养情况的社会福利事业单位床位进行统计。社会福利事业单位床位利用率作为一项衡量社会福利事业单位收养能力的指标,是指一定时期内各种福利性收养机构的孤、老、残、幼等人口数与同时期内其拥有的床位数之比,用公式表示为:

$$社会福利事业单位床位利用率=\frac{一定时期所收养的人数}{该时期所有床位数}\times 100\%$$

对社会各类人员拥有的福利设施数进行统计是为了了解各种不同类型的人拥有的社会福利设施的状况。

4. 社会福利企业单位

社会福利企业单位是指以安置城镇有一定劳动能力的盲、聋、哑和肢体残疾人员就业为目的,享受国家减免税待遇的国有或集体企业,包括福利工厂、福利商业和服务业、假肢厂和安置农场等单位。

5. 社会福利机构职工人数及其构成统计

社会福利机构职工人数,是指在各类社会福利机构中工作的职工总人数。社会福利事业单位人员数,指在社会福利事业机构中的在册人员。社会福利企业单位人员数,包括职工总人数、职工人员分类数,也可按健康职工数和残疾职工数分类。

6. 社会福利事业单位收养人员数

社会福利事业单位收养的人员是指城市中无家可归、无依无靠、无生活来源的"三无"孤、老、残、幼、精神病人,包括民政部门管理和城镇、农村集体举办的社会福利事业单位中收养的老人、少年儿童、缺乏生活自理能力的残疾人员和精神病人。

7. 社会儿童收养数量及社会儿童收养率统计

社会儿童是指社会上因天灾人祸或其他不幸事故原因失去父母,而又无其他亲属抚养的无依无靠的6—8周岁孤儿,6周岁以下因各种原因而被父母遗弃的婴幼儿,以及因遭受家庭虐待或受坏人勾引而脱离家庭、流浪街头的流浪儿。

8. 孤老人数与孤老收养率统计

孤老是指城乡的"三无"老人,"三无"人员,即无劳动能力、无依无靠、无固定生活来源那部分人员。孤老收养率即一定时期由国家和社会集体举办的社会福利性收养机构收养的孤老人数与全部孤老人数之比。

9.“三无”残疾人统计

“三无”残疾人指残疾人口中无劳动能力、无依无靠、无固定生活来源,需要国家和社会集体给予帮助的残疾人口。“三无”残疾人在院人数是指由国家和社会集体举办的社会福利性收养机构收养的“三无”残疾人数量。

4.3.3 社会福利费用统计

1. 社会福利费用总额

社会福利费用总额,是指一定时期国家、社会和集体单位用于社会福利的支出总额。其范围包括:民政部门福利事业单位经费,集体办福利事业单位经费,企业、事业、机关支付的集体福利事业补贴,农副业生产补贴,文娱宣传费和集体福利设施费,以及其他卫生费、交通费补贴等。

2. 社会福利费用构成

社会福利费用构成是指一定时期各项福利费用支出占社会福利费用总额的比重,主要包括社会津贴、职工福利及社会福利设施建设等费用支出项目。

4.3.4 社会福利事业经济成果统计

社会福利事业经济成果主要体现为资产总额、固定资产原值、固定资产净值、负债总额、所有者权益合计、未分配利润、销售收入、纳税总额、应退税金总额、实际退税金额、利润总额。

附件 4-2

2005 年上海市社会福利事业发展情况

社会福利事业,是指国家和社会为老年人及其他需要帮助者建立的各种设施和服务体系。民政部门负责社会福利事业的规划和具体的管理工作。

2005 年,在各级政府的高度重视下,上海的养老服务取得了较快的发展,养老设施建设加速发展,社会力量参与养老服务事业发展得到鼓励,养老服务需求与供给之间的矛盾得到了初步缓解。已经基本形成以居家养老为主、机构养老为辅的养老福利服务体系,为构建社会主义和谐社会、提升老年人的生活质量发挥重要的作用。

(1) 出台优惠措施。2005 年,市民政局会同市发改委、劳动保障局、医保局、财政局、卫生局联合制定了《关于全面落实 2005 年市政府养老服务实事项目,进一步推进本市养老服务工作的意见》,经市政府同意,由市府办公厅转发。《意见》从财力保障、审批下移、用地规划、就业贷款、医疗服务、助老补贴方面提出了 18 条优惠措施,为“十一五”上海养老福利事业的加速发展奠定了良好的基础。

(2) 养老床位建设。从 2005 年开始,为适应人口老龄化的发展,本市每年将新增养老床位1万张。年内，完成市府实事新增养老床位10094张，因注销、变更等因素，净增床位9393张。至年底，全市养老机构474家，养老床位总数达49529张，占60岁以上老年人口的1.9%。其中，市、区县级机构29家，床位6288张，占总床位的13%；街道(乡镇)级机构214家，床位17674张，占总床位的35%；社会办机构231家，床位25567张，占总床位的52%，大大超过"十五"期间每年新增2500张的发展速度，较"九五"末的28454张养老床位，有了74%的增幅。

(3) 居家养老服务。2005年，市民政局不断完善居家养老服务补贴政策(表4-2是上海市部分街道的居家养老统计情况)，会同财政部门根据老年人的不同年龄制定了不同的补贴标准，进一步扩大了困难老人补贴的覆盖率；同时，对补助范围和补助标准、资金渠道和资金结算、相关工作经费、分级评估以及服务补贴带入养老机构等事项制定了相关规定。结合中欧养老服务评估项目，对本市现有的评估参数进行了修改，在部分区县开展试运行，并对评估人员开展了培训。至年底，全市233个社区助老服务社的养老服务人员18773名，共为54776名居家养老服务对象提供服务。其中，享受服务补贴老人39355名，占72%；自费购买服务老人15421名，占28%。共落实政府服务补贴资金4839.64万元。超额完成为5万名居家老人提供服务的市府实事项目购买任务，服务内容已从日常生活照料逐步向精神慰藉拓展；现有社区老年日间服务中心83个，日托老人2108人。全市已基本形成居家养老服务工作机制和服务体系。

(4) 社会福利机构管理。为了进一步提高社会福利机构管理服务水平，各区县民政局、各社会福利机构，认真贯彻落实市局关于文明行业创建的有关文件，领导重视，制定标准，强化监督，提高管理，推进了文明行业创建水平。2005年，市民政局根据民政部和本市的行业管理规范标准，在社会福利机构中开展了"以创建文明行业为抓手，以让老年人满意为目标"的"行检行评"活动，使本市社会福利机构的管理水平得到了进一步的提高。经市有关部门考核，全市社会福利机构文明行业得分为83分。

(5) 救助管理。2005年，本市的流浪乞讨人员救助管理工作，通过成立救助管理社工站，开展社工小组试点等措施，使全市救助管理服务体系得到了进一步的完善，同时也方便了对救助对象的救助。从2003年8月1日到2005年12月31日，全市20个市、区县两级救助管理站共接收救助对象61998人次。

2005年上海市社会福利企业管理工作情况

截止2005年11月底，全市共新办社会福利企业40家，安置残疾职工750人。注销社会福利企业270家，其中从歇业关闭社会福利企业中重新安置882人，使他们重新走上工作岗位。1—11月，全市社会福利企业累计销售收入比去年同期增长1.26%，累计利润总额比去年同期下降5.01%。至2005年11月底，全市共有社会福利企业2335家，职工总数113008人，其中安置残疾职工48349人。

表 4-2　2005 年 12 月居家养老服务老人和服务人员基本情况统计表

街(镇)	居家养老服务老人分类																			服务人员分类						
	60—69 岁困难老人			70—79 岁困难老人			80—89 岁困难老人			90 岁及以上困难老人			80 岁以上15%优惠老人		自费老人		合计			失业	协保	农富劳动力	其他			合计
	上门	日托	其他	上门	日托	其他	上门	日托	其他	上门	日托	其他	上门	日托	上门	日托	上门	日托	其他				外来嫂	外来妹	退休	
1	2	3	4	5	6	7	8	9	10	11	12	13	14	15	16	17	18	19	20	21	22	23	24	25	26	27
湖南街道	9			51			66			26			500		16		668	0	0	16	4		3	495	5	523
天平街道	5			28			82			39			383				537	0	0	9	2		5	409		425
斜上街道	3			27			46			19			199		1368	66	1662	66	0	3	7			1637	3	1650
枫林街道	17			43			38			12			250		663		1023	0	0	18	2		1	33		54
徐家汇街道	3			29			68			26			242		17		385	0	0	17	11			353		381
田林街道	19			45			60			25			151		111	4	411	4	0	24	6		3	215		248
康健街道	8			22			41			25			119		81		296	0	0	9			6	133	6	154
漕河泾街道	4			27			88			24			102		1		246	0	0	9	2			184		195
虹梅街道	2			3			14			4			23		15		61	0	0	2			30			32
龙华街道	4			13			31			9			179		55		291	0	0	4	2			170	14	190
长桥街道	16			27			96			28			114		16		297	0	0	29	11		3	153		196
凌云街道	15			36			42			16			260		157	1	526	1	0	34	16		4	191	5	250
华泾街道				1			16			6			38		6		67	0	0	4	2		2	36	8	51
合计	105	0	0	352	0	0	688	0	0	259	0	0	2560	0	2506	71	6470	71	0	178	65	0	57	4009	40	4349

4.4　社会救助统计

4.4.1　社会救助的涵义和类型

社会救助是国家和社会按照法定的标准,采用经济和各种物质手段,向因自然灾害及其他经济、社会原因而陷入生活困境的社会成员提供最低生活需求帮助的社会保障制度。

依据救助对象的不同,我国目前的社会救助主要有以下几种类型:

第一,针对灾民的紧急救助,也叫灾害救助。灾害救助简称救灾,是我国社会救助的重要组成部分。我国是一个自然灾害多发的国家,灾害救助传统已久。我国古代社会救助的重点就是灾害救助,而且主要是由政府组织实施的。

第二,针对城市贫困居民的生活救助。

第三,针对农村贫困居民的生活救助。这种救助大致又可以分为三类:第一类是原有计划经济体制下一直延续而来的五保供养,主要是对农村无法定抚养义务人抚养,无维持正常生活的劳动能力,无正常经济来源的老人、残疾人、未成年人,在吃、穿、住、医、葬以及未成年人教育等方面给予生活照顾和物质帮助的一种社会救济制度,其救助形式包括集中供养和分散供养两种。第二类是农村居民最低生活保障。这是20世纪90年代中期以来带有方向性的农村社会救助改革的产物,主要面向家庭人均收入低于一定标准的农村贫困居民,为其提供基本生活救助。第三类就是所谓的"农村特困户救助"。

第四,针对城市流浪乞讨人员的生活救助。这类救助主要是面向生活无着的城市流浪乞讨人员的,旨在经常化地为一些救助对象提供临时性救助。

第五,针对特殊人群的生活救助。此类救助的对象主要是在建国初期由于政策等原因被排除在单位制度之外的城乡贫困人口,主要包括20世纪60年代的"精简退"老职工、"文革"以后病退回城知青、麻风病人、原国民党起义投诚人员等。对于这些人员的救助主要依据相关政策。随着时间的流逝,这类救助对象自然减员,人数逐年减少。

第六,针对其他特定或不确定人群的社会救助。这种救助主要有三类:第一类是国家和社会对于城乡非贫困居民遭遇突发事件时的急难救助,包括为一些非贫困居民但收入较低者提供专项救助,这类救助尚无统一制度安排;第二类是原有单位体制延续下来的各种"送温暖"活动,它是由全国总工会发起的,主要是在每年主要节日为困难职工送去现金、生活用品等,以示慰问;第三类是社会捐助。

4.4.2 社会救助主要标准

在第3章已经提到,联合国粮农组织以恩格尔系数作为划分贫困与富裕的标准。恩格尔系数在60%以上者为绝对贫困;在50%—60%之间者为勉强度日;在40%—50%之间者为小康;在30%—40%之间者为富裕;在30%以下者为最富裕。在我国,确定城镇居民最低生活水平线倾向于采用"综合法",即将"人均国内生产总值"、"人均地方财政收入"、"居民人均生活费收入"和"居民人均消费支出"等指标构成一个综合指数,把全国划分为若干层次,然后在每个层次中随机抽取若干城市,作抽样调查和定量分析,取得数据,这样就可以对各个层次最低生活保障线的下限提出一个对全国有指导意义的参考标准。

附件4-3

上海市社会救助主要标准

一、本市城镇居民最低生活保障标准

本市城镇居民最低生活保障标准为人均320元/月。

凡家庭人均收入低于上述标准的本市城镇非农户籍困难家庭,提出申请后,符合条件的经核准,给予全额或差额补助。

二、本市农村居民最低生活保障标准

本市农村居民最低生活保障标准为每人每年2560元。

凡家庭年人均收入低于上述标准的本市农业户籍困难家庭,提出申请后,符合条件的经核准,给予全额或差额补助。

三、城镇居民最低生活保障家庭中协议保留社会保险关系人员(以下简称"协保人员")生活困难补助标准

家庭人均收入低于城镇居民最低生活保障标准,且有就业愿望但因客观原因难以就业或暂未就业的协保人员,可以根据不同情况申领生活困难补助,符合条件的经核准后,按下列标准给予全额或差额补助。

(一)患大病重病或大部分丧失劳动能力的人员,每月生活困难补助最高标准为城镇居民最低生活保障标准;

(二)男年满55周岁至法定退休日、女年满45周岁至法定退休日的协保人员或部分丧失劳动能力的协保人员,每月生活困难补助最高标准为180元。

(三)男未满55周岁、女未满45周岁的协保人员,每月生活困难补助最高标准为100元。

社会救助统计的主要指标包括社会救助人口统计和社会救助费用统计(表4-3是徐汇区2006年3月份社会救助统计表)。

第一,社会救助人口统计。

社会救助人数是指根据国家有关政策和法令规定,在一定时期有资格享受社会救助的人口总数。具体包括以下指标:

(1) 贫困户数和人数。贫困户数和人数是指一定时期内生活有困难,需要依靠国家和社会集体给予救济的家庭户数和人数。

(2) 最低生活保障救助对象数。

(3) 特殊救助对象数。

(4) 社会散居孤、老、残、幼数。

(5) 扶贫户数和脱贫户数。

第二,社会救助费用统计。

(1) 社会救助费用总额:是指用于各项社会救助的费用总额。

(2) 社会救助费用构成:是指各项救济费占社会救助费用总额的比重。

(3) 人均享受社会救助费:是指实际享受救济的人口平均每人得到的救济金额。

表4-3　徐汇区2006年3月份社会救助(保障)统计表

救助内容	对象类别	户数	覆盖人数	金额(元)
最低生活保障	传统民政对象	184	184	53445
	重残无业	1886	1886	734960
	职工家属	5442	8288	1172307
	失业人员及其家属	7258	12405	2964536
小计		14770	22763	4925248
临时补助	传统民政对象	—	16	5720
	职工家属和失业人员及其家属	—	414	542267
生活困难补助	协保人员	—	4169	582703
粮油帮困	传统对象、16岁以下、70岁以上、重残无业、大病重病、残疾人非本市户籍家属	—	6714	268560
医疗救助	低保家庭中的丧劳无业人员、60岁以上无业老人、16岁以下等对象;低保和低收入家庭中大病重病人员	—	93	179378.75

4.5 社会优抚统计

4.5.1 优抚统计的涵义

社会优抚是国家依法制定的对对社会有特殊贡献者及其眷属实行的具有褒扬和优待赈恤性的社会保障制度。它是对法律规定范围内的现役军人、退役军人以及为保卫国家安全和保护人民利益而牺牲的人员及其家属提供优待抚恤和安置,以保证其基本生活水平的一种特殊的社会保障制度。

社会优抚的内容根据其工作性质主要包括:死亡抚恤、伤残抚恤、社会优待、退役安置、离退休安置。我国《宪法》、《兵役法》、《军人优待抚恤条例》规定的我国社会优抚对象包括:一是现役军人;二是革命伤残人员,包括伤残军人、伤残民兵、伤残民警;三是复员、退伍军人;四是"三属",即革命烈士家属、因公牺牲军人家属、病故军人家属;五是现役军人家属。

以上海市为例,优抚申办对象资格有如下几种:

1. 因战致残

(1) 对敌作战负伤、医疗终结后评定残疾的。

(2) 因执行任务遭敌人或者犯罪分子伤害致残,或者被俘、被捕后不屈遭敌人折磨致残的;为抢救和保护国家财产、人民生命财产或者参加处置突发事件致残的。

(3) 因执行军事演习、战备航行飞行、空降和导弹发射训练、试航试飞任务以及参加武器装备科研实验致残的。

2. 因公致残

(1) 在执行任务中或者在上下班途中,由于意外事件致残的;

(2) 因患职业病致残的;

(3) 在执行任务中或者在工作岗位上因病猝然致残,或者因医疗事故致残的;

(4) 其他因公致残的。

3. 因病致残

(1) 因患职业病致残的;

(2) 在执行任务中或者在工作岗位上因病猝然致残,或者因医疗事故致残的。

4.5.2 社会优抚机构统计

社会优抚机构统计主要是社会优抚事业单位的机构数和分类构成的统

计,是指需要治疗、康复、疗养、修养、养老的优抚对象以及为军人入伍、退伍等所举办的各种优抚事业单位的数量总和。它主要包括:革命伤残军人修养所(院)、荣誉军人康复医院、复员军人疗养院、退伍军人精神病院、光荣院、军供站。

4.5.3 社会优抚人数统计

关于社会优抚人数统计的指标主要有:社会优抚对象人数、实际享受社会优抚人数、优抚率以及社会优抚人口覆盖率等。社会优抚对象人数是指符合国家政策和法规规定的社会优抚条件,有资格享受社会优待、社会抚恤、离退休保障和安置保障的人员及其家属的人数。

优抚率是指一定时期内实际享受优抚待遇的人数占同期社会优抚对象总人数的比重,用公式表示为:

$$\text{优抚率} = \frac{\text{一定时期内实际享受优抚待遇的人数}}{\text{该时期社会优抚对象总人口数}} \times 100\%$$

4.5.4 社会优抚费用统计

社会优抚事业费总额是指国家民政部用于全部优抚对象的优待费、抚恤金、养老金、安置费及相关补助费用支出的总额。它具体包括:牺牲、病故人员亲属的抚恤金、烈军属和复员退伍军人的补助费、伤残抚恤金、离退休军人的养老金、退伍军人安置费、优抚事业单位经费,以及其他社会优抚事业费等(表 4-4 中给出了徐汇区的部分优抚统计资料)。

思考与练习

1. 试述社会保障统计的概念、范围和任务。
2. 社会保险统计的定义是什么?
3. 社会保险统计的内容有哪些?
4. 在社会保险工作中需要哪些统计指标?
5. 社会福利统计的定义是什么? 有哪些统计指标?
6. 什么是社会救助,社会救助的对象有哪些?
7. 社会救助工作有哪些统计指标?
8. 社会优抚工作的对象有哪些?
9. 社会优抚工作中有哪些统计指标?
10. 实地了解一下你所在城市的社会保障情况。

表 4-4　2006 年 4 月份上海市徐汇区发放抚恤金情况统计表

	伤残人员		备注		优抚对象定期		备注		优抚对象定期定量		备注		病故军人	
	抚恤金				抚恤金				补助金				一次性抚恤金	
	发放人数	发放金额	发放人数	发放金额	发放人数	发放金额	发放人数	发放金额	发放人数	发放金额	发放人数	发放金额	发放人数	发放金额
湖南街道	69	66699	1	10752	—	—								
斜土街道	47	44893			2	2680								
天平街道	84	79863			2	1885								
枫林街道	85	85439			6	6251			1	944				
徐家汇街道	73	69050			1	1250								
长桥街道	35	31133												
田林街道	59	55969			3	4290								
龙华街道	30	26655			2	2666								
漕河泾街道	45	43281			2	2500								
虹梅街道	13	12329			1	1250								

第5章 教育统计

5.1 教育统计概述

5.1.1 教育统计的范畴

1. 教育及其统计范畴

教育是指通过知识和技能的传播使人获得培养和发展的社会活动。广义教育的客体是全体社会成员,各年龄段、各社会阶层的所有人员都可以根据社会发展的要求和自身发展的需要,选择接受教育的方式和内容。由于它是一个贯穿于人的整个生命周期的整个生涯教育,因此又称为终生教育。广义教育的主体除正规的学校教育机构和专职教师外,还包括各种非正式教育机构以及一切具有教育职能的社会群体和社会部门。

随着终身教育观的确立,教育统计的范畴以广义教育为出发点。

2. 教育的目标

教育的目标是培养人才,使受教育者学会学习、学会研究、学会生存,成为对新事物和新环境具有较强适应能力和创造能力的全面发展人才;教学方式采取以学生为中心,实行课堂讲授、讨论、自学、辅导、函授、刊授等多种教学形式;教学管理则实行全日制、半日制、脱产制、业余制、半工半读制、学历制、非学历制和学分制、选修制度等各种弹性教育管理体制。

从我国教育统计实践看,实际上已经把教育统计范畴延伸到了广义的角度。在我国教育统计指标中,就包括了成人教育、特殊教育等内容。

5.1.2 教育统计的基本内容和统计指标体系

按照国际统计惯例,教育统计指标体系包括10个方面的内容,即教育系统中全部注册的中小学生和大学生人数,各教育级别注册人数所占比重;注册学生总数与学龄人口的比率;学生在教育体系中学习的平均时间及其与最少义务教育时间的比率;取得不同资格后离开教育系统的人数,离开教育体系的学生平均年龄;教师的数量及不同年龄、性别、学历、民族的教师比重;教育系统中各级别、各部门教师与学生人数比率(学生人数/教师人数),一般以教师人数为1;教育用建筑物的总容量(可容纳学生数),以及主要设施、设备数量及价值量;教育费用支出总额占国民生产总值的比重及教育经费支出的价格指数(与教育有关的转移支付,如学生补助金不应列入);学生成功地完成教学计划课程的年数与需要的最少年数之比;10 岁以及 10 岁以上人口中的文盲人数及按此计算的文盲率、非文盲率,并按年龄、性别、民族分类显示(大部分国家以 15 岁或 15 岁以上为界限)。

参照国际惯例,并结合我国教育统计的实际情况,教育统计的主要内容(即教育统计指标体系)如表 5-1:

表 5-1

- 教育统计指标体系
  - 教育发展规模统计
    - 教育机构数
    - 教职工人数
    - 学生人数
    - 教育增加值
  - 教育投资水平统计
    - 教育投资额
    - 教育投资比例
    - 生均教育经费
    - 生均经费指数
    - 教育经费指数弹性
  - 教育发展水平统计
    - 各级教育入学率
    - 学生巩固率
    - 每万人口各级在校学生数
    - 成人识字率和文盲率
    - 人口平均受教育年限
  - 教育经济效益统计分析
    - 余数分析法
    - 经济增长因素分析法

5.2 教育发展规模统计

教育发展规模最直接、也最基本地反映了一个国家或地区的教育发展状况。一般情况下,衡量教育发展规模的统计指标主要有教育机构数、教职工人数、学生人数、教育增加值等。

5.2.1 教育机构数统计

1. 教育机构的概念及其统计范畴

(1) 教育机构的概念

教育机构是指从事各级阶段性教育的机构总称。作为教育机构,它应该在有关教育管理部门登记注册,应该具备相应的教育场所、设施、教师和其他人员,并有一定数量的登记注册的学生。

（2）教育机构的统计范畴

教育机构主要包括：

① 学前期教育机构，如托儿所、幼儿园等。

② 初等普通教育机构，如经县以上教育行政部门批准的全日制、半日制和巡回制等形式的普通小学。

③ 中等普通教育机构，如六年制初、高中分段和五年一贯制的普通中学。

④ 中等职业技术教育机构，如培养各种专业技术人才的各类型学校。

⑤ 高等教育机构，如从事高等教育的大学、专门学院和专科学校。

⑥ 培养研究生的单位，指经国家批准按国家计划招收和培养硕士、博士或其他研究生的高等学校和科学研究机构。

⑦ 成人教育机构，如从扫盲、初等教育、中等教育到高等教育的一整套成人教育机构。

⑧ 其他教育机构，主要包括工读学校和特殊教育学校。

2. 教育机构数统计指标

教育机构数是一个国家或一个地区在一定时点上所拥有的教育机构总数。它由从事各级阶段性教育的各种类型学校所组成。用以表明学校数目的教育机构数统计指标有期末（初）学校数、平均学校数、每万人拥有的教学机构数。

统计实践中，对学校数目，不仅统计教育机构总数，同时还对各级、各类型学校数分别进行统计，以反映各级教育发展的规模及其构成状况。

教育机构数的多少，不仅可以反映一定历史条件下，国家各级各类教育事业的发展规模，检查国家教育方针的贯彻执行情况，同时也是分析和研究各级各类学校发展趋势，以及学校和教育机构利用状况的基础。

5.2.2 教职工人数统计

1. 教职工人数的统计范畴

某个教育机构所能达到的教育规模，与该机构所拥有的教职工数量，尤其是教师的数量和质量具有直接关系。从宏观上看，教职工人数及其所达到的水平是反映一个国家或地区教育发展规模的重要方面。在我国各级教育阶段中，教职工主要包括专任教师和行政人员两类。

2. 教职工人数统计指标

用于统计教职工人数的统计指标主要有期末（初）教职工总人数和教师总人数，以及某期平均教职工人数和平均教师人数（这里的“平均”主要是指某期内各时点教职工人数和教师人数的序时平均数）。

5.2.3 学生人数统计

教育的产出“产品”是学生。对学生人数进行统计不仅可以从产出的角度反映教育的规模,同时也可为国家制定人才培养规划,选拔人才并安排就业计划提供重要依据。

1. 学生人数的统计范畴

学生人数通常以各级各类学校,期末(年或学年)实际拥有的学生人数表示。统计工作的口径,主要是按照各级各类学校的组织形式和规定,对已注册登记、具有学籍的在校实有学生人数进行统计。

统计的方法一般是按学校的类别和层次分别计算人数。例如,研究生、大学本科生、专科生、中等专业学校学生和普通中、小学校学生等在校人数。为了进一步说明各个学习进程的人数,在各类各层次学生人数统计的基础上,还要按学生所属的年级分别进行计算,如大学、中学、小学中的某一年级的学生人数等。

2. 学生人数的统计指标

对于学校来说,学生是处于流动状态的,不断有人入学、有人毕业。因此,要全面而准确地把握学生的数量及规模,对学生人数就要用多种不同的统计指标加以表现。这类统计指标主要包括当期毕业生人数、当期新入学学生人数和在校学生人数。

在以上反映学生人数的统计指标中,毕业生人数和新入学学生人数比较容易取得,只需根据各学校的相关记录统计汇总;而在校学生人数属于期末时点数字,它的资料来源有通过一次性普查取得和通过学生名册等有关资料进行推算取得两条途径。计算公式为:

某学年末学生人数 = 上学年末学生人数 + 本学年增加学生数 − 本学年减少学生数

在上述公式中,本学年增加学生数,包括新生入学人数和自他学校转来的人数等;本学年减少学生数,包括毕业离校、开除、休学、退学人数等。

3. 学生素质分析

由“应试教育转向素质教育”是当前我国教育改革的一项重大课题。因此,必须加强学生素质的经常考察和分析。对学生素质,可按在校学生和毕业学生分别进行考察。

(1) 在校学生素质考察

从德、智、体全面发展的要求出发,考察学生素质的指标主要包括政治进步率、考试合格率及体育达标率。

① 政治进步率

政治进步率是从政治上考核学生素质的指标,常用的具体指标还有党团员比率和优秀生比率等。

② 考试合格率

考试合格率是考核学生学习质量的常用指标,是指具有考试及格以上成绩的学生数占考生总数的比重,反映符合有关课程标准的人数比率。因此,该指标的实质为标准率。这一指标有两种计算口径:某门课程的学生考试合格率(即某门课程考试合格人数与参加该门课程考试的学生人数的对比)以及各门课程的学生总和累计合格率(即各门课程考试合格人数的累计数同相应课程考生累计人数的对比)。

③ 体育达标率

体育达标率是指达到国家规定体育达标要求的在校学生人数占学生总人数的百分比,该指标是反映学生身体素质的主要指标。由于各级教育对学生规定的体育达标要求不同,因此在实际统计中,一般按各类学校分别进行统计,即按大学生、高中生、初中生、小学生分别考察体育达标率。

(2) 毕业生素质的考察

毕业生素质可用学生毕业率、学位获取率以及升学率等指标加以反映。

① 学生毕业率

学生毕业率,是指经过某期考试已经达到毕业标准,发给毕业证书的实际毕业学生人数(简称应届实际毕业学生数),占同期全部应届实际毕业班学生总数的比重。计算公式为:

$$学生毕业率 = \frac{应届实际毕业学生}{应届毕业班学生总数} \times 100\%$$

在统计实践中,计算该指标时一般按学校的类别和教育层次分别进行。例如,分别按研究生(包括攻读博士和硕士学位的研究生),大学本科生,专科生,中专生和普通中、小学校学生等测算学生毕业率。

② 学位获取率

为了有利于高水平科学人才的成长,促进各门学科的建设,发展国家的教育科学事业,世界很多国家实行学位制。

学位通常分为学士、硕士(副博士)和博士三级,由高等学校或国家有关部门授予。在不同的学校或国家,由于科学发展水平和文教科学队伍的素质等客观条件不同,有的只设其中一级或两级学位。学位的授予按有关法定的条件和制度,被授予学位的人员,只是高校本科生、硕士研究生和博士研究生中,符合条件规定的人员。

学位获取率,主要指实际获取学位人数占全部应届毕业本科生(或研究生)

人数的比重。计算公式为:

$$学位获取率 = \frac{实际获取学位人数}{应届实际本科(或研究生)毕业学生总数} \times 100\%$$

学位获取率是反映毕业学生学习质量的正指标,比率高,说明学习质量高;反之,说明学习质量低。

从宏观角度计算的学位获取率,反映国家教育科学事业的发展,以及各门学科学术水平的提高状况。因此,学位获取率既是考核教育质量的重要指标之一,又是检查和监督国家专门科学人才成长规划的重要依据。

我国在"文革"后,于1980年2月由五届人大常委会正式通过并发布了《中华人民共和国学位条例》。按该《条例》的规定,我国学位也分学士、硕士和博士三级。近年来,我国学位授予点和学位授予专业日益增加,获取各级学位的人数也在不断地增加。

③ 毕业生升学率

毕业生升学率,主要是指全国或某一地区的普通中、小学校,某期全部应届毕业生中,经考试已被录入中等或高等学校的人数比重。计算公式为:

$$毕业生升学率 = \frac{学校招生实际录取人数}{应届实际毕业学生总数} \times 100\%$$

在统计实践中,毕业生升学率是按照学校的类别分别进行计算的。

5.2.4 教育增加值统计

教育增加值是指全社会教育事业机构在一定时期内从事教育活动而获得的最终收入,是教育总产出与教育中间投入之差,即:

教育增加值 = 教育总产出 - 教育中间投入

由于教育部门是非营利性单位,一般没有经营收入,即使有经营收入,也抵补不了支出。因此,教育总产出是指核算期内从事教育活动发生的费用总额,包括经常性支出与固定资产虚拟折旧额。但是对不属于经常性支出的,如设备购置、人民助学金、离退休人员费用、零星土建工程费用要进行扣除。具体来说,教育总产出由以下项目组成:

教育总产出 = 职工收入 + 职工福利费 + 公务费 + 修缮费 + 业务费 + 其他费用 + 物价补贴 + 预算外支出 + 固定资产虚拟折旧

教育中间投入是指从事教育活动所消耗的物质产品和服务,具体包括办公费、水电费、邮电费、公用取暖费、燃料费、修理费、租赁费、低值易耗品、材料费、印刷费、书报费、运输费、仓储费、保险服务费、养路费、宣传广告费等。

5.3 教育投资水平统计

教育投资是教育事业发展的物质基础，是教育再生产劳动能力的物质前提。教育投资不仅关系到教育事业本身的持续发展，而且关系到教育与经济是否能平衡发展。教育投资的高低，在很大程度上标志着一个国家教育与社会发展的水平。因此，对教育投资进行统计，便于我们了解一个国家教育发展水平及其与社会经济发展是否相适应。

5.3.1 教育投资的概念及其统计范畴

1. 教育投资

教育投资是指投入到教育产业中，用于培养一定熟练程度的劳动后备力量和专门人才，以及提高现有劳动力素质的人力和物力的货币表现，即一个国家或地区在一定时期内（通常是一年）投入教育部门和教育单位的人力、财力、物力的总和。它的具体表现形式，即通常所指的教育经费。

2. 教育投资的统计范畴

我国的教育经费，包括教育经常费和教育基本建设费两大部分。前者是教育经费总额中，扣除基建费用额以后，用于教育经常性开支的费用；后者是指学校新建费、扩建费、维修费和价值在限额以上的固定资产购置费。具体的统计范畴主要包括下列项目：各级各类学校的教职员工的工资和福利费用；校舍的修建、扩建和维修费用；教学设备、仪器和图书资料的装备和购置费用；学校的教学、科研和办公费用；学生的助学金。按照这一范畴，在统计实践中，针对不同的研究对象，确定具体的统计项目，以了解其支出总额及结构。例如，高等学校的教育经费开支，包括工资、补助工资、职工福利费、人民助学金、公务费、设备购置费、修缮费、业务费、其他费用、差额补助。

5.3.2 教育投资水平统计

教育投资水平的统计指标主要包括教育投资总量、教育投资比例、生均教育经费、生均教育经费指数（丰度指数）和教育经费弹性系数。

1. 教育投资总量

教育投资总量是指一定时期国家或地区的教育经费总额，通常按年度计算。它既是反映教育投资总规模的基本指标，也是计算其他教育投资分析指标的依据。对教育投资总量，根据不同的研究目的，有时也按各级各类学校分别测算。教育投资总量的主要组成部分，是国家财政预算总支出中，拨付给教育部门的教育经费，即国家财政性教育经费。

2. 教育投资比例

教育是人类社会特有的一种活动,它的特征、变动和规律,受社会存在和发展的制约。因此,为了确切反映教育投资的规模,并达到不同国家间比较的研究目的,社会实践中,通常在反映投资总量绝对值的基础上,要求测算其与国民生产总值、国民收入或国家财政预算的比率。统计实践中应用较多的是教育经费占国民生产总值的比重。一般而言,经济发达的国家或地区,教育投资的比例相对较高;而经济落后的国家或地区,教育投资的比例相对较低。

3. 生均教育经费

生均教育经费,是教育经费与年平均在校学生数的比值,它反映教育事业的发展状况和教育经费的充裕程度。这项指标可以按各级教育在校学生分别计算。计算公式为:

$$\text{生均教育经费}=\frac{\text{年内教育经费支出额}}{\text{年均在校学生人数}}$$

4. 生均教育经费指数(丰度指数)

为判断一个国家或地区重视教育的程度,同时消除因学生人数多寡或经济条件好坏而引起的各级生均经费的巨大差异,联合国教科文组织于 1991 年正式使用生均经费指数(也称之为教育经费丰度指数)来反映一个国家或地区教育经费的丰裕程度。

$$\text{生均经费指数 } C_e=\text{生均教育经费}/\text{人均 GDP}$$

根据 C_e 值的大小,一方面可以判断各级教育投入水平,反映并衡量教育投入的资金利用效益如何;另一方面可以衡量一个国家或一个地区对各级教育的重视程度。

5. 教育经费弹性系数

教育经费弹性系数是指教育经费增长率与人均 GDP 增长率之比,反映一定时期教育经费增长速度与经济增长速度之间的关系。计算公式为:

$$\text{教育经费弹性系数}=\frac{\text{教育经费增长率}}{\text{人均 GDP 增长率}}$$

5.4 教育发展水平统计

对教育发展水平进行统计,一般可以从教育投资水平、教育普及程度及各级教育在校学生与一定人口的比例三个方面进行。关于教育投资水平的统计在上一节已阐述,这里主要从后两个方面考察教育的发展水平。

5.4.1　教育普及程度统计

教育普及程度是指一个国家的国民接受教育的普遍程度,它是反映一个国家国民受教育机会程度的重要统计指标。一般而言,一个国家的国民受教育的机会越多,人口的素质就越高,也意味着其教育发展水平越高。衡量教育普及程度,可以从各级教育入学率、学生巩固率和平均每单位人口中各级学生数三个方面进行。

1. 各级教育入学率

各级教育入学率,是指各级在校学生人数与国家规定的该级教育适龄人口总数的比值。它主要由总入学率和净入学率加以体现。计算公式为:

$$总入学率 = \frac{某级教育各种年龄的学生人数}{国家规定的该级教育适龄人口总数} \times 100\%$$

$$净入学率 = \frac{某级教育在规定年龄范围内的就读学生数}{国家规定的该级教育适龄人口总数} \times 100\%$$

2. 学生巩固率

学生巩固率,是指各级各类学校,某学年末学生数占学年初学生数的百分比。计算公式为:

$$学生巩固率 = \frac{学年末学生数}{学年初学生总数} \times 100\%$$

3. 平均每单位人口中各级学生数

平均每单位人口中各级学生数,是指某期全国或地区的各级学生数,同国家或地区平均人口数的对比,是反映一个国家或地区教育发展水平的重要指标之一。例如,每10万人拥有的大学文化程度人口数,就是国际上普遍用来比较各国教育发展水平的重要指标。在统计实践中,每单位人口常用的口径有每百万、每万或每千人口数;学生数一般用在校学生人数或毕业生人数表示。由于我国目前条件下,教育表现为多类型、多形式,从而各教育阶段的学生数(在校生或毕业生数),应该包括各种类型、各种形式学校中接受教育或毕业的人数。

5.4.2　人口平均受教育程度

平均受教育程度,是指某一时期,某一地区范围内特定人口总体的平均受教育程度,可用人口按受教育程度分布的众数或人口平均受教育年限表示。一般当人口按教育程度的分布存在明显的集中趋势时,可用众数表示人口总体的平均受教育程度;而当数据的集中趋势不明显、离散程度较高时,则用人口的平均受教育年限表示人口总体的平均受教育年限。

在我国的统计实践中，主要以人口平均受教育年限反映全体人口的平均受教育程度。

人口平均受教育年限，是根据特定人口中不同文化程度人口的比重乘以不同文化程度人口受教育年限计算的。计算公式为：

$$人口平均受教育年限 = 0 \times X_1 + 6 \times X_2 + 9 \times X_3 + 12 \times X_4 + 16 \times X_5$$

在上述公式中，X_1、X_2、X_3、X_4、X_5 分别表示文化程度为不识字或识字很少、小学、初中、高中（含中专）和大专及以上人口所占的比重，0、6、9、12、16 分别代表不识字或识字很少、小学程度、初中程度、高中和中专程度、大专及以上程度等各种文化程度人口受教育年限。

在我国第四次和第五次人口普查中，6 岁及以上人口文化程度结构如表 5-2 所示：

表 5-2　我国 6 岁及以上人口文化程度结构

人口文化程度	第四次人口普查		第五次人口普查	
	人口数（万人）	人口结构（%）	人口数（万人）	人口结构（%）
文盲半文盲	20485	20.6	11093	9.41
小学	42021	42.3	45191	38.31
初中	26339	26.5	42981	36.45
高中和中专	8988	9.0	14109	11.96
大专及以上	1576	1.6	4571	3.88
合计	99409	100.0	117945	100.0

资料来源：第四次（1990 年）、第五次（2000 年）人口普查资料。

根据表 5-2 的资料，计算我国 2000 年人口平均受教育年限如下：

（6 岁及以上）人口平均受教育年限 $= 0 \times 0.0941 + 6 \times 0.3831 + 9 \times 0.3645 + 12 \times 0.1196 + 16 \times 0.0388 = 7.635 \approx 7.6$（年）

同样，可计算出 1990 年我国人口平均受教育年限为 6.3 年。

通过上述计算结果，可以看到，2000 年我国 6 岁及以上人口平均受教育年限为 7.6 年，已超过小学教育的规定年限。但是，根据按教育程度进行分组的人口众数来判断，我国人口平均受教育年限或文化程度仍处于小学水平。将两者结合起来，可判定我国人口整体文化水平正处于小学向初中的过渡阶段。

5.5　教育经济效益统计分析

教育经济效益有宏观与微观之分，从宏观上看，教育经济效益是指社会对教育的投入与社会所得到的经济收益之比;从微观上看,则是指教育部门在教育活动中消耗的活劳动和物化劳动与所取得的教育成果之比。一般情况下,我们将宏观教育经济效益称为教育经济效益,将微观经济效益称为教育投资利用率。其中,宏观教育经济效益的计算方法,主要有余数分析法和经济增长因素分析法。

5.5.1　余数分析法

1. 余数分析法概述

余数分析法,是以美国经济学家 T. W. 舒尔茨为代表的西方教育经济学研究者,计量教育对国民收入所作贡献的一种方法。传统的西方经济理论认为,国民收入的增长是资本(包括土地)投入和劳动投入增加的结果。但是,在经济增长因素研究中,许多学者发现,除了归因于资本投入和劳动投入增加的国民收入以外,国民收入的一部分仍然得不到解释。这一部分得不到解释的国民收入增长额被称为"余数"。

2. 余数分析法的步骤

对余数的一种解释是:传统经济理论中所说的劳动投入,仅仅包括劳动的数量,而不包括劳动的质量。如果把余数归因于劳动质量的提高,就没有什么得不到解释了。舒尔茨认为,劳动质量的提高主要是资本存量增加的结果。因此,他在计算教育投资收益率的基础上,对余数作了数量化分析,并通过这种分析计量出教育对国民收入增长所作的贡献。根据上述思想,舒尔茨对美国 1927—1957 年经济增长作了定量分析,计算出教育对国民收入增长的贡献是 33%。计算步骤如下:

第一步,计算"余数"。

在分析中,舒尔茨确定 1929 年为基准年,1957 年为报告期年份,并按 1956 年美元价值计算,1929 年美国国民收入为 1500 亿元,1957 年为 3020 亿元。根据柯布—道格拉斯函数,劳动对国民收入增长的贡献为 75%。因此,在国民收入中,劳动总收入 1929 年为 1500 亿美元 × 75% = 1125 亿美元;1957 年为 3020 亿美元 × 75% = 2265 亿美元。劳动总人数,1929 年为 4920 万人,1957 年为 6800 万人。1929 年每个劳动力平均创造的国民收入为 1125 亿美元 ÷ 4920 万人 = 2287 美元。假设直到 1957 年劳动者的受教育程度没有提高,从而劳动力的质量也没有提高,仍停留在 1929 年的水平,那么,1957 年归因于劳动的国民收入应为 2287 美元 × 6800 万人 = 1555 亿美元。但是,1957 年实际劳动总收入为 2265 亿美元,比 1555 亿美元多出了 710 亿美元,这 710 亿美元,就是未得到解释的"余数",如表 5-3 所示:

表 5-3　"余数"计算表

指　　标	（基期）1929 年	（报告期）1957 年	1929—1957 年增加部分
(1) 国民收入(亿美元)	1500	3020	1520
(2) 劳动总收入(亿美元)[(1)×75%]	1125	2265	1140
(3) 劳动力人数(万人)	4920	6800	1880
(4) 每个劳动力的平均收入(美元)[(2)÷(3)]	2287	3331	1044
(5) 1929 年水平的总劳动收入(亿美元)[2287×(3)]	1125	1555	403
(6) 1929 年水平与 1957 年水平劳动收入之差(亿美元)[(2)-(5)]	0	710	710

第二步，计算教育资本存量的增长额。

在舒尔茨的分析中，某年教育资本存量＝某年劳动者受教育总年限×相应年的劳动者人均价值。其中，各年劳动者受教育总年限＝各年劳动者人数×按 1940 年的学年长度计算的人均受教育年限；各年劳动者（毕业后）人均价值则是相应计算年内大学、中学和小学生均教育成本，包括直接成本和间接成本，再按 1956 年的价格对上述成本进行换算，同时，用加权平均法计算相当于一学年的价值，如表 5-4 所示：

表 5-4　教育资本存量计算表

	1929 年	1957 年	1957 年比 1929 年增加的部分
(1) 每学年劳动者的价值(美元)	614	723	109
(2) 按 1940 年学年长度计算的劳动者受教育总年限(万年)	29300	74000	447
(3) 教育资本存量(亿美元)[(1)×(2)]	1800	5350	3550
(4) 劳动力人数(万人)	4920	6800	1880
(5) 以 1929 年为基准的人均教育资本存量(美元)[18000000÷4920]	3659	3659	—
(6) 以 1929 年人均教育资本存量为基准的教育资本总存量(美元)[(5)×(4)]	1800	2490	690
(7) 1929 年与 1957 年资本存量之差(美元)[(3)-(6)]	—	2860	2860

分析表 5-4：1929 年教育投资存量为 1800 亿美元，1957 年实际教育投资存量为 5350 亿美元。按劳动力人数平均，1929 年劳动力人均教育资本存量为 3659 美元。假设直至 1957 年人均教育资本存量仍然维持在 1929 年的水平，那么，1957 年的教育资本存量应为 3659 美元×6800 万人＝2490 亿美元。而实际上，1957 年的教育资本存量已达到 5350 亿美元，比 2490 亿美元多了 2860 亿美

元。这2860亿美元就是1929—1957年美国教育资本存量的增长额。

第三步,计算各级教育收益率和平均教育收益率。

平均教育收益率是计算教育对国民收入增长的依据之一,它是以各级教育经费占教育总经费的比重为权数,对各级教育收益率加权平均的结果。

某级教育投资收益率可用如下公式进行计算:

$$\text{某级教育投资收益率} = \frac{\text{某级教育毕业生平均收入} - \text{前一级教育毕业生平均收入}}{\text{该级教育人均投资}} \times 100\%$$

根据上式,可以计算出美国初等教育收益率是35%,中等教育收益率是10%,高等教育收益率是11%。由于初等教育、中等教育和高等教育费用占教育总费用的比率分别为28%、45%、27%,因此用加权平均法计算的平均教育收益率约为17.3%,它表明每增加一个单位的教育投资平均可增加0.173个单位的教育收益。

第四步,计算教育对国民收入增长的贡献。

用教育资本存量增长额2860亿美元乘以教育投资平均收益率17.3%,等于495亿美元。这495亿美元就是1929—1957年由于提高劳动者受教育程度,从而提高了劳动力的质量所获得的国民收入。这495亿美元相当于"余数"710亿美元的70%,也就是说,未得到解释的710亿美元中,有70%归因于劳动者受教育程度的提高。同时,495亿美元相当于国民收入增长额1520亿美元的33%,也就是说,教育对国民收入增长的贡献是33%。

5.5.2 经济增长因素分析法

1. 经济增长因素分析法概述

经济增长因素分析法,是美国经济学家丹尼森提出的用于分析教育对经济增长的另一种方法。其基本思想是,先把影响经济增长的因素(共23项)分成两大类,即要素投入量和要素生产率。其中,要素投入量可分解为劳动、资本和土地三项(其中,劳动投入量又划分为从业人数、工作时间、从业人员的受教育程度等);单位要素生产率(即单位投入的产出比率)可分解为知识进步、管理体制的改善、资源配置的改善、规模节约、法律和人类环境、气候等因素。然后,逐项推算出各因素对国民收入年平均增长率所作的贡献,以比较各种因素的相对作用。

2. 经济增长因素分析法的步骤

以下主要介绍丹尼森关于教育对国民收入增长贡献的经济增长因素分析法的步骤。

第一步,计算不同受教育年限劳动者的收入加权系数。

具体做法是:将各种不同受教育年限劳动者的收入,统一换算成受8年教育的劳动者的相对收入，称为加权系数。计算公式为：

某种受教育年限劳动者的加权系数

= (该种受教育年限劳动者的收入 / 受 8 年教育的劳动者的收入) × 100%

第二步，计算各年不同教育程度劳动者的平均收入系数。

首先用 3/5 对受不同教育年限劳动者的收入加权系数进行调整(丹尼森认为，劳动力的工资差别并不完全是受教育程度不同引起的，只有大约 3/5 是由于教育程度不同引起的)，再把调整后的数字按不同教育年限劳动力占劳动力总数比例加以平均，推算出各年不同受教育年限劳动者的平均收入系数。

第三步，根据基期和报告期的平均教育程度收入系数，计算教育水平提高的年平均增长率。根据美国 1929—1957 年的资料，丹尼森计算的结果为 2.93%。

第四步，计算教育对经济增长的贡献。

根据 1929—1957 年的资料，丹尼森计算出劳动投入量占总投入量的比例为 73%，因为教育因素属于劳动投入量，所以国民收入年增长率中，由于教育水平提高而引起的增长百分比为：0.93% ×73% =0.67%，教育水平的提高因素占国民收入增长率的百分比为：0.67%/2.93% =23%。

丹尼森还对其他影响国民经济的因素作了计算，最后加总起来，还有 0.59 得不到解释，这被称为剩余因素，丹尼森把它归结为知识进展和在生产上应用的作用，并认为其中有 3/5 是教育的作用。因此结果 0.59 × (3/5) =0.35，再加上因劳动力质量提高对国民收入增长率的贡献为 0.67，总计为 1.02%，占国民收入增长率 2.93% 的 35%。这一数据表明，该时期教育对国民收入增长率的贡献为 35%。该结果与舒尔茨的“余数分析法”计算结果仅差 2 个百分点。

思考与练习

1. 如何理解教育统计的范畴？
2. 试表述反映教育发展规模、教育投资水平、教育发展水平的统计指标？
3. 国内外有哪些教育经济效益的常用分析方法？试比较这些方法之间的不同。
4. 什么是生均教育经费指数？它与生均教育经费有何不同？
5. 根据第四次人口普查资料，我国 6 岁及以上人口文化教育结构情况如下表所示：

	不识字或识字很少	小学	初中	高中(含中专)	大专及以上	合计
人口数(万人)	20485	42021	26339	8988	1576	99409
人口结构(%)	20.6	42.3	26.5	9.0	1.6	100.0

请你根据上述资料计算众数和人口平均受教育年限。

第 6 章　社会发展统计及其综合评价

6.1　社会发展统计指标体系

6.1.1　社会发展的概念

社会发展的概念包括广义和狭义两个方面。

1. 广义的社会发展

广义的社会发展,也称社会进步,其概念涵盖人类发展的各个领域,包括各社会系统的协调运行,以满足人的基本需要和全面发展而进行的各种实践活动。《1996—2010 年中国社会全面发展战略研究报告》认为,社会发展作为一个整体的概念,涉及经济增长在内的社会结构、人民生活、科技教育、社会保障、医疗卫生、社会秩序等多个方面的内容,并把消除贫困、公平分配、大众参与、生态保护、社会稳定和可持续发展等多种社会价值作为发展目标。因此,广义的社会发展也被表述为"社会进步",而经济增长一般也被视为社会进步的一个重要方面。

2. 狭义的社会发展

狭义的社会发展,则是指除经济发展以外的其他社会领域的进步和各项社会事业的发展,往往是与经济发展相对应的一个概念。但是,对于狭义的社会发展究竟包括什么,无论理论界和实际工作部门,至今仍没有一个十分确定的概念和统一的说法。目前能够被普遍认同的看法是,社会发展所包括的均是不直接反映物质生产领域的活动,并主要注重体现人类自身的生存与发展状况。因此,国外通用的"人类/人文发展"这一术语,实际上更接近狭义社会发展的本意。

在实际应用中,狭义社会发展的范围仍存在着较大的差异。联合国和世界银行等国际组织认为,对应于经济发展的社会发展,至少应包括三个方面的目标:保护不利群体和脆弱群体,扩展并提高就业机会,以及建立社会安全网。所谓保护社会不利群体和脆弱群体,就是要确保处境不利和易受伤害的个人和群体得以包括在社会发展之内,以促进对所有人的人权和基本自由的尊重、遵守和保护,特别是要促进男女之间的平等和公平,保护儿童、青少年的权利,提高老年人获得更美好生活的可靠性等。扩展并提高就业机会的主要目的,则是要使更多的人参与增长并受益于增长。社会安全网的目的,是通过各种社会保险、公共救助和福利政策,确保社会的稳定和安全。1995 年 3 月,联合国哥本哈根社会发展世界首脑会议上，在当时担任我国国务院总理的李鹏同志代表中国政府所作的讲话中，将社会发展的内容概括为重视教育、科技文化等事业，逐步缩小贫富差距，推荐政治民主，推进社会全面进步。

6.1.2 国内外社会发展统计指标体系的研究情况

对一定时期的社会发展状况进行描述和评价，最理想的做法是找到一个总括性的社会发展统计指标，其统计结果能够反映社会发展的全部或大部分信息。然而，由于社会体系和社会发展的复杂性，依靠单一指标常常难以很好地描述和评价社会发展的状况和水平，因此必须采用指标体系的方法。但是，目前这种指标体系还不能像国民经济核算那样有一个通用的指标体系或类似的统计方法，而是有各种不同的指标体系和统计方法。

1. 国外社会发展综合评价指标体系

20 世纪 60 年代以来，一些国际性组织、国家和地区的职能部门以及研究学者曾经提出各种不完全相同的社会指标体系，如表 6-1 所示：

表 6-1 社会指标体系的内容组成

	社会指标体系的内容组成	
联合国社会指标体系	1. 人口	7. 健康、保健与营养
	2. 家族形成、家族、家庭	8. 住宅及居住环境
	3. 学习及教育事业	9. 公共秩序与安全
	4. 有收益的活动及无收益的活动	10. 时间的使用
	5. 收入、消费、积蓄的分配	11. 业余时间及文化活动
	6. 社会保障及福利事业	12. 社会阶层及流动情况
经济合作与发展组织社会指标体系	1. 寿命	2. 生活健康状况
	3. 教育设施的利用	4. 文化程度
	5. 就业机会	6. 工作生活质量
	7. 时间利用	8. 收入
	9. 财富	10. 住房条件
	11. 服务设施	12. 环境公害
	13. 社会现象	14. 危险事故
	15. 受到的威胁	
美国社会指标体系	1. 人口和家庭	2. 健康与营养
	3. 住房和环境	4. 交通运输
	5. 公共安全	6. 教育与训练
	7. 工作	8. 社会保险与福利
	9. 收入与生产率	10. 参与社会活动
	11. 文化、闲暇和时间利用	

（续表）

	社会指标体系的内容组成	
日本社会指标体系	1. 自然环境	2. 人口家庭
	3. 经济基础	4. 财政
	5. 学校教育	6. 医疗
	7. 健康	8. 劳动
	9. 家计	10. 居住环境
	11. 社会保障	12. 社会教育、文化、体育
	13. 安全	14. 生活时间的分配
中国社会指标体系	1. 自然环境	2. 经济条件
	3. 人口与家庭	4. 劳动
	5. 居民收入与消费	6. 住房与生活服务
	7. 环境保护	8. 社会保障
	9. 教育	10. 卫生
	11. 文化	12. 体育

以下是部分学者提出的关于社会发展方面的不同的统计指标体系：

美国宾州大学社会工作系教授、社会学家埃思蒂提出了由经济、教育、国防、人口、妇女地位、地理、文化差异、政治参与、政治稳定、健康、福利11个分类的44个指标组成的一种综合评价各国社会进程的指标体系。

美国社会学家英格尔斯教授采用由人均国民生产总值、农业在国民生产总值中所占比重、第三产业在国民生产总值中所占比重、非农业劳动力比重、识字人口比重、适龄青年受高等教育的比重、城市人口比重、每个医生服务人口、平均预期寿命、人口增长率10个指标组成的社会现代化的指标体系。

美国海外开发署大卫.莫里斯博士在1975年提出的生活质量指数，仅由平均预期寿命、婴儿死亡率、识字率三个指标组成，用于反映社会福利状况。

由罗马尼亚提出的反映人民物质文化生活满足程度的指标体系，由食、用、住、卫生及教育、文化、闲暇、安全8个方面的24个指标组成。

美国约翰斯通教授提出，通过对社会9个领域21个指标的变动情况计算得出乘数，以综合反映社会变动趋势。

世界银行根据自然资本、产出资本、人力资本和社会资本计算资产价值，从而衡量国家财富的新标准。

英国海外就业状况研究机构从各地区的生活成本入手，以居住地的商品劳务价格作为衡量标准，选定一个有代表性的地区作为基数，将其他地区的水平与其比较，进行排次。

联合国开发计划署每年计算一次人类发展指数（HDI），即由平均预期寿命、成人识字率和实际人均国民生产总值三个指标组成的综合评价指标体系。

2. 国内社会发展综合评价指标体系

我国系统地研究社会发展统计指标体系起步较晚,但发展迅速。自20世纪80年代以来,国内一些政府部门、研究单位先后设计了一些“社会指标体系”,其中也有针对社会发展水平的评价。应该说,这些指标体系是在我国长期的社会经济统计发展中逐步形成的,已经取得了一定的积极成果。但各种“社会指标体系”各具特色,研究的出发点和侧重点也有所不同,目前还没有形成一套完善、客观的社会发展综合评价指标体系,对指标体系的研究成果,功能还没有转化为政府规划、宏观调控社会发展的行为。

以下是几个比较有代表性的指标体系:

(1) 国家统计局社会发展水平综合评价指标体系

国家统计局早在1983年就制定了《社会统计指标体系(草案)》,该指标体系分为13个大类,73个中类,共计1100多个指标,是一种描述型的社会指标体系。90年代初,国家统计局推出了以大口径的社会为对象,以中口径的社会为重点的《我国地区间社会发展水平评价方案》,涉及环境、人口、经济基础、居民生活、劳动就业、社会保障、卫生保健、科学教育、文化体育、社会治安10个领域,在每个领域又分为存量、质量、结构、变动度4个方面,共有130多个指标。该评价指标体系反映了社会为每一个领域所提供的条件,社会事业为社会服务的能力,各领域达到的水平,社会服务所产生的实际效果,各领域内外的比例构成,以及各领域发展的变动情况及其趋势。为紧跟当代社会发展的潮流和步伐,近期,国家统计局又分别研制成面向全国和地区的两套社会发展水平综合评价指标体系,主要涉及人口发展、居民生活、公益事业、社会稳定4个领域,分别有26个指标和23个指标。该指标体系是以小口径的社会为评价对象,特别强调“以人为本”的科学发展观,重点监控社会事业的发展,评估社会发展水平,提示社会发展对象的趋势,为社会发展的计划服务。

(2) 中国社科院发展指标体系

近年来,中国社会科学院社会学所社会指标课题组进行了一系列相关研究。专家学者们借鉴了国内外社会指标的理论和研究成果,结合中国国情,创建了一些新的研究方法,建立了综合和专题指标体系。他们在将中国与国际这方面的工作进行比较时,选择了16个有代表性的经济社会指标。90年代初,他们又筛选了20个指标,对各地区改革开放以来的社会经济发展速度作出评价。在他们的研究中还涵盖了一些专题性的指标,并对具有检测功能的预警性指标进行了探索性研究。

(3) 国家计委的各省区评价社会发展水平的综合指标体系

国家计委从1985年就开始研究、探讨社会发展指标体系,曾于1999年向各地计委推荐《各省区社会发展综合评价指标体系》,并建议从1999年开始在全国范围内试行计算。该指标体系共涉及人均负担的工业三废排放量,人口出生率,城镇失业和下岗人员比率,农村贫困人口比例,九年义务教育完成率,城镇社会保障实际给付率,城镇家庭收入差距系数,传染病、新生儿和孕产妇三类死亡占死亡人口的比重,每万人口重大以上刑事案件,交通事故和火灾事故发生件数,城镇居民娱乐教育文化支出比重11个指标。

(4) 国家统计局与国家计委联合提出的小康生活综合评价指标

该标准由国家统计局与国家计委联合并征求12个部委意见,于1991年提出,于1995年1月修订,主要涉及经济水平、物质生活、人口物质文化、精神生活、生活环境共5大类16个指标。各个指标依据专家打分的办法,赋予不同的权数,然后加以综合评价。

以上这些主要的评价体系都是通过体系中指标的综合计算,形成一定的反映社会发展水平或社会发展某些方面水平的一个指数数值。其共同点是注重反映人的全面发展和经济社会发展的协调程度,侧重评价总体发展水平并对目标对象进行排名比较,体现的是社会发展的程度。当然,各个指标体系之间还存在一定的差别。例如,社会发展指标是以新的发展观为基础的,主要从贫困、失业和社会贫富差距等方面入手,更关心社会的公平;现代化指标强调的是社会的进程,比社会发展指标更多地考虑到效率问题。

6.1.3　社会发展指标体系的理论依据

社会发展指标体系尽管有不同的内容体系,但其共同点是反映以人为本的发展观,可以说这是人们在多维哲学认识的支持下形成的共识。这些认识理论包括系统科学理论、经济社会协调发展理论、可持续发展理论和以人为中心的发展理论。这些理论从认识方面进一步深化了人们对社会发展的认识,从而也为社会发展指标体系的建立提供了理论基础。

1. 系统科学理论

社会发展是一个非常复杂的系统,涉及的领域多、覆盖面广,影响因素相互交织。因此,在涉及社会发展综合评价指标体系时,我们必须运用系统科学的理论和思维,把社会看做由各个子系统构成的一个有机整体,并认为健全的社会发展应是社会各个子系统相对均衡地协调发展。

2. 经济社会协调发展理论

传统的发展模式以追求GNP增长为主要目标,忽略了社会的全面发展。GNP是商品与劳务的总和,并不能反映代表经济效益的投入产出比的关系,不能反映自然资源的耗费和生态环境破坏的程度,也不能全面反映生产力的发展程度,更不能反映一个国家或地区的社会发展程度,而且还掩盖了国家内部的贫富差距等。经济社会协调发展理论认为,发展应该是整体的、综合的、全面的,在社会发展的过程中既要体现经济发展的重要性，又要突破单纯经济的狭隘的发展观念。

3. 可持续发展理论

"可持续发展"是当今全球普遍重视的发展模式和发展道路。可持续发展理论是对以往经济发展所带来的一系列生态环境和面临的人口、资源、能源、粮食等难题的反应而产生的，是对人类传统的单纯追求产量、产值增长的资源型发展模式的深刻反思，是协调发展理论的拓展和具体标志。可持续发展理论的核心主张是：在社会经济发展的过程中，保护自然资源总量和总体上的生态完整，实现以不牺牲资源为代价的社会持续进步。

4. 以人为中心的发展理论

20世纪90年代以来，持综合发展观的学者们又提出了"以满足人的需求为中心的价值取向"，认为21世纪是"社会发展进入更加注重人的全面发展的新阶段"，从而变"发展 = 经济 + 社会"为"发展 = 经济 + 社会 + 人"。以人为中心的发展理论认为，人是社会发展的主体，是社会生产力的首要因素，是社会发展过程中最为活跃的因素，是一切社会关系的担当者。因此，社会发展必须以人为中心，把人的发展作为最终目标。

6.2 社会发展的综合评价

对社会发展进行综合评价，目前还没有国际公认的体系和方法。由于社会发展的多维性，难以用货币统一度量，但人们仍在考虑如何把多目标评价方法用在社会发展评价上。该方法的基本思想是：以社会发展的多目标为前提，针对不同目标分别设置相应的社会指标，然后运用统计方法将这些指标予以综合，形成一个综合指标数值，以表达社会发展所达到的水平。但我们不是以一个总量指标来表述社会发展的绝对成果，而是通过设定参照的目标值来测定社会发展的相对水平，或者是离目标数值的距离，或者是在空间比较中的相对位置，或者是与基期比较的动态变化等。

以下介绍利用多目标评价方法计算的在国际上有一定影响的人类发展指数和社会进步指数。

6.2.1 人类发展指数

1. 人类发展指数的含义及特点

(1) 人类发展指数的含义

人类发展指数(Human Development Index, HDI)，也可译为人文发展指数或人的发展指数，是由联合国开发计划署在其《1990年人类发展报告》中提出的评价社会发展的方法，每年进行一次，对世界各国社会发展水平予以系统评价排序。该报告认为，20世纪90年代是人的发展时代，社会发展以人的发展为具体体现，为此，应建立测量人类发展的综合指标，这个指标就是人类发展指数。

(2) 人类发展指数特点

① 能够测量和反映人类发展的基本内涵；

② 只包括有限的变量，以便于计算和易于管理；

③ 是一个综合指数，而不是过多的独立指标；

④ 既包括经济，又包括社会选择；

⑤ 保持指数范围和理论的灵活性；

⑥ 有充分可信的数据来源保证。

2. 人类发展指数的构成

人类发展指数由三个指标构成：出生时的预期寿命、成人识字率和总入学率、按购买力平价计算的人均GDP。这三个指标构成了一个简要的指标体系。提出这几个指标主要是基于这样的认识：人的发展就是扩大人的各种选择的过程。无论在何种发展水平上，人们的选择都取决于以下几方面的能力（缺乏这些能力，选择将无从谈起）：首先，长寿和健康的生活；其次，生活应是知识型的；最后，能够获得达到体面生活而需要的资源。其中，以出生时的预期寿命表现人类的健康长寿水平，以成人识字率和总入学率表现人类达到的知识水平，以按购买力平价计算的人均GDP反映人类的物质生活水平。以此为基础，构成了人类发展综合指数。

3. 人类发展指数的计算步骤

第一步，确定每一指标的最大值和最小值。《1999年人类发展报告》中列出的标准分别为：出生时的预期寿命为25岁和85岁，成人识字率和总入学率为0%和100%，人均GDP(PPP $)为100美元和40000美元（计算时取对数值）。

第二步，按下列指数化公式计算预期寿命指数、成人入学率指数、总入学率指数和人均GDP指数。计算公式为：

$$d_{ij} = \frac{\text{实际值 } x_i - \text{最小值 } x_i}{\text{最大值 } x_i - \text{最小值 } x_i}$$

第三步，计算教育入学率指数：

$$\text{教育入学率指数} = \frac{2}{3}\text{成人识字率指数} + \frac{1}{3}\text{总入学率指数}$$

第四步，计算人类发展指数(HDI)。计算公式为：

$$\text{HDI} = \frac{\text{预期寿命指数} + \text{教育入学率指数} + \text{人均 GDP 指数}}{3}$$

根据人类发展指数公式，假定某个国家在各项指标上接近于最大值，则其HDI评价值就越高，说明其社会发展水平也越高；反之，HDI越低，说明其社会发展水平较低。同理，对于两段时期，如果后一时期各项指标水平更接近于最大值，则说明该国家人类发展水平有了进步，否则就表明人类发展水平的退步。因此，HDI以一个简单的复合指数从最基本的能力方面反映了人类发展水平及其进步程度。

然而，从整个人类发展的丰富内涵方面考虑，人类发展指数显然是一个比较粗略的指数，因为它包含的内容还十分有限。为克服简单化所带来的问题，并突出反映在人类发展中普遍存在的贫困、性别歧视等问题，从1995年的人类发展报告起，陆续开发设计了人类贫困指数、与性别相关的发展指数和性别赋权指数，其结果对人类发展指数起到了很好的补充作用。人类贫困指数按发展中国家和工业国分别进行编制。

4. 对人类发展指数的评述

(1) 人类发展指数的优点

① 所需的数据获取容易，计算方法简单，便于国家之间社会发展水平的比较。

② 人类发展指数用于不同的群体，可通过调整反映收入分配、性别差异、地域分布、少数民族之间的差异。人类发展是从测度人类发展水平入手，反映一个社会的进步程度，为人们评价社会发展提供了一种新的思维。

③ 人类发展指数可以从动态角度反映一个国家的社会发展状况，为世界各国尤其是发展中国家制订发展政策提供一定的依据，有助于提高一个国家的经济发展潜力。

(2) 人类发展指数的局限性

① 人类发展指数只选择预期寿命、成人识字率和实际人均国内生产总值三个指标来评价一个国家的发展水平，而这三个指标只与健康、教育和生活水平有关，无法全面反映一个国家的人文发展水平。

② 人类发展指数值的大小易受极大值和极小值影响。由于人类发展指数采用将实际值与理想值和最小值联系起来的方式来评价相对发展水平，因此当理想值或最小值发生变化时，即使一个国家的三个指标不变，其人类发展指数也可能发生变化。

以下通过表6-2的资料，说明两个国家人类发展指数的计算和比较问题（最大值和最小值标准同前述有关内容）。

表 6-2　德国与中国 1997 年的 HDI 各项指标

	预期寿命	成人识字率(%)	总入学率(%)	真实人均 GDP(PPP \$)
德国	77.2	99.0	88.1	21260
中国	69.8	82.9	58.9	3130

该案例转引自联合国开发计划署编《1999 年人类发展报告》,159—160 页。

表 6-3　德国与中国 1997 年的各项指数和人类发展指数

	预期寿命指数	受教育程度指数	人均 GDP 指数	HDI
德国	0.870	0.954	0.895	0.906
中国	0.747	0.782	0.575	0.701
中国:德国	0.806	0.820	0.642	0.774

预期寿命指数:

$$\text{德国} = \frac{77.2-25}{85-25} = \frac{52.2}{60} = 0.870$$

$$\text{中国} = \frac{69.8-25}{85-25} = \frac{44.8}{60} = 0.747$$

成人识字率指数:

$$\text{德国} = \frac{99.0-0}{100-0} = \frac{99.0}{100} = 0.99$$

$$\text{中国} = \frac{82.9-0}{100-0} = \frac{82.9}{100} = 0.829$$

总入学率指数:

$$\text{德国} = \frac{88.1-0}{100-0} = 0.881$$

$$\text{中国} = \frac{68.9-0}{100-0} = \frac{68.9}{100} = 0.689$$

受教育程度指数:

$$\text{德国} = \frac{2\times 0.990+1\times 0.881}{3} = 0.954$$

$$\text{中国} = \frac{2\times 0.829+1\times 0.689}{3} = 0.782$$

调整后的真实人均 GDP(PPP \$)指数:

$$\text{德国} = \frac{\log 21260-\log 100}{\log 40000-\log 100} = 0.895$$

$$\text{中国} = \frac{\log 3130-\log 100}{\log 40000-\log 100} = 0.575$$

人类发展指数 HDI:

$$德国 = \frac{0.870 + 0.954 + 0.895}{3} = 0.906$$

$$中国 = \frac{0.747 + 0.782 + 0.575}{3} = 0.701$$

分析：德国是发达工业国家，中国属于发展中国家。从各项指标和人类发展指数计算结果可以看出，中国国民在寿命、知识、经济能力各方面都落后于德国，因此整个人类发展水平与德国有较大差距。进一步观察还可以发现，中国在经济能力方面的落后程度要甚于寿命和知识方面，也即中国以较低的经济水平保证其国民在寿命和知识方面取得了相对较高的成就，从这点看，十分令人欣慰。

6.2.2 社会进步指数

1. 社会进步指数的基本内容(Index of Socialo Progress, ISP)

社会进步指数，是由美国宾夕法尼亚大学的理查德 · J. 埃斯蒂斯教授于1984年提出的。1988年，埃斯蒂斯又提出了加权社会进步指数(Weighted Index of Social Progress, WISP)。社会进步指数将众多的社会经济指标浓缩成一个综合指数，以此作为评价社会发展的尺度。该指数包括10个社会经济领域的36项指标，如表6-4所示：

表6-4 社会进步指数的子领域和指标构成

子领域	指标	指标方向
妇女地位	1. 适龄女孩进入一流学校的百分比	+
	2. 成年妇女文盲率	–
	3. 保护妇女合法权利的立法年限	+
国防	1. 军费开支占GNP的百分比	–
经济	1. 人均国民生产总值	+
	2. 人均GNP年增长率	+
	3. 年平均通货膨胀率	–
	4. 人均食品生产指数	+
	5. 外债占GNP的百分比	–
人口	1. 总人口	–
	2. 每千人口的粗出生率	–
	3. 每千人口的粗死亡率	–
	4. 15岁以下人口的百分比	–
地理	1. 耕地面积所占百分比	+
	2. 自然灾害受灾指数	–
	3. 每百万人中自然灾害年平均死亡人数	–

（续表）

子领域	指标	指标方向
政治参与	1. 侵犯政治权力指数	−
	2. 侵犯公民自由指数	−
	3. 侵犯人的自由综合指数	−
文化	1. 讲同一语言人口的最大百分比	+
	2. 具有统一基本宗教信仰人口的最大百分比	+
	3. 具有同一或类似种族血统人口的最大百分比	+
福利成就	1. 自第一部年老、丧失工作能力、死亡保护法公布以来的年限	+
	2. 自第一部疾病和产妇保护法公布以来的年限	+
	3. 自第一部工伤法公布以来的年限	+
	4. 自第一部失业法公布以来的年限	+
	5. 自第一部家庭补贴法公布以来的年限	+
教育	1. 学生入学率	+
	2. 学生教师比	−
	3. 成人文盲率	−
	4. 教育经费占 GNP 百分比	+
健康	1. 男性 1 岁的预期寿命	+
	2. 婴儿死亡率	−
	3. 每名医生负担的人口数	−
	4. 每日卡路里供给量占需要量的百分比	+

资料来源：转引自袁方主编：《社会指标与社会发展评价》，中国劳动出版社 1995 年版，第 185 页。

2. 社会进步指数的计算步骤

第一步，根据各国的指标取值，计算每一项指标的平均值和标准差。计算公式为：

$$\bar{X} = \frac{\sum X}{n}$$

$$\sigma = \sqrt{\frac{\sum (X - \bar{X})^2}{n}}$$

第二步，对各项指标作标准化变换，并调整逆指标的方向，使其变化方向与社会进步方向一致。计算公式为：

$$z_i = \frac{X_i - \bar{X}}{\sigma}$$

第三步，将各子领域标准化后的各指标值加以平均，计算各国在各自领域的得分值。

第四步,将各子领域得分相加,计算出各国社会进步综合指数,并根据数值大小排列次序。计算综合指数时,有未加权和加权两种计算方法,未加权社会进步指数的计算,实际上是将每个指标的权数取为1(即假定各指标在描述国家的发展水平方面具有同等的重要性);加权社会进步指数是在ISP的基础上,对各子领域的指数值作因子分析得到一组统计权数,然后对各子领域得分进行加权,最后得到加权社会进步指数值。

3. 对社会进步指数的评价

(1) 社会进步指数的优点

① 社会进步指数是评价社会发展状况的一个有效工具,不仅可以用于不同国家、不同地区间社会发展状况的比较,也可用于一个国家内部不同地区间社会发展水平的横向比较,还可以用于一个国家不同时期发展水平的动态比较。

② 社会进步指数的计算在社会经济领域及指标的选择上相对较为广泛,更多地体现了社会发展的过程,组成了较大规模的社会指标体系,包含子领域指数和综合指数两个层面的处理,还应用了多元统计中的因子分析方法确定权数,因而可以在一定程度上全面反映一个国家的社会进步状况。

(2) 社会进步指数的局限性

① 在发展领域及指标的选择上,未作出详细的理论说明。例如,为什么选择这些领域作为评价社会进步的依据?这些领域是否包括了社会发展的所有方面?这些领域及相应的指标是否适合于对所有国家社会发展水平的比较?等等。

② 在各子领域指标的选择上也极不平衡。比如,国防子领域仅选择了军费支出占国民生产总值比重一个指标,而人口子领域则选择了5个指标,这势必影响加权指数中权数构造的准确性。

③ 在子领域和指标的选择上,忽略了一些重要的社会发展领域。比如,缺乏反映社会秩序与安全、闲暇时间的利用以及反映财富分配方面的指标,并不适合于反映所有国家的社会进步状况,没有注意到处于不同社会发展阶段的国家间的差异性,因而势必影响比较的准确性。

4. 对社会发展多目标综合评价方法的评述

(1) 社会发展多目标综合评价方法的优点

社会发展多目标综合评价主要是运用指数方法。这种方法简单、灵活,易于理解和实际操作,避免了总量基础上评价所面临的加总问题,可以把选定的多个合成为一个综合指数,达到了松散的指标体系所达不到的效果,不失为一种有效的综合评价方法。

(2) 社会发展多目标综合评价方法的局限性

① 合成指数将若干指标压缩成一个综合数值,即损失了原有指标的大量信

息,也使其结果变得更为抽象,有时难以据此解释其社会经济含义。

② 在指标选择上多取决于研究者对社会发展的主观认识,指标的多少、选择哪些指标,无不体现出较大的任意性。

③ 在指数合成上,没有普遍认同的科学方法,尤其是关于指标是否加权以及权数如何确定和分配,缺乏统一的方法和标准。

后面两点局限性将导致不同研究者针对统一评价对象会得出不同评价结果,从而严重影响综合评价的客观性和对社会发展的客观认识。

当然,针对社会发展的丰富含义,统计手段总是有限的,现实中不存在绝对完美的计算和评价方法,因此只能根据研究目的对社会发展指标和评价方法的研究进行多角度的思考和认识,正确把握社会发展的科学内涵和原则,从而建立科学、系统的统计指标和指标体系,进一步探讨与其相适应的科学的统计方法,这样才能更为准确地描述社会发展的状况。

6.3　经济增长与人类发展之间联系的计量分析

经济增长与人类发展之间有着密切的联系,这种联系可以通过计量模型进行分析。联合国计划开发署 1996 年在《人类发展报告》中提出的“从人类发展到经济增长,从经济增长到人类发展”的双向分析思想,就是通过计量经济模型分析的。研究报告指出:增长是为了人类发展,经济增长有利于公平分配,有利于人类发展水平的不断提高;而人类发展水平的提高又会对经济增长作出积极贡献。可见,经济增长与人类发展相互作用,相互促进。该报告分别建立和估计了几十个国家的经济增长与人类发展指标相互联系的计量模型。该研究思想,对于我们研究经济发展与社会发展之间的联系具有一定的借鉴作用。

6.3.1　从经济增长到人类发展

经济增长对人类发展指标影响的模型有下面四种:

1. 模型一

$$Y_1 = \underset{(3.7)}{0.21} + \underset{(3.4)}{2.22}X_1 + \underset{(0.2)}{0.95}X_2 - \underset{(-1.3)}{0.97}X_3$$

$$R^2 = 0.24 \quad n = 58$$

上述公式中,Y_1 为 1970—1992 年期间的人均预期寿命缩减量(从最大值 85 岁算起);X_1 为 1960—1970 年期间真实人均 GDP 平均增长率;X_2 为 70 年代平均社会支出(定义为用于卫生健康和教育的支出占 GDP 比重);X_3 为 1960—1970 年期间占总人口 20% 最穷人口收入占总收入比重。

2. 模型二

$$Y_2 = -5.38 + 0.62\log X_4 + 16.5X_1 + 23.99X_2 + 13.2X_3$$
$$(-4.1) \quad (3.5) \quad (2.7) \quad (3.7) \quad (1.93)$$
$$R^2 = 0.25 \quad n = 58$$

上述公式中，Y_2 为 1980—1993 年婴儿死亡率缩减量百分比；X_4 为 1980 年期间婴儿死亡率（采用对数形式）；X_1、X_2、X_3 含义同模型一，只是时间取 1980 年。

3. 模型三

$$\log y_3 = 3.14 + 0.13\log X_5 + 0.03X_2 - 0.31X_3$$
$$(39.5) \quad (11.1) \quad (0.1) \quad (-0.7)$$
$$R^2 = 0.77 \quad n = 66$$

上述公式中，Y_3 为 1992 年人口平均预期寿命（取对数形式）；X_5 为 1980 年人均 GDP（取对数形式）；X_2、X_3 含义同前，只是时间分别取 1980 年、1970—1992 年。

4. 模型四

$$\log y_4 = 12.21 + 0.99\log X_5 - 3.53X_2 - 7.04X_3$$
$$(22.2) \quad (-13.8) \quad (-1.98) \quad (-2.5)$$
$$R^2 = 0.794 \quad n = 58$$

上述公式中，Y_4 为 1993 年的婴儿死亡率（取对数形式）；X_5（取对数形式）、X_2、X_3 含义同前，只是 X_5、X_2 时间分别取 1990 年，X_3 时间取 1970—1990 年。

通过对上述四个模型进行分析可以看出，经济增长有助于人类发展指标的不断改进。人均 GDP 平均增长率每增加一个百分点，人口预期寿命缩减量可下降 2.2 个百分点（参见模型一），婴儿死亡率可缩减 16 个百分点（参见模型二）；用于健康和教育的投资对于改变人类发展具有显著的正相关作用，这一开支占 GDP 的比重每提高一个百分点，人口预期寿命缩减量减少一个百分点（参见模型一），婴儿死亡率可下降 24 个百分点（参见模型二）。

合理的收入分配对促进人类发展也具有显著的正相关作用，人均 GDP 每增加一个百分点，1992 年的人口预期寿命将增加 0.13 个百分点（参见模型三），1993 年婴儿死亡率可减少一个百分点（参见模型四）；社会支出占 GDP 比重每增加一个百分点，婴儿死亡率将减少 3.5 个百分点（参见模型四）。

6.3.2 从人类发展到经济增长

人类发展指标对经济增长影响的模型为：

模型五

$$X_1 = -0.3 - 0.02\log X_5 + 0.11\log y_3 + 0.01X_6$$
$$R^2 = 0.371 \quad n = 38$$

上述公式中，X_1、X_5、Y_3（取对数形式）含义同前，X_1 时间取 1970—1992 年，X_5 时

间取1960年，Y_3时间取1967年，X_6为1970—1975年期间国内平均投资率。

根据模型五，通过分析可以看出，人类发展对经济增长具有显著的影响。人口预期寿命每增加10%，人均GDP平均增长率增长1.1个百分点（参见模型五），其他人类发展指标也显示了对人均GDP增长率的正面影响。

以上这些研究还表明，收入增长、社会支出比重增加和公平的收入分配三大因素对人类发展具有综合作用。人均收入水平增长率越高，用于教育、卫生等社会支出占GDP的比重越大，收入分配越公平，所预期的人类发展指标改善的程度就越高。人类发展对经济增长也具有正面的作用，即人均预期寿命越高，婴儿死亡率越低，经济增长率就越高。

思考与练习

1. 如何准确地理解社会发展的概念？

2. 人类社会发展指数及其计算方法是什么？请你对人类社会发展指数作出客观的评价。

3. 人类社会进步指数及其计算方法是什么？请你对社会进步指数作出客观的评价。

4. 以下表格中的资料是甲、乙两个国家1997年的相关数据，请你根据这两个国家的有关资料，分别计算出这两个国家的HDI值，并作出简要分析。

甲、乙两个国家的有关数据资料

国家	预期寿命(年)	成人识字率(%)	综合入学率(%)	真实人均GDP(PPP $)
甲	54.1	62.6	60	3641
乙	77.8	96.7	82	11265

第7章　统计信息系统的构建原理

7.1　统计信息系统概述

要了解什么是统计信息系统，首先需要了解统计信息、系统、信息系统等几个概念，明确有哪些统计信息，什么是系统，信息系统有哪些功能，统计信息如何在信息系统模式下经过加工、处理变得序化，从而得出有效的统计结论或预测结果。

7.1.1　统计信息的概念、特点与分类

1. 统计信息的概念

统计信息的定义有广义和狭义之分。广义的统计信息是指运用统计方法处理的对人类活动产生影响的以统计数据或资料等形式表现的信息。狭义的统计信息是指统计工作的统计信息，即统计部门或专（兼）职统计人员在统计设计、调查、整理、分析等过程中形成的统计信息。在社会经济管理活动中，一般把统计信息看成对统计数据进行统计加工处理的结果，把统计数据看成生成统计信息的原始材料，它们之间的关系可用图7-1表示：

统计数据 ⟶ 统计加工处理 ⟶ 统计信息

图7-1　统计数据与统计信息

统计数据是指记录或载荷统计信息的按照一定规则排列组合的物理符号。它可以是数字、文字、图形、图像，也可以是声音或计算机代码。人们对统计信息的接收始于对统计数据的接收，对统计信息的获取只能通过对统计数据背景和规则的解读。一般而言，统计数据比较零散、孤立，难以直接使用；统计信息则经过了人们的统计加工处理，是有价值、有意义的统计数据，往往与决策密切相关，并能辅助人们的行动，对人类活动产生深远影响。

2. 统计信息的特点

统计信息从形式上表现为数量特征的特点，这是由统计学研究社会经济活动数量方面的一般方法论和将其运用于认识社会经济活动数量方面及其规律性决定的。由于统计信息内容的数量特性，统计信息经常表现为统计数据的形式，但是统计信息绝不局限于传统的文字、表格、图形等形式，还可以是计算机存储介质、统计数据库、图像、动画、音频、视频、多媒体、超媒体等。此外，统计信息还

具有如下特征:(1) 事实性。经过处理后的统计信息较真实地反映了客观事物的实际情况。事实性是统计信息最重要的特征。(2) 社会性。统计信息是一种人工信息,是经过人类加工处理过的信息,是反映人类活动状况的信息。因此,它具有被全社会所理解和认识的特性。(3) 有效性。统计信息是人们为了管理和决策的需要,有目的地收集、加工、处理、使用的。它的价值和效用与适合管理和决策的需要成正比。(4) 动态性。统计信息产生于人类活动之中,人类活动(尤其是经济活动)的持续不断变化决定了统计信息的动态性。(5) 时效性。统计信息在时间上往往滞后于事物发生的时间,但统计信息的时效性并不意味着生产出来的信息越早利用越好,这中间没有必然的因果关系,全在于特定的时刻发挥其特定的功效。(6) 可再生性。统计数据总是在特定的统计方法中产生一定的统计信息,不可能产生反映客观事物全部面貌的统计信息,从这一角度来说,统计信息是不完全的,但是在一定的时空条件下,同样的原始统计信息可因统计分析方法的不同而产生不同的再生信息,这说明统计信息的可再生性。

3. 统计信息的分类

统计信息的分类方法很多,以下仅从实用的角度介绍几种:

(1) 按照统计信息的来源,可分成原始信息和经过加工的信息。原始信息是指基层单位的原始记录,是统计信息的基础。原始信息经过加工处理以及分析提炼所生成的信息为经过加工的信息。

(2) 按照统计信息反映的内容,可分成宏观信息、中观信息和微观信息。反映国民经济运行的信息为宏观信息,反映企业经济活动的信息为微观信息,介于两者之间的反映地区(区域)、行业(产业)的信息为中观信息。

(3) 按照统计信息的使用者和提供者,可分为政府统计信息、企业统计信息和社会个人统计信息。政府、企业和居民个人在不同层次上各自按自身的运作方式参与经济与社会活动,各自有着不同的统计信息需求,也会生产不同的信息。

(4) 按照统计信息反映经济活动的时态,可分为有关过去的信息和有关未来的信息,经常变动的信息和相对稳定的信息,反映历史经济活动的信息,反映预测经济活动的信息,反映经济活动每时间变化的信息,以及反映经济活动内在联系的具有规律性的信息等。

(5) 按照统计信息取得的形式,可分为常规性信息和偶然性信息、正式渠道获取的信息和非正式渠道获取的信息。常规性信息是指反映经济活动正常情况,按照一定程序以经常不断的形式进行收集和处理的信息。偶然性信息是指反映经济活动中特殊的、突发的事件,而要进行特殊的、紧急处理的信息。正式渠道获取的信息是指按照制度规定的渠道获得的信息。非正式渠道获得的信息是指从正式渠道以外其他多种途径获取的信息。

(6) 按照所属国民经济部门,可以分为工业统计信息、农业统计信息、劳动和工资统计信息、基本建设统计信息、住宅公用事业统计信息、运输和邮电统计信息、物资设备供应统计信息、商业统计信息、财政统计信息和新技术统计信息等。本书前面章节中介绍的劳动统计信息、国民经济核算统计信息、居民生活水平统计信息、社会保障统计信息、教育统计信息、社会发展统计信息就是有关国计民生的典型的国民经济统计信息。

7.1.2 系统的概念与类型

一般地,我们将由相互作用和相互依存的若干部分(子系统或要素)组成的具有特定功能的有机整体称为系统。系统广泛存在于我们的周围,一个国家的经济是一个系统,一个社会乃至整个自然界都可以看成一个系统。这些系统都由若干个子系统组成,同时它又是其他更大的系统的一个子系统。用数学方法可以表示为:

$$S = \sum_{i=1}^{n} S_i$$

式中:S_i——第 i 个子系统或要素,n——子系统或要素的个数,S——由 n 个子系统或要素组成的一个系统。

根据系统的不同侧重点,可以将系统分成不同的类型:

(1) 按构成系统的根本内容,可分为物质系统和概念系统。物质系统亦称为实体系统,即由实体的物质组成,如机械系统、电力系统、社会系统等。而概念系统则是由概念、理论、方法、程序等非物质的实体所组成的系统,包括人类对客观世界的认识和认识本身的全部内容,如哲学世界观、科学体系等。这两类系统往往是相互关联的,例如,机械系统是物质系统,而用来制造机械系统的设计方法则为概念系统。

(2) 按组成系统的要素性质,可分为自然系统、人造系统以及两者相结合的复合系统。自然系统的组成要素是自然生成的物质,如天体系统、原子系统、生态系统等。人造系统是按照人类的意愿人为地建立起来的系统,如生产系统、通讯系统、管理系统等。两者相结合的是复合系统。

(3) 按系统的构成或环境的关系,可分为封闭系统和开放系统。任何系统都是在不停地运动、变化和发展之中,而贯穿于这一系列的运动、变化和发展过程中的事物称为流,包括物质流、能量流和信息流。当一个系统中的流不与外界交换时为封闭系统,反之则为开放系统。实际上,自然界中的封闭系统是不存在的,它只存在于概念系统中。

(4) 按照系统的运动状态参数与时间的关系,可分为静态系统和动态系统。状态参数不随时间而改变的系统称为静态系统,反之称为动态系统。同样,静态系统也是不存在于自然界中的,它只存在于概念系统之中。

7.1.3　信息系统的概念与功能

信息系统是由计算机硬件、网络和通讯设备、计算机软件、信息资源、信息用户和规章制度组成的以处理信息流为目的的人机一体化系统。通常,我们根据信息在信息系统中的流程,将信息系统的结构描述为由输入、存储、处理、输出和控制等模块组成的逻辑结构。而信息系统的功能则是指具有确定结构的信息系统在一定的约束条件下作用于环境的能力,它表征了信息系统在与环境之间进行信息输入/输出的转换关系中对于环境的输出能力大小。这样,我们一般可以将信息系统的功能划分为输入、存储、处理、输出和控制五个基本功能。其功能构造模型如图7-2所示:

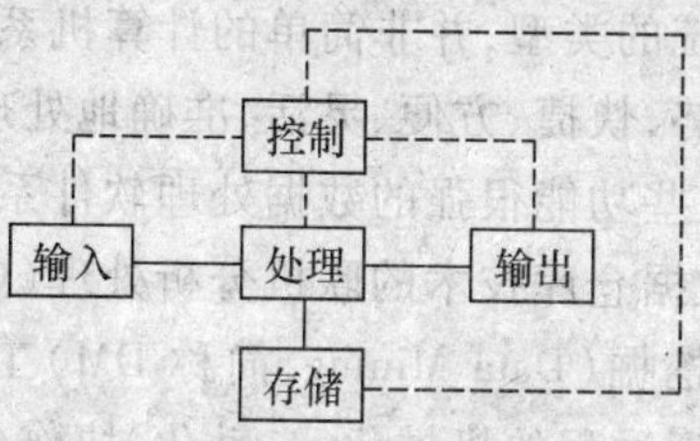

图7-2　信息系统功能构造模型

图中,实线表示信息流,虚线表示控制流。在信息流运动过程中,处理是核心功能,而在控制流的运动过程中,控制是核心功能。由于处理的对象不同,要实现的目标不同,处理的信息量不同,不同的信息系统的系统结构、处理能力往往差别很大,体现在以上各模块上,控制和处理功能的差别最大。下面对这五个基本功能分别略加说明。

(1) 输入功能

信息系统的输入功能决定于系统所要达到的目的及系统的能力和信息环境的许可。一般情况下,信息系统的输入内容包括信息资源的采集、控制指令的输入、信息检索条件的输入等。信息资源的采集是将信息资源进行收集,初步整理后输入信息系统,它是信息流进入信息系统的渠道。控制指令的输入是信息系统在需要用户进行干预的时候,由用户发出的控制命令,它通常需要根据输出的反馈进行决策。

(2) 存储功能

信息系统的存储功能是与输入功能紧密联系在一起的。存储功能指的是系统存储各种信息资料和数据的能力。当原始数据和资料输入信息系统后,首先需要将其存储起来,以便多次使用,并在多个处理环节和过程中实现数据资料共享。数据经过加工整理或成为信息之后,更需要将其存储在适当的内外存储器中,以便在用户需要时提供利用。在"信息爆炸"的现代信息环境中,一方面,要求信息系统具有最大的存储容量;另一方面,大量的存储往往会带来系统检索、输出上的某些困难,降低系统的服务效率,给用户的利用造成不便。信息系统的存储功能就像在有上述矛盾的情况下,寻求合理的协调方案,即从实际出发,尽量少增加投资,扩大整体的存储量,保证所存储的数据资料充分有效,便于用户利用。

(3) 处理功能

大量的信息资料和数据得以存储之后,必须及时对其进行加工处理。处理是信息系统内部的生产过程。为了减少不必要的重复劳动,提高工作效率,信息系统一般是将分散的处理业务集中统一进行。计算机的应用使人类进行信息处理的能力大大增强,因而现代信息处理工作都是基于计算机系统的。而大多数信息系统都属于人机系统的类型,并非简单的计算机系统。系统工作时,人和计算机各自发挥自己的优势,快捷、方便、灵活、准确地处理信息。随着人工智能和专家系统技术的发展,一些功能很强的数据处理软件系统已经研制成功,并投入实际应用。另外,基于数据仓库技术的联机分析处理(On-line Analytical Processing,简称 OLAP)和数据挖掘(Data Mining,简称 DM)工具也是两个非常重要的数据处理工具。信息处理过程的机械化、自动化、协作化将会极大地提高系统的信息处理功能。信息系统处理功能的大小,取决于系统内部的专业技术力量和信息处理技术设备的现代化水平。

(4) 输出功能

各种各样的信息系统,都是为满足各类用户对信息的不同需要而建立的。因此,信息系统的各种功能都是为了保证最终实现最佳的输出功能。信息经过处理后,输出内容包括经过信息系统加工处理后的资料信息、信息系统运行过程中状态的反馈信息,以及需要人工干预时的提示信息。资料信息是信息系统产生的最终产品;状态的反馈信息是为了方便地监控、管理、维护信息系统而产生的一种实时信息;提示信息是用于信息系统在需要人为进行干预的时候,提供给用户进行决策的临时信息。后两者的输出都是为了保证最终产品的形成。信息系统的处理功能、输入功能、存储功能都是根据输出功能来确定并不断进行调整的。

(5) 控制功能

为了保持信息系统的输入、存储、处理、输出等环节均匀连续地进行,系统必须具有进行管理和控制的功能。信息系统的控制功能体现在两个方面:其一是对构成系统的各种信息处理设备,如计算机、通信网、人员等进行控制和管理;其二则是对整个信息加工、处理、传输、输出等环节通过各种程序进行控制。信息系统的控制过程是多变量、多因素、复杂的动态过程,为了实现有效控制,必须时刻掌握系统预期要达到的状态和实际状态,不断使实际状态与程序规定的状态保持一致。为此,必须不断根据反馈信息进行调整。通过控制功能的作用,使信息系统的输入、处理、传输、存储、输出各项功能最佳化,从而使整个信息系统运行最佳化。

7.1.4 统计信息系统的概念、功能与构建

1. 统计信息系统的概念与分类

统计信息系统(Statistical Information System,简称SIS)是在传统的人工统计工作基础上,应用统计理论、系统理论、控制理论、信息理论和系统工程方法建立的人机集成的自动化系统。具体地说,统计信息系统是一个由人、计算机等组成的,根据统计指标和指标体系进行统计信息的采集、传递、存储、加工、处理、分析、维护和使用的系统。

从统计信息传播的角度看,统计信息系统由统计信息、统计信息需求方、统计信息提供方和统计信息传播渠道四部分组成。这里的统计信息是指统计部门经过调查、整理、分析所获得的统计数据;统计信息提供方是指专门负责数据收集、加工、处理的单位或部门(甚至包括咨询公司和民间统计);统计信息需求方是指作为社会经济主体的政府、企业以及广大社会公众;统计信息传播渠道是指包括图书、报纸、杂志、光盘、数据库、互联网络等在内的各种信息媒体。

国民经济按层次和范围分为宏观经济、中观经济和微观经济;国民经济系统也可以分为宏观经济系统、中观经济系统和微观经济系统;国民经济统计信息系统相应地可分为国家统计信息系统、地区统计信息系统、行业统计信息系统、城市统计信息系统和企业统计信息系统等。

国家统计信息系统是一个大系统,由地区和部门的统计信息子系统构成,这些子系统又由更小的子系统(例如一个工厂的统计信息系统)构成。也有人认为,统计信息系统是由国家统计信息系统、省级统计信息系统、地(市)级统计信息系统和县(区)统计信息系统构成的。各级系统除了要与上级相连外,还需要与下级相连,形成一个多层次、多地域、多部门的开放式互连系统。国家统计信息系统和基层统计信息系统虽然都是统计信息系统,且系统的目标都是提供信息,但它们在整个国民经济管理中所处的地位是不一样的,因而要求提供的数据和信息在内容、形式、时间等方面都有所不同。因此,在设计各级统计信息系统时,不仅要考虑国家统计信息系统对信息的总要求,还要考虑各级统计信息系统自身的要求。

通常把信息系统分为计算机数据处理系统、管理信息系统、决策支持系统和专家系统四种。所以,从现代统计信息系统开发看,统计信息系统可分为统计数

据处理系统、统计管理信息系统、统计决策支持系统和统计专家系统四大类，如图 7-3 所示：

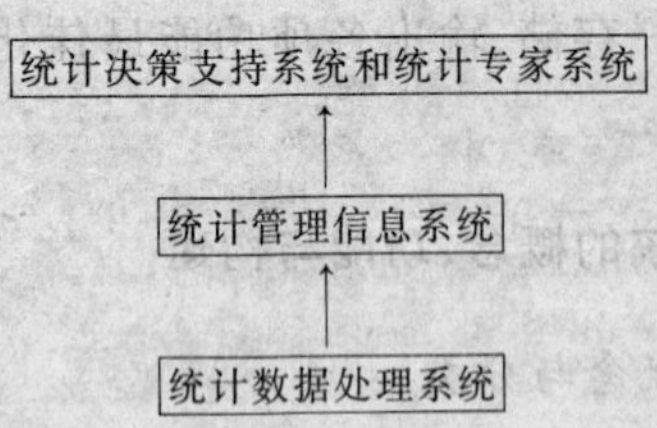

图 7-3　现代统计信息系统的分类

前两类系统属于结构化问题的系统，这两类系统建立和使用解决的是效率问题；后两类系统解决的是如何提高统计决策效果问题，这两类系统解决的是半结构化或非结构化问题。一般认为，统计信息系统是管理信息系统（MIS）的一个子系统，是决策支持系统（DSS）的一个重要组成部分。当然，它也可以以一个单独的统计信息系统形式出现。

2. 统计信息系统的特点

统计信息系统主要有如下几个特点：

(1) 统计信息量大。统计信息系统是专门从事信息处理的系统，所汇集和提供的信息内容广泛，涉及社会经济活动的各个方面，具有综合性和全面性，信息量大。

(2) 数据模型复杂。由于社会经济现象受多因素影响，现象之间相互联系、相互制约，因此所描述的数据模型复杂，对数据描述和存储进行结构化处理有利于减少数据冗余和存取时间，避免不容，增加灵活性。

(3) 及时性、准确性要求高。及时和准确是统计工作的生命，也是对统计信息系统的主要要求，即要求统计信息系统能及时提供准确可靠的信息。

(4) 多路径检索。统计对信息的检索往往涉及信息的多个侧面，常常需要从信息的集合中检索出满足某种复合条件的信息，这种复合条件是若干简单条件的逻辑组合，这就要求统计信息系统能够提供多路径检索功能。

(5) 具有对数据的控制性。统计信息系统具有对数据的安全性保护功能，以防止不合法使用和修改；具有对数据并发控制功能，以避免多用户使用时相互干扰；具有对数据的完整性、正确性、有效性和相容性等控制功能。

3. 统计信息系统的功能与构建

传统的统计工作方式主要靠手工，即手工采集数据、手工加工处理、手工分析，而计算机、网络、通讯等新技术、新设备的引入，改变了许多传统的统计工作方式，在国民经济中产生了深远的影响。统计信息系统的主要功能包括：(1) 资料的收集与整理。系统按统计理论收集和积累资料，并合理组织。

(2) 资料的统计与汇总。系统定期地、不定期地对历史资料进行加工汇总。
(3) 生成统计报告。系统具有生成统计表格、统计图形等统计报告的功能。
(4) 分析、预测与决策。系统具有由统计工作者直接使用的,与数据库自动联系的模型库、方法库及知识库,提供各种各样的手段进行分析、预测与决策。
(5) 提供现代化的统计服务。系统提供的统计服务主要包括查询服务、统计分析和统计预测服务,以及提供统计资料的服务。提供科学的决策支持是其最终目的。

统计工作的基本职能是信息职能,统计信息系统的建设对提高统计信息的开发利用程度有着重要的意义。统计信息系统是准确、及时、全面、系统地了解国民经济和社会发展的窗口,是统计信息汇集、传递、加工与交换的枢纽,是进行科学分析与制定科学决策的工具。为了适应国民经济管理和企业经营管理对统计信息的日益增长的需要,在统计工作中推进统计信息技术现代化,充分利用现代信息技术发展提供的可能性,逐步建立和健全国家统计信息系统,已成为我国统计工作发展的必然趋势。各单位、各部门、各地区在条件成熟的情况下,可以建立各自的统计信息系统;然后,将各地区、各部门、各单位的统计信息系统联结成统计信息网络;最后,配备并完善辅助决策功能,完成国家统计信息系统整体工程。

因此,统计信息系统的构建需要考虑统计信息系统功能的实现,需要围绕统计信息的原材料数据的采集、加工处理和统计信息的存储、分析而展开,可以通过图7-4来表示:

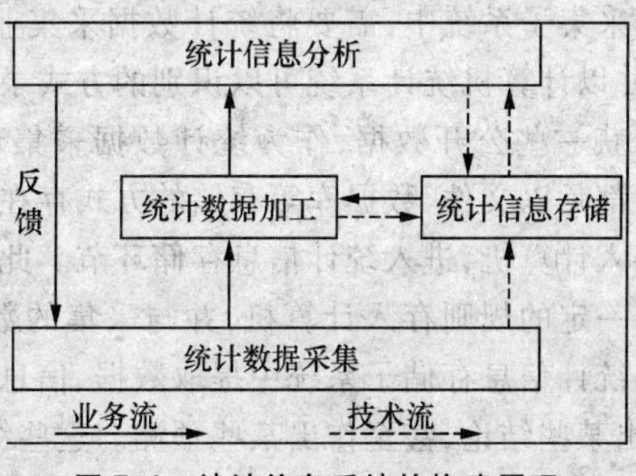

图7-4　统计信息系统的构建原理

统计信息系统的构建要考虑两个方面:业务流和技术流。图7-4中,实线部分代表业务流向,虚线部分代表技术流向。

统计信息系统构建的业务流是基于统计工作的。任何完整的统计工作一般都可分为统计设计、统计调查、统计整理和统计分析四个阶段。这四个阶段互相衔接、互相制约,形成一个紧密联系的整体,是统计业务的核心。统计设计是统计工作进行之前的准备工作,需要对统计工作的各个方面和环节进行通盘考虑和安排，包括规定统计工作的目标和任务，制定相应的统计指标和指标体系，统计分组和分类设计，搜集资料方法和数据处理程序的设计等。严格来讲，这个阶段的工作不属于统计信息系统构建的考虑范围，但是与统计信息系统建立与应用的成败与否有密切关系，因此这个阶段的工作也常常归入统计数据采集环节中。统计调查是根据统计设计的要求所进行的调查，是统计工作的基础环节，也是统计数据采集的核心任务，是统计信息系统建立的基本信息源。统计整理是对调查资料经审核后加以科学的归纳、汇总和综合。在这个阶段中，需要按照规定的分组或分类设计要求进行汇总，使经过加工的资料便于进一步分析，这是统计工作的中间环节，也是统计数据加工处理的主要任务。同时，存储的统计信息也可作为统计加工处理的对象。一般情况下，当统计数据采集后，经过整理序化，会按照一定的规则存储起来，所以，从存储器中调出的统计数据比较有价值，可以称为统计信息。统计分析是对统计综合资料进行加工对比和综合研究的工作过程。统计分析利用统计综合指标，研究社会经济现象的数量关系和数量特征，表明现象发展的过程和规律，并据以分析研究，作出科学的结论。因此，统计分析是统计工作的决定性阶段。该阶段对应于统计信息系统中的统计信息分析环节。在此环节中，会得出一些基本的结论，可能发现前期采集的统计数据还不够充分，从而提出新的统计数据采集要求，甚至调整统计目标。

统计信息系统构建的技术流是指建立统计信息系统中所必须经历的几个技术环节。统计信息系统包括统计数据采集、统计信息存储和统计信息分析三个子系统。在统计数据采集子系统中，需要将统计数据采集业务中获取的数据进行简单归并和整理，并以计算机统计系统可以识别的方式录入，也可以通过技术或系统的手段主动捕获一些公开数据，作为统计数据采集环节中的基本资料。任何数据在计算机中都是以文件、数据库等存储的方式存在的，采集后的统计数据会以一定的规则存入计算机，进入统计信息存储环节。此环节中，统计加工处理过的数据也可以以一定的规则存入计算机，并与采集的数据有效归并。统计信息分析子系统则从统计信息存储子系统中提取数据、信息，按照一定的数据分析方法加工处理，得出某些结论，甚至作出某些预测。这些结论或预测信息反过来又存储于统计信息存储子系统中，以备调用。

原始数据通过大量收集、整理、存储、传递、加工和分析，可转换为有用的统计信息，大大提高统计信息应用的价值和使用效率。统计信息系统不仅可以对经济过程中的原始数据进行收集、存储、加工和传输，还可为有关部门和人员提供经济管理中所需的各种统计信息，以反映过去的经济活动，控制目前的经济活动，并预测未来的经济活动。

7.2　统计数据采集

7.2.1　统计数据采集的含义

所谓统计数据采集，是指有关机构或个人，根据一定的目的，将系统内外各种形态的信息数据采出并汇集起来的过程。统计数据采集是统计信息系统构建的第一步，是计算机统计数据处理的前期阶段，其目的是取得原始资料。没有统计数据采集，统计工作的其他环节将无法进行，而且统计数据采集贯穿于统计工作全过程。它既可以是短时间内突击性的数据采集，也可以是长期性、日积月累式的数据采集。无论是哪种形式的数据采集，采集的目的是首先需要明确的，例如，国家统计信息是为了了解国计民生、国民社会经济状况，需要了解各省、市、地区、城乡居民的经济生活数据，建立各级统计信息系统，最终建立国家统计信息系统；教育科技数据统计则是为了了解国家的科教发展状况；计生统计是为了了解人口情况，等等。统计数据采集前，应预先设计统计指标和指标体系，制定统计调查方案，这些前期工作对于统计数据采集非常重要，会直接影响统计数据采集的有效性和效率。

7.2.2　统计数据采集的原则

不同的统计数据采集目的，对统计数据采集工作也有不同的需求。但是，数据质量是统计数据采集的关键问题，提高统计数据质量是统计工作的一个永恒的主题。为了保证所采集的数据信息的质量，统计数据采集应遵循如下原则：

1. 针对性原则

统计数据庞大，内容繁杂，但统计目的或者说统计需求的范围是一定的。所以，统计数据采集必须针对一定的目的，围绕统计目的或统计需求进行，这就是统计数据采集的针对性原则。国家、省市、行业部门等都有各自的统计需求，数据采集人员要根据本部门、本单位的方向、任务和服务对象的实际需求，有针对、有重点、有选择地采集利用价值较大并且符合本单位统计需求的数据信息。

2. 系统性原则

根据统计需求，全面、系统、完整地采集与这种统计需求相关的方方面面信息、数据，对统计问题的彻底解决和完善有很大帮助。这就需要数据采集人员了解和掌握信息源的动态变化，系统地、连续地搜集和积累有关信息。尤其是对重点信息源的搜集，更应力求保持系统、连贯和完整，不可时断时续、支离破碎、不成系统，要采用多种渠道、多种方法，在财力、物力和人力许可的情况下，尽可能地搜集所有的相关信息、数据。

3. 计划性原则

一般情况下,统计数据采集是一项日积月累的工作,必须根据本统计需求的任务要求,本部门、本单位的性质和未来发展,制订合理的数据采集计划,有步骤、有条理地进行采集。在制订数据采集计划时,既要考虑当前需要,又要照顾未来的发展;既要广辟信息来源,又要做到持之以恒。数据采集计划中要详细列明有关数据采集的目的、范围、方式、人员配备、时间限定、经费数额及来源等情况。数据采集计划要留有余地,保持动态性。数据采集人员要根据形势的发展变化、信息环境的变化以及需求的发展变化适时对采集计划作出调整和修改,使计划尽可能符合客观实际。

4. 准确性原则

在人们的旧观念中,准确性是统计数据质量的同义词,提高数据质量的关键是提高数据准确性。在70年代,我们为了核查0.1元的工业总产值差异,用一整天甚至更多的时间查询,工作中90%的精力用于核查数据。因此,数据采集必须坚持调查研究,通过比较、鉴别,采集真实、可靠、准确的数据,切忌将个别当做普遍,将局部视为全局;要实事求是,善于去粗取精、去伪存真、由表及里,深入细致地了解各种信息资源的信息含量、实用价值以及可靠程度。

5. 时效性原则

20世纪80年代以前,国际统计界对数据质量的标准基本上是以提高数据准确性为出发点。但是随着人们质量观念的变化,质量的含义不断延伸,现在对产品质量的要求不仅仅指产品或服务的使用性能,还包括产品或服务满足用户需求的程度,它是一个包含丰富内涵、具有多维因素的综合性概念。相应地,对统计数据质量概念的认识也从狭义向广义转变,准确性已不再是衡量统计数据质量的唯一标准。统计数据质量的高低必须从用户使用的角度看,即使准确性相当高的统计数据,如果时效性差,或者不为用户所关心,仍达不到质量的标准。为此,数据采集人员必须要有强烈的时间观念,尽早了解信息线索,熟悉统计任务所涉及的专业领域和当前形势,在最短时间内采集到最新、最急需的数据信息。

6. 预见性原则

数据采集人员要掌握社会、经济和科学技术的发展动态,采集信息时既要着眼于现实的统计需求,又要有一定的超前性,注意了解潜在的统计需求以及该需求的未来变化趋势,尽可能采集那些对未来发展有指导作用的预测性信息。

7. 经济性原则

统计数据采集是一项耗时、耗力、耗财的工作,而现代社会信息数量急剧增加,信息环境复杂,如果对数据采集不加以必要的限制,不仅会造成人力、物力和财力的浪费，而且会使采集的数据信息主次不分，有用的数据淹没在无用的信息海洋中。因此，数据采集必须坚持经济性原则，力求效果。一般来说，数据采集在考虑信息的系统性的同时，应该从使用方便的角度考虑选择合适的信息源和数据搜集途径、方式，以及应该搜集的信息数量与载体形式等，提高统计数据采集的经济效益和社会效益。

各国统计机构和有关国际组织从满足统计需要的角度出发，确定了统计数据质量的概念，制定了统计数据质量评估标准，强化了质量管理意识。例如，加拿大统计局确定了衡量数据质量的6个方面标准，即适用性、准确性、及时性、可取得性、衔接性、可解释性；英国政府制定的统计数据质量标准是准确性、及时性、有效性、客观性；荷兰统计局的质量标准包括5个方面：适用性、准确性、及时性、有效性、减轻调查负担；韩国的质量标准是适用性、准确性、及时性、可取得性、可比性、有效性；美国分析局国民核算数据质量要求满足可比性、准确性、适用性的质量标准；欧洲统计局的质量标准是适用性、准确性、及时性、可取得性、衔接性、可比性、方法专业性或完全性；国际货币基金统计局的质量标准是准确性、适用性、可取得性、方法专业性或完全性，等等。这些标准是各国政府统计机构对数据进行质量检测、监管的重要内容和依据。因此，要从过去单纯注重提高数据采集的准确性和及时性，扩展到提高数据的时效性、科学性多维的质量内涵；要从过去工作重点是收集上报、搞准统计数据的工作思维中解脱出来，既要抓数据的准确性，又要做好解读统计。

7.2.3 统计数据采集的基本程序

统计数据采集的主要程序包括设计统计指标和指标体系，制定统计调查方案，收集统计资料，整理与预审核。其中，统计调查和统计资料整理是数据获取的关键。同时还需要注意统计调查过程中用户的反馈信息和统计数据的录入。

1. 确定统计数据采集方针

每一个数据采集机构或部门都要根据自己的目的和任务来制定信息采集方针。采集方针虽然不能解决具体的搜集问题，但它却是指导采集工作的总原则。确定采集方针时，要根据本单位的任务和未来发展，研究信息环境，明确服务对象，考虑物力、财力等条件，并把分工协作、合理布局、资源共享等作为总的指导方针。

2. 制定统计数据采集计划

统计数据采集计划是数据采集方针在一定时期内的具体实施方案。采集计划不仅要给出数据采集人员具体的目标、统计指标和指标体系，还需要提出遇到问题时的解决方法。它根据采集目标的不同，可分为短期采集计划、中期采集计划、长期采集计划，也可分为年度计划、季度计划和月度计划。

3. 统计数据采集工作实施

统计调查是数据采集工作实施的核心内容。如果统计调查工作做得不好，所得到的原始数据不准确或不完整，就会使整个统计工作得出错误的结论。因此，统计调查是一项责任重大、长期而繁重的工作。数据采集人员必须按照采集计划的要求通过不同的途径、采用不同的方法获取相关信息，以保证采集数据的系统性和完整性。

采取什么方式搜集数据以及如何保证搜集到正确的数据，是统计数据采集中必须考虑的重要问题。传统的数据采集方式是通过手工来进行的，一般需经过登记、传送、接收整理等几个环节。登记是调查者将所搜集的数据记录在规定表格中的操作活动；传送是将登记的表格资料送往计算机处理的地方的操作活动；接收整理是计算机处理中心收取送来的表格资料并进行核定、审查等整理的操作活动。在搜集数据的每一个环节中，都有可能产生新的差错，使数据不正确、不完善。因此，控制再生性差错就成为人工方式搜集数据所必须注意的一个重要问题。理想的方式是采用直接方式搜集数据，即不通过人工登记整理，而是在现场借用数据采集设备将数据输入到计算机内。显然，这样可减少出差错的机会，也可以提高处理的效率。

4. 统计数据整理与预审核

统计调查的原始数据获得后一般不能直接进行汇总处理，必须对原始资料进行整理，并对整理后的资料进行预审查。也就是说，在统计调查的基础上，需要对有用的统计资料进行归并和整理，以获得计算机统计系统所需的资料。

为了便于计算机对统计数据进行分类、排序、汇总、计算等处理，必须对统计数据编码。所谓数据编码，就是用事先约定的，计算机能识别的，由特定符号组成的代号代表原来用文字或数字表示的事物名称和属性。应用代码的主要目的是便于计算机识别和达到计算机进行数据处理的高效率。另外，编码设计的好坏对数据检索的效率也有影响。

数据的编码与分类有着密切的联系，很多编码要以分类为基础。数据分类后，就使杂乱的数据变成有序的数据。在分类的基础上产生的编码能反映各类对象之间的内在联系。例如，在人口普查中，姓名按顺序编码：户主是001，其他人依次是002，003，……；性别编码：男性为1，女性为0，等等。

虽然在统计的手工操作中，已经存在着一套编码系统，但这套编码系统用计算机处理不一定方便。所以应在尽量保持原貌的基础上，加以改进，重新设计出一套科学的适合计算机的代码系统。总之，代码设计对统计数据处理的速度及统计信息系统设计的质量有至关重要的影响，必须认真对待。

5. 反馈用户信息

数据采集的根本目的不是积累和统计，而是要产生有价值的信息提供给用户使用。采集到数据并不意味着数据采集过程的终结，数据采集人员还需要注意收集用户的反馈意见，改进工作，以便进一步提高数据采集工作的质量和水平。

6. 统计数据录入

使用电子计算机处理数据的过程与用手工方式处理大体相同，只是它比用手工方式处理多一个数据输入环节。不过，使用代码以后，录入变得更简单，提高了录入速度，同时减少了出错的机会。数据录入是指把统计调查获得的原始资料（编码、数字、文字等）转换到输入介质或直接送入计算机的过程。它是利用计算机处理统计数据的重要基础环节。

数据录入的主要方法有三种：键盘录入法、语音识别法和光电输入法。键盘录入法就是利用计算机键盘，或者专用的数据录入器或打字设备进行录入，是传统的输入法，方便易学，但由于人的因素，录入质量不稳定。语音识别法是借助语音设备或语音软件（如微软的语音录入软件）对着麦克风说话录音，从而让计算机识别的一种录入方式。语音录入速度虽然受人工读数的速度、口音的限制，但也是一种值得研究的、很有前途的新方法。光电输入就是光学字符识别（Optical Character Recognition，OCR）技术，是通过扫描、摄像等光学输入方式将文字报刊、书记、文稿及其他印刷品的文字转化为图像信息，再利用文字识别技术将图像信息转化为可以使用的文本信息的计算机输入技术。它广泛应用于大量文字资料、材料、统计数据的录入，优点是录入速度快、质量好、可靠性高；缺点是初期投资高，但尽管如此，这种方法仍是一种很有前景的录入方法。

录入是一种连续的、枯燥的工作，录入员极易因疲劳而出差错。在大批量的数据录入工作中，差错几乎是不可避免的。因此，必须要有检查录入数据质量的方法，可以采用人工检查方法，也可以采用程序检查方法。也就是说，统计数据录入不仅要采用高效率的数据录入方法，而且还要有严格的质量控制措施。

7.2.4　统计数据采集的主要方法

所谓统计数据采集方法，是指根据统计数据采集计划，广泛开辟信息来源，及时将信息搜集过来的方法。数据采集方法很多，在此，简略介绍全面报表法、直报法和调查法三种。

1. 全面报表法

统计调查数据的采集、整理、分析是一项专业性、技术性很强的工作。过去，我国各级统计部门普遍采用全面报表的数据采集方式，使用政府强制性公文流转，从国家政府部门、省市相关部门、县乡镇到农村社会经济调查队，自上而下地下达统计数据命令，并派发统一的统计规定、要求和表格，基层则组织相应的数据统计实施工作，然后将调查好的报表自下而上层层汇报、汇总，直到最初发出统计指令的相关部门。数据的录入、整理和预审核工作往往只放在省市级，导致数据采集、录入、审核负担的加重，有关部门往往不堪重负，极易引起数据的漏记、漏审，甚至有时本需要重新反馈采集的数据也会因程序的复杂而被放弃。这种统计方法非常原始、简单，在新中国经历了几十年，统计知识主要体现在对统计指标的熟悉和了解上，专业技术优势并不突出。随着统计业务数据量日益庞大，统计部门信息化建设对数据量要求非常之大，国民对统计数据的需求程度也日益提高，对数据的时效性、数据采集过程的共享性、数据质量的控制也有了新的要求，因此必须对这种统计数据采集制度进行改革，将信息技术引入统计数据的采集方法中来。

2. 直报法

20 世纪 90 年代以后，随着改革开放的日益深入，统计领域发生了巨大的变化，在统计工作实践中，计算机、数学、经济学等多种学科与统计学迅速融合，模型分析、系统集成处理得到普遍开展，各种新的统计方法和统计技术迅速发展，并在诸多领域、诸多部门得到了重要应用。统计数据采集方法不再仅局限于全面报表法，出现了直报法。所谓直报法，是指统计数据的上报不再通过多个中间途径周转，而是直接上报给相关的统计部门。直报可以通过电子文件、客户端统计系统、网络平台等方式进行。电子文件可以通过 E-Mail 或者专用的数据传输通道等方式进行。20 世纪 90 年代中期，基于 C/S 架构的客户端统计系统在很多行业得到了使用，不同的开发商采用不同的开发语言，但有个共同的特点：采用 C/S 架构。例如，拓扑网络的统计部门、企业"一套表"管理信息系统，采用三层结构，客户端实现离线上报，内置强大的脚本解析器，实现自定义审核公式，后台进行数据处理及数据汇总、输出等功能。基于 C/S 架构的统计系统的基本原理是由开发商针对某项统计业务开发出一套客户端程序，然后分发到每一个需要报送数据的单位，另外，还需要配套购买一套数据库用来存放数据；报送单位根据软件提供的功能录入（或者导入）数据，可以在报送前对数据进行一些加工，同时可以对数据的合法性进行校验，然后根据软件提供的功能将数据导出成一定格式的报送文件，再经由各种途径发送到上级统计部门；上级统计部门获取数据后，对管辖范围的统计数据进行汇总，集中提交给更上一级部门，最后形成统计报告，如图 7-5 所示：

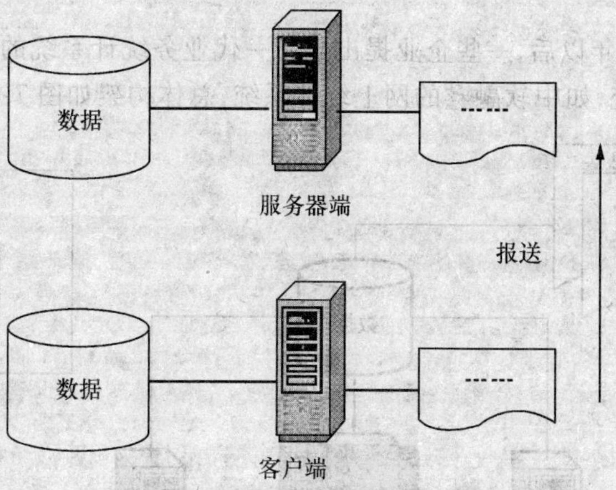

图7-5 基于C/S架构的统计系统的基本原理

这种架构的统计系统的技术特点是:采用数据库(或者文件系统)存储数据,编写程序,负责界面和业务逻辑的处理,客观上继承了传统的统计业务流程,容易被业务人员接受和认可,同时也基本实现电子化统计。

随着网络技术及其应用的发展,基于C/S架构的统计系统解决方案存在很多不尽如人意的地方:

(1) 系统软硬件投资大,培训耗费大。因为每一个报送机构都需要安装一套软件,因此每个报送单位至少需要一台硬件和数据库软件,随着部署网点的增多,整个统计范围内的投资线性膨胀。而且每开发一套系统,都需要对人员进行操作方面的培训,需要一定的投资。

(2) 系统安装、升级、维护成本较大。部署这样一个系统,不仅需要在各个统计网点安装系统;同时由于统计业务难免会发生变化,一旦有任何微小的变化,客户端程序都必须自上而下进行一次全面的升级,各个网点都必须有专人进行升级和维护,必将导致大量的人员成本的增加。

(3) 采集的数据是统计指标,统计的正确性和延展性很差。因为统计到的数据都是某个网点范围内的统计指标,作为上级部门,很难防止下属部门报送数据的虚假,即便能够防止,也要付出很大的代价(需要获取下属部门的原始数据再次统计);而且对统计数据的利用价值很有限,进行统计分析的深度也有限。

(4) 统计系统与业务系统关系紧密耦合,需要根据业务定制开发。正是因为采集的统计数据,在程序中难免会涉及到大量的业务关系,如如何汇总、如何校验,使得一套系统只能应用在一个特定的业务统计系统中,同一行业的多项业务统计要求开发出多套统计系统,投资甚巨。

(5) 系统与其他应用的整合存在难度。因为在客户方面同时运行着多种应用系统,不同的应用系统开发商不同,采用的技术手段不同,导致系统集成困难重重。

为此,2000 年以后,一些企业提出了新一代业务统计系统的实现方案——通用网上统计系统,如中软融鑫的网上统计系统,总体构架如图 7-6 所示:

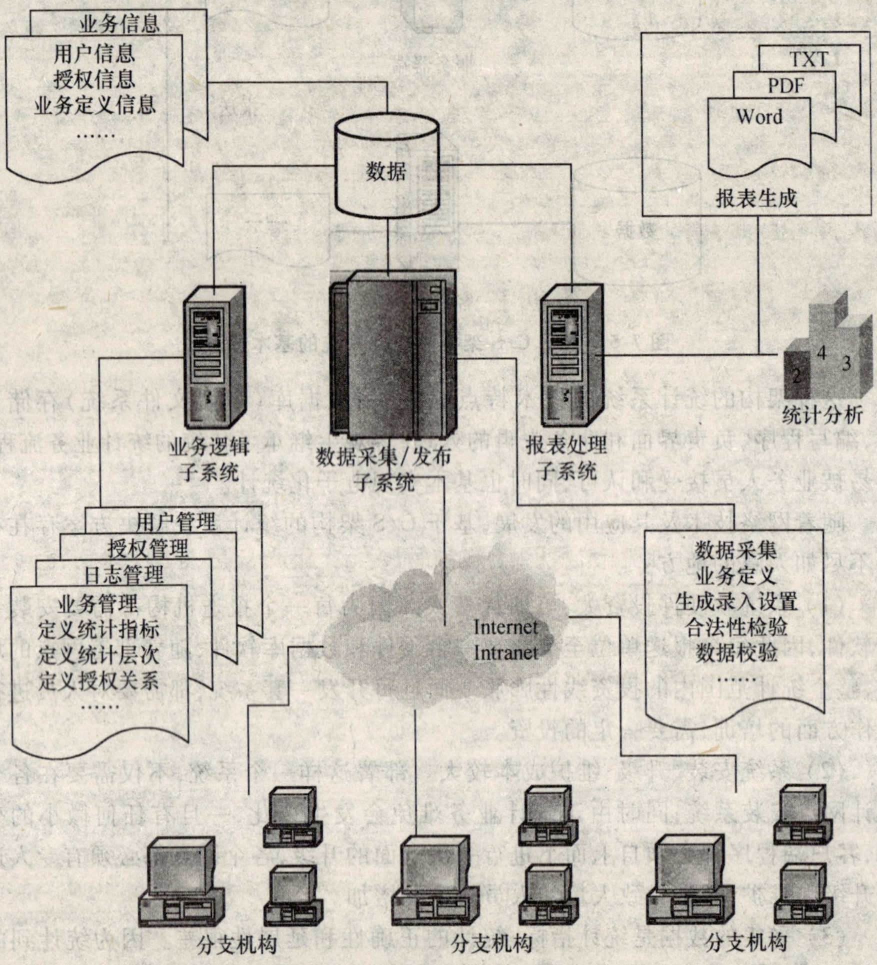

图 7-6　中软融鑫的网上统计系统的总体构架

该系统中,数据库是系统的核心,其中存放着管理数据和业务数据。"业务定制子系统"负责操纵数据库中的管理数据,包括定义业务指标、业务流程以及系统界面等。"采集子系统"负责解析定义的规则和界面,一旦系统需求发生变化,只需要业务定制子系统进行相应配置,"数据采集子系统"便从数据库中取得更新后的业务规则,用户界面也将得到更新。业务数据由各级分支机构的基本报送单位发送到服务器,数据采集子系统获取数据后,根据管理数据定义的规则将数据分类存放在数据库中。"报表制作统计和统计分析"子系统则利用数据库中的业务数据进行报表制作和统计分析,可以生成图表发布到统计网站上,也可以发布到其他网站上,供用户查询使用。具体操作流程如下:

(1) 系统管理员通过系统配置,定义业务模型(结果生成了数据库里的业务规则数据),定义数据接口规范(结果生成了 XML 格式的统计数据接口文件),并将接口规范下发到报送单位;

(2) 报送单位根据数据接口规范,从业务系统中导出生成或者手工录入统计数据,形成符合规范的数据文件,直接通过浏览器将数据报送给总部;

(3) 总部获取数据后,经过合法性校验和格式校验,将其存放在数据库中;

(4) 统计分析子系统从数据库中获取统计数据,相应权限人员通过报表生成工具制作报表模板;

(5) 系统自动(或者手工触发)生成静态报表供相关人员查询,相应权限人员也可以通过浏览器直接进行统计分析。

2002 年,国家统计局开始着手探索全国农村统计调查直报系统,该系统是面向各省、自治区、直辖市农调队、857 个国家抽中县农调队以及地方样本县和地方农村统计调查机构而设立的数据采集与信息发布系统。而且国家统计局设有专门的公益性网站——三农数据网 www.sannong.gov.cn。全国农村统计调查直报系统采用 CA 管理方式,具有严格的用户登录认证机制。相关数据报送员只需将获取的数据通过 Internet Explore 浏览器 5.5 或以上版本输入 URL 地址,然后进行用户登陆,就可以上报数据。为了确保安全,报送数据时需要下载专用的证书,如果证书丢失、损坏或过期失效,则需要重新申请获得新证书,报送完毕后进行废除证书操作。

2003 年,国家统计局建立了工业企业联网直报系统,该系统是面向全国工业企业的统计数据采集与信息发布系统。该系统设定不同的用户群及其相关属性,提供了严格的用户认证机制以及权限许可机制。不同的用户具有不同的属性和权限,可以得到不同的服务。目前,全国 2.5 万家大中型工业企业通过该系统报送统计数据。国家统计局工业企业联网直报网站为 www.5000.gov.cn。后来,国家统计局又建立了 3000 家房地产企业直报网,网站为 www.3000.gov.cn。全国 3000 家房地产企业直报系统是根据国家统计局、国家发展计划委员会、建设部联合发文(国统字[1999]84 号)《关于建立全国重点房地产企业联网上报制度的通知》的精神创建的全国房地产统计数据直报系统。这两个系统统称为国家统计局企业联网直报系统。它是以国家统计局为中心、地方统计部门和各地企业为主体的统计信息数据采集系统。建立企业联网直报系统的目的是:充分利用现代化的信息网络技术,促进企业统计上报方式的改革,更加及时、准确、全面地了解、掌握各地企业的发展态势,为国家和各级地方政府制定产业政策、进行宏观调控提供科学依据,满足国家统计局及各级地方统计局灵活、快速地向企业传递统计数据的需求，方便企业快速、准确地向国家统计局和各级地方统计局上报统计数据。

企业联网直报系统由企业数据报送系统、专业用户管理系统和管理员管理系统组成。其中，企业数据报送系统是最主要、最重要的系统。各地参与联网直报的企业只需使用广泛流行的 Internet 浏览器软件，利用目前普及较广的网络通道，即可完成报表数据的在线填报、打印、数据查询、下载、信息修改、报表补报、数据修改申请以及消息发送等一系列工作。

企业数据报送系统(亦称直报)的基本流程如图 7-7 所示：

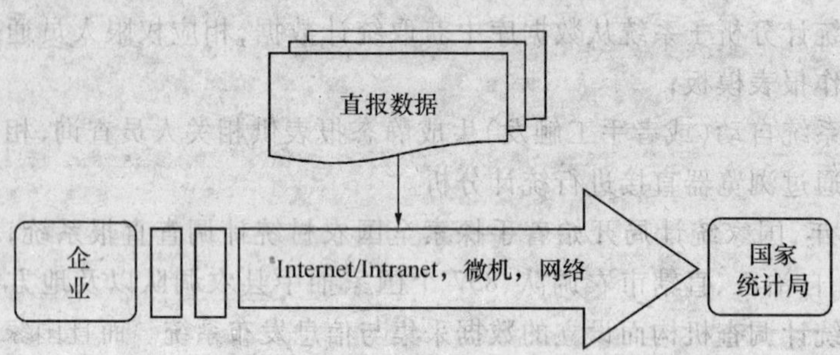

图 7-7　企业数据报送系统基本流程

(1) 国家或地方统计局定制统计报表，发布给需要填报的企业；

(2) 企业通过 IE 浏览器下载证书，获得证书的企业进入报表数据报送系统；

(3) 进入直报系统的用户可以通过 IE 浏览器，进行报表数据的在线填报；

(4) 企业还可以对报送期结束后的未报送数据的报表及需要修改数据的报表实现在线申请补报或修改，由国家或地方统计局进行审批，通过审批的报表即可进行补报或数据修改；

(5) 国家或地方统计局统计、汇总、分析报表数据，并通过网站或其他形式予以发布。

到目前为止，许多省市的统计数据采集都采用直报方式，如济南的网上直报、昆明统计数据采集网，以网络平台采集法为主，以客户端统计系统采集为辅，只对一些突发性的数据统计，才采用电子文件流转的方式，很少采用全面报表法。

3. 调查法

调查法是一种古老的研究方法，在国民经济统计中得到了广泛采用。早在两千多年前的大禹时代，就进行过一次人口调查。近现代人口普查、社会问题的研究都极为普遍地运用了调查法。所谓调查法，是指统计部门借助一定的手段和方式(如访谈、问卷、网络等)，对某种或某几种现象或事实进行考察，通过对搜集到的各种事实资料的分析处理，进而得出结论的一种研究方法。它是社会科学研究中特有的，也是最常用的方法之一。

根据不同的标准,可将调查法分为不同的类型:

(1) 根据调查目的,可将调查法分为常模调查和比较调查。

(2) 根据调查内容的性质,可将调查法分为事实调查和征询意见调查。

(3) 根据调查事项的多少,可将调查法分为综合调查和专题调查。

(4) 根据调查对象不同,可将调查法分为全面调查(普查)和非全面调查(部分调查);非全面调查又可分为随机抽样抽查、重点调查和典型调查。

(5) 根据调查采用的分式不同,可将调查法分为访谈调查、问卷调查和网络调查。

此外,调查法还可按时间和空间的不同分为横向调查和纵向调查。

在国民经济统计调查中,使用得最为普遍的是周期性普查和经常性抽样调查。这些方法都不是孤立存在的,对于不同的统计部门,根据调查目的的不同,常需要采用多种调查方法,如 GDP 的统计既要进行普查,也需要对某些行业进行抽查和典型调查,还可能需要使用重点调查和典型调查方法。随着信息技术在统计领域的广泛使用,某些统计部门也尝试使用专业的抽样调查技术采集主要数据,使用网络调查了解国民需求。例如,每年两次的互联网络使用情况统计,就是使用网络调查的方式。某些省在统计制度上也提出了有针对性的改革方案。例如,海南省提出"抓大放小"的统计制度改革方法。在调查方法上,对限额以上的进行全面调查,限额以下的采用抽样调查的方法,切实确立抽样调查的主体地位。并且提出目前重点是开展各种以市县为总体的抽样调查方法,研究各行业中的数据如何适应分级管理需要,使抽样调查工作能够始终在新的起点上推进和发展,最终建立起方法科学,满足各级政府和社会公众的需求,具有区域特色的统计制度方法体系。

调查法运用范围宽广,简单归纳可分为如下几个方面:

(1) 可以用在现状研究上,如某一地区学校教育质量的调查,有关农民生活保障问题的调查等。一般情况下,当某一类问题大量存在且是典型问题时,即需要寻找对策时,可使用调查法。对于这类问题,常需要设计调查问卷,考虑问题的表现、危机、成因及应对措施。

(2) 可以用在比较研究上,如对农村与城市居民生活环境的比较研究。

(3) 可以用在纵向的发展研究上,如对某些对象定期的调查研究,以获得其发展变化的资料,如 GDP 的调查。

(4) 可以用在历史研究上,如对家庭恩格尔系数历史演变、城市发展历史遗留问题等的研究。

(5) 可以用在未来发展研究上,如对城市人口增长问题、国家社会保障未来发展趋势等的研究。

(6) 与专业统计相关的各种民意测验等,也都离不开各种调查方法的应用。

目前,劳动和社会保障部门的数据来源主要有四种:第一种是传统的常规统计报表制度所规定要采集的信息;第二种是越来越多的抽样调查和典型调查所采集的信息;第三种是国家信息中心、国家统计局等单位发布的信息;第四种,也是最重要的来源,即通过对职业介绍、社会保险等业务管理系统的分布式资源数据库进行"扫描"得到的统计信息。其中,第四种来源是今后的发展方向,随着各业务管理系统的建设,这种方式将成为宏观决策系统信息采集的主渠道。但在很长一段时间内,常规统计报表仍将占据主导地位,即使在可见的未来,这种方式也不可能被完全取消。随着劳动和社会保险工作的深入开展,这种方式所存在的缺欠日益突出,已经不能满足劳动和社会保险工作的需要,必须辅之以一定量的抽样调查和典型调查。

7.3 统计信息存储

7.3.1 统计信息存储的含义

所谓统计信息存储,是指把统计数据存储在特定的载体中的一种信息活动。统计信息存储包含的内容非常广泛,例如,统计数据采集后,需要将原始的统计数据存储起来,以备加工时用;当需要对原始的统计数据进行加工时,可以从存储好的数据统计系统中提取相应的原始数据,然后进行加工,加工后的数据同样需要存储起来;如果对加工后的统计数据直接进行分析,分析结果也需要存储;当需要对存储在数据统计系统中的数据进行提取分析时,可以从存储好的数据统计系统中提取相应的序化数据,进行分析,分析的结果也需要存储起来。可见,统计数据存储与统计数据采集、统计数据加工、统计信息分析都有关联,扮演仓库、服务者的角色。我们知道,采集来的统计数据有许多不同的格式,如印刷型的各种表格和文本,实物图像资料,电子化的表单、单机数据库,甚至网络数据库、数据仓库等。对于不同格式的统计信息,在此,我们分非电子化和电子化两类来讨论统计信息存储问题。

7.3.2 非电子化统计信息的存储

非电子化统计信息的存储主要是将采集来的数据、经过加工处理和分析的信息通过某种工具,按照某种体例和保管要求存储到某种介质上(包括纸张、胶片等)的信息活动。在计算机和互联网没有大规模普及之前,统计工作者的大部分精力放在非电子化信息资源的组织方法和技术上。经过一代代人的努力,形成了大量成熟的组织方法和信息存储技术。在统计数据的存储方面,以纸张、卷宗、磁带、胶卷、录像带等传统介质为主要存储载体,纸质统计报表、纸质档案、统计年鉴是典型的非电子化统计数据存储方式。这些统计资料分结构化数据和非结构化数据两种。对于非结构化数据，例如，历史价值很高的各种实物图像资料、胶卷、磁带，政策法规、内参、相关报道等文字，难以进行统一再加工，有些甚至内容和载体不可分，因此常以馆藏品、珍藏品的方式将它们存放在档案馆、图书馆、博物馆等。当然，这些资料在进行存档时，也必须遵循特定馆藏的文献、文物存放规则，一般也编有特定代码，便于定位和检索。对于结构化数据，如各种统计年鉴，按其所属部门的信息编码规则，分门别类地编码、编撰成册、存档，或者在行业内对外发布，甚至对市民公开发行。

对于非电子化统计信息的存储，工具书的编制体例和非电子化统计信息的存储及保管方法非常重要。编制工具书是为了方便用户快速检索到相关的统计信息。例如，《中国劳动统计年鉴》就是由国家统计局人口和社会科技统计司、劳动和社会保障部规划财务司联合编制，由中国统计出版社出版，反映我国劳动经济情况的资料性年刊。年鉴在收录时间、收录范围、统计指标、指标解释、统计数据采集相关事项、出版时间等方面都有一套完整的规定。对于非电子化统计数据的保管，则须根据非电子化统计数据的载体形式和重要程度来确定。例如，年鉴编制成册后，保管方便，每年定期收集就可建立一个小型年鉴档案库；而实物图像资料、胶卷、磁带，政策法规、内参、相关报道等文字，须按一定规则编制存储索引代码，妥善保存，并做好防尘、防腐、防损、备份工作。

7.3.3　电子化统计信息的存储

所谓电子化统计信息的存储，是指把各种统计数据存放到存储介质中的信息活动。磁盘、光盘（光盘塔）、闪存设备、磁带都是存储介质。各种统计数据以不同的组织形式存储到存储介质中。电子文件、数据库、数据仓库是三种主要的统计信息存储的组织方式。

1. 电子文件

电子文件是电子化统计信息最基本的信息存储方式。通过计算机采集、加工处理和分析数据后，都会产生许多文件，如何将这些文件存储到计算机的存储介质中，是电子化统计数据存储需要考虑的问题。电子文件有不同的类型，例如，以 .doc、.xls、.txt、.mht、.eml 等为扩展名的文件都能够用来作为数据存储用。

每个文件都有语法、结构、表示形式、语义以及其中所包含的信息（文字和其他媒体）等几个特性。文件的语法和结构是由这种文件类型的创立者描述和规定的。文件的语义和表示形式则是由使用某一文件类型的某一文件的作者决定的。此外，关于数据的数据就是元数据，也是一种文件。语法是文件的基础，决定了文件的结构、表现形式、语义等。但某些情况下，这几个特性的区分可能不那么明显。例如，用 .pdf 文件格式编制的统计月报，具有固定的格式，这个格式属于文件的结构,但它也包含表示形式、语义等文件特性。

当电子化统计信息考虑使用电子文件的方式来存储时,需要确定信息存储的具体文件格式,主要包括文字文件和多媒体文件。文字文件一般采用全球大部分语言文字可通用的 ISO/IEC 10646/UNICODE 编码方案。多媒体文件如文字、图像、音频、视频、流媒体等,则比较复杂,它们在数量、格式、处理过程等方面有很大不同。有很多图像格式,最简单的为位图格式,如 XBM、BMP、PCX 等,这种格式占据大量的存储空间,可对其进行有效压缩。压缩文件格式包括有损压缩和无损压缩两种,例如,GIF 格式属于无损压缩,JPEG 格式属于有损压缩。另外,还有 PSD 格式、CLW 矢量图形格式和专门适合因特网的 PNG 图形格式。音频文件格式也有很多,例如,适合小型数字音频的 AU、MIDI、WAVE 格式,适合数字录音的 CD-Audio、DAT、AIFF 格式,还有压缩的音频格式 Mp3、Real Audio、Apple Quicktime 等。数字录像格式包括 DV、DVCam、DVCPro、digiBeta、MPEG 系列格式等。

用电子文件存储统计信息可长期保存,每个文件都是独立的,可随时调出数据进行加工处理,但是也存在不足,如数据信息共享性差,冗余度大,应用与数据独立性差,一旦应用改变,数据的逻辑结构也必须进行相应的改变,是不具有弹性的无结构的信息集合。

2. 数据库

为了提高信息的共享性,20 世纪 60 年代,在文件存储的基础上,人们开发了数据库存储技术,它是电子化统计数据使用最多的存储方法。数据库是长期存储在计算机内、有组织的、可共享的数据集合。数据库中的数据按一定的数据模型组织、描述和存储,具有较小的冗余度、较高的数据独立性、易扩展性和共享性。数据库系统是在计算机中引入数据库后的系统,一般由数据库、数据管理系统 DBMS 及其开发工具、应用系统、数据库管理员和用户构成。数据库管理系统是位于用户和操作系统之间的一层数据管理软件。它解决如何科学地组织和存储数据,如何高效地获取和维护数据的问题,是数据库系统的重要组成部分。截至目前,数据库系统经历了第一代的网状、层次数据库系统,第二代的关系数据库系统,发展到第三代的以面向对象模型为主要特征的数据库系统。

与电子文件系统相比,数据库存储统计信息具有如下特点:

(1) 数据结构化。这是与电子文件系统的根本差别。在文件系统中,相互独立的文件的记录内部虽然是有结构的,而且还有一定的灵活性,但是这些都是针对一个应用的,并且记录之间缺乏联系,存取粒度不能随意细化。数据库系统中,数据不再针对某一应用,而是面向整个组织,具有整体的结构化;不仅存放了数据本身,而且存放了数据间的关系;不仅数据是结构化的,而且存取数据的方式也灵活多样,存取粒度可以自由选择;可以存取数据库中的某一个数据项、一组数据项、一个记录或一组记录等。

(2) 数据的共享性高,冗余度低,易扩充。数据库从整体角度看待和描述数据,不再面向某个应用,而是面向整个系统,因此数据可以被多个用户、多个应用共享使用。数据共享可以大大减少冗余,节省存储空间,避免数据的不相容性和不一致性。数据面向整个系统,不仅可以被多个应用共享,而且容易增加新的应用,使数据库系统的灵活性加大,易于扩充。

(3) 数据的独立性高,包括物理独立性和逻辑独立性。物理独立性指用户的应用和存储在磁盘上的数据库中的数据相互独立,数据物理存储的改变不会影响应用;逻辑独立性指用户的应用与数据库的逻辑结构是相互独立的,即使逻辑结构变了,用户的应用也可以不受影响。

从数据库最终用户的角度看,数据库系统的结构分为单用户结构、主从式结构、分布式结构、客户/服务器(C/S)结构、浏览器/服务器(B/S)结构和并行结构。最早使用的是单用户结构,单用户数据库系统中,数据、DBMS和数据库应用程序都存储在同一台计算机上。统计数据采集后存储在本地数据库,本地提取进行数据加工、分析后本地存储,可以在同一台计算机上完成。随着计算机和通信技术的发展,主从式结构应运而生,主从数据库系统将数据、DBMS和一些应用程序等存放在主机上,检索终端通过通信线路与系统连接,发送查询请求提取数据进行加工处理并可将处理后的数据存放到主机。单用户数据库系统和主从数据库系统都是集中式结构,每个数据库的数据均存放在一台计算机上,集中存储、集中管理与维护。分布式数据库的数据分散在计算机网络中的多台计算机上,而这些分散存放的数据在逻辑上又属于同一个系统。系统中的每台计算机既可以处理本地数据库中的数据,执行局部应用,又可以通过网络存取和处理多个远程数据库中的数据,执行全局应用。C/S结构、B/S结构和并行结构数据库系统与前面三种结构数据库系统最大的差别在于,DBMS功能和应用是否分开。前三种结构DBMS和应用程序在同一台计算机上执行,主机负载过重,效率不高。后三种结构采用DBMS功能和应用分开,提高了数据处理速度和效率。C/S数据库系统运行时,客户机将用户的请求从网上传到数据库服务器,经数据库服务器处理后,将结果传回客户机。由于它只传结果,而不是整个过程中的数据,从而大大减少了网络的压力,提高了系统性能、吞吐量和负载能力。B/S数据库系统中,用户通过浏览器使用数据库,Web服务器处理浏览器发出的请求并通过专用的结构向数据库服务器发出数据请求,数据库服务器根据Web服务器发出的数据请求完成对数据库的操作并得到结果,数据库服务器将运行结果反馈给Web服务器,Web服务器将结构以HTML文档的格式经浏览器显示给用户。并行数据库系统通过将数据库在多个磁盘上分布存储,利用多个处理器对磁盘数据进行并行处理,解决了磁盘"I/O"瓶颈问题;通过开发查询间并行性、查询内并行性以及操作内并行性,大大提高了查询效率。并行数据库系统是目前数据库领域的研究热点之一。

3. 数据仓库

从统计部门看,传统的数据库技术以单一的数据资源,即数据库为中心,进行事务处理,如数据的录入、审核、修改、汇总等,主要是解决数据的收集问题,它注重数据的安全性和完整性,但难以较好地实现对数据进行统计分析的要求。而近年来发展起来的数据仓库技术,从大量的事务型数据库中抽取数据,再根据决策目标加工、整合、转换为新的存储格式存入数据仓库的内部数据库中,即为实现决策目标,把数据聚合在一种特殊的格式中,这种支持决策的、特殊的数据存储就是数据仓库(Data Warehouse,DW)。W. H. Inmon 对数据仓库的定义为:数据仓库是支持管理决策过程的、面向主题的、集成的、稳定的、不同时间的数据集合。

数据仓库中的数据面向主题,与传统数据库面向应用相对应。主题是一个在较高层次上将数据归类的标准,每一个主题对应一个宏观的分析领域,如工业、贸易、人口、房地产等。数据仓库的集成特性是指数据在进入数据仓库之前,必须经过加工和集成,这是建立数据仓库的关键步骤,不仅要统一原始数据中的矛盾之处,还要将原始数据结构作一个从面向应用向面向主题的转变。数据仓库的稳定性是指数据仓库反映的是历史数据,而不是日常事务处理产生的数据,数据经加工和集成进入数据仓库后是极少或根本不修改的。数据仓库是不同时间的数据集合,它要求数据仓库中的数据保存时限能满足进行决策分析的需要,而且数据仓库中的数据都要标明该数据的历史时期。数据仓库中的数据分为五个级别:早期细节级、当前细节级、轻度综合级、高度综合级和元数据。元数据经过综合后,首先进入当前细节级,并根据具体需要进行进一步的综合,从而进入轻度综合级乃至高度综合级,老化的数据将进入早期细节级。由此可见,数据仓库中存在不同的综合级别,一般称为“粒度”。粒度越大,表示细节程度越低,综合程度越高。例如,企业的数据为早期细节级,县级综合数据为当前细节级,市级综合数据为轻度综合级,省级汇总数据为高度综合级。在数据仓库中,元数据具有重要的作用,是数据仓库的基础,是整个数据仓库概念的中枢部件。整个数据仓库的组织结构由元数据来组织。元数据存储数据仓库的内部结构信息,反映各种信息在数据仓库中的位置分布和处理方式等。作为一个系统,数据仓库至少包括数据获取、数据存储和管理、信息访问三个基本功能。

7.4 统计数据加工

7.4.1 统计数据加工的含义

通过统计数据的收集、整理、预审、编码和录入等处理环节后,不可避免地还会存在许多错误,需要对数据进行编辑、加工处理。所谓统计数据加工,是指对采集后的基础数据按照一定的规则进行分类、汇总、加工处理,使之系统化、条理化,汇总出说明总体数量特征的总量指标,并编制统计表,便于后续人或计算机进一步分析的需要。

在电子计算机没有出现前,统计人员使用算盘等手工计算工具对统计数据进行加工处理。依靠算盘、计算尺等只能进行同类数据的简单迭加,采用“卡片法”、“划正法”也只能作单层分组汇总。1932 年,驻上海的海关总署计算室首先引用机械计算机,开始摆脱原始落后的手工统计方式。1958 年,上海市的政府统计开始运用机械计算机进行工业、农业、劳动工资、家计调查等年报数据处理,比手工汇总时期前进了一步。1983 年,第三次全国人口普查时,开始使用电子计算机进行数据处理。随着电子计算机技术的引进与普及,统计计算手段,乃至整个统计工作都发生了质的变化,促进了统计工作的改革与发展。通过微型计算机与大型计算机的联机运作,使统计数据处理的速度与效率大大提高。数据输送从邮寄统计报表改为报送磁盘,再发展为计算机局部联网,远程通讯与电传统计资料结合;数据处理方式,从由省市级统计部门集中汇总全省市各类统计数据,改为采用先进的分布式处理技术;在软件方面,从无到有,引进消化国外软件与自编多种专用软件相结合,改变了以往统计信息传递速度慢、社会化程度低、分析手段单一的被动局面,促进了统计内部机制一系列的根本变化,推进了统计指标系统化、统计分类标准化、统计管理集中化和统计工作现代化的进程。在充分发挥统计数据系统功能的基础上,向有效提供各类管理决策所需要的管理信息系统目标渐进。

7.4.2　统计数据加工的内容

统计数据加工包括如下主要内容:

(1) 数据标准规划化处理。尽管从理论上来说,统计数据的采集需要严格遵守统计指标和指标体系的要求,需要得到对应的相关数据,但在实际工作中,往往得到的数据格式不统一,数据有出入,这就需要在数据加工阶段制定严格的数据标准,针对采集到的数据进行规划化处理。数据标准一般情况下由有发言权或直接责任的当权部门制定,这样可避免数据被反复更改。比如,国家统计局需要的人口普查数据,数据的整理格式规范就得由国家确定,如果特殊数据没有相关规定,需向省市统计局申请,保证整个省市数据格式的统一,这样一旦国家有所规范,就便于统一修改。有时为了统计分析的客观性和科学性,需要对统计数据进行四舍五入处理、无量纲处理等,这些都是数据标准规划化需要考虑的。

(2) 数据的质量检验和订正。数据录入阶段对数据的检查是孤立地从数据本身进行的,只针对数据录入过程中的差错,只能检查出录入的原始数据与原始调查资料是否完全一致,而对原始资料本身出现的错误是无能为力的,因此,即使每个数据都通过了检查,仍可能会存在矛盾和问题。对于大批量的数据,要完全依靠人工检查是不可能的,可借助计算机来进行。所以,可根据各个统计数据本身的特性和各统计指标之间存在的逻辑关系编制一个数据检查和校验的程序,做好数据的质量检验和订正工作。

(3) 数据的规范性汇总。统计数据的汇总是统计数据加工的一个重要内容,实际上是数据的分类汇总,即根据统计研究的目的,将统计所得到的原始数据进行科学的分类和汇总,或对经过初步加工的次级数据进行再加工,为统计分析准备系统化的、条理化的综合信息的工作过程。从组织形式上看,它可分为逐级汇总和集中汇总两种形式。逐级汇总对整理的数据自下而上一级一级地汇总出本系统或本地区的统计数据,再制定相应的统计报表或绘制统计图。我国现行统计报表一般都采用这种方式。集中汇总是把整理的数据集中到组织调查的最高机构(国家统计局,或省市统计局,或业务主管单位)直接进行汇总。对于十分重要的或要求时效性极高的调查,或者典型调查,可采用这种汇总方式。具体数据汇总的方法可以由手工进行,也可以由计算机进行。计算机汇总速度快、精度高,可进行各种逻辑判断,能储存大量的数据信息。在设计分类汇总程序时,考虑的主要是如何最有效地使同类型的数据汇总起来,既要保证汇总不发生混乱,又要考虑汇总的速度和占用内存空间的多少。统计数据汇总虽然也有通用的程序包供使用,但程序包是以降低处理的效率和程序所占内存空间为代价来换取“通用”这一特性的。

7.4.3 统计分组

统计数据加工的关键问题是对总体进行分组,力求分组方法科学,能反映现象的客观过程。

1. 统计分组的含义和意义

所谓统计分组,是指根据统计研究任务的要求和研究现象总体的内在特点,把现象总体按某一标志划分为若干性质不同但又有联系的几个部分。

总体的变异性是统计分组的客观依据。统计分组是总体内进行的一种定性分类,它把总体划分为一个个性质不同的、范围更小的总体。统计分组是统计数据加工的重要内容,也是统计分析的基础。分组的好坏直接关系统计能否加工出正确的、中肯的统计数据,关系到统计能否得出正确的结论。统计分组的作用,有如下三个方面:

(1) 反映和研究社会现象的类型。研究社会现象的性质,首先就是把总体划分为若干性质不同的类型。将社会现象划分为不同类型的分组,又称为类型分组。例如,社会保险分为基本养老保险、失业保险、医疗保险、工伤保险、生育保险;社会产品分为生产资料和消费资料;学校教育分为幼儿教育、中小学教育、高等教育、职业教育等。社会现象十分复杂,即使在同一总体中,也可能存在不同类型。不同类型有不同的数量关系,对数量关系的分析有利于认识总体的本质特征。

(2) 反映和揭示社会现象的内部结构及其比例关系。将总体按一定标志分组以后,计算出各组的单位数或各组标志值之和占总体单位数或总体标志值之和的比重,以此说明总体内部的组成。同时,将总体各组之间单位数或标志值对比,可得到各组之间的数值比例关系。

(3) 反映和分析现象间的依存关系。社会现象之间存在广泛的联系和相互制约的关系,可选择关系比较紧密的某些因素,通过分组从数量上反映它们的依存关系,分析影响某种现象的原因和影响程度。

2. 统计分组的种类

(1) 统计分组按其任务和作用不同,分为类型分组、结构分组和分析分组。类型分组的目的是划分经济类型;结构分组的目的是研究同质总体的构成;分析分组的目的是研究现象总体内部诸标志间的依从和制约关系。

(2) 统计分组按分组标志的多少,分为简单分组和复合分组。简单分组是将总体按一个标志进行分组,复合分组是将总体按两个或两个以上的标志重叠起来进行分组。

(3) 统计分组按分组标志的性质,分为品质分组和变量分组。品质分组是将总体按品质标志进行分组,如企业按经济成分、地理位置分组,职工按性别、文化程度分组等;变量分组是将总体按数量标志进行分组,如企业按职工人数、劳动生产率分组,职工按工龄、工资、学历分组等。

3. 分组体系与分组标志的选择

(1) 分组体系

统计分组后所形成的一系列互相联系、互相补充的组的整体称分组体系。分组体系有平行分组体系和复合分组体系两种。平行分组体系是选择两个或两个以上的标志对总体进行一次次简单分组后所形成的体系;复合分组体系就是复合分组后形成的体系。

(2) 分组标志的选择

分组标志的选择是统计分组的关键。分组标志,即将同质总体区分为不同组的标准或依据。正确选择分组标志,必须根据统计研究的任务目的,抓住反映现象本质区别和内在联系的标志作为分组标志。分组标志一旦选定,就必然突出总体在该标志下的性质差别。分组标志选择不当,不但无法显示现象的根本特征,甚至会混淆事物的性质,歪曲社会经济的真实情况。

4. 统计分组的方法

(1) 品质标志分组方法

品质标志分组一般较简单,分组标志一旦确定,组数、组名、组与组之间的界限也就确定。有些复杂的品质标志分组可根据统一规定的划分标准和分类目录进行。

(2) 数量标志分组方法

按数量标志分组的目的并不是单纯确定各组在数量上的差别,而是要通过数量上的变化区分各组的不同类型和性质。数量标志分组方法可以从以下几个方面来说明:

① 单项式分组和组距式分组

对离散变量,如果变量值的变动幅度小,就可以一个变量值对应一组,称单项式分组。如居民家庭按儿童数或人口数分组,均可采用单项式分组。

对离散变量,如果变量值的变动幅度很大,变量值的个数很多,则把整个变量值依次划分为几个区间,各个变量值按其大小确定所归并的区间,区间的距离称为组距,这样的分组称为组距式分组。

也就是说,离散变量根据情况既可用单项式分组,也可用组距式分组。在组距式分组中,相邻组既可以有确定的上下限,也可将相邻组的组限重叠。

连续变量由于不能一一列举其变量值,只能采用组距式的分组方式,且相邻的组限必须重叠。例如,以总产值、商品销售额、劳动生产率、工资等为标志进行分组,就只能采用相邻组组限重叠的组距式分组。

在相邻组组限重叠的组距式分组中,若某单位的标志值正好等于相邻两组的上下限的数值,一般把此值归并到作为下限的那一组(适用于连续变量和离散变量)。

组距式分组使资料的真实性受到一定程度的损害。组距式分组的假定条件是:变量在各组内的分布都是均匀的,即各组标志值呈线性变化。

通过组距式分组,把各组内部各单位的次要差异抽象去了,而把各组之间的主要差异突显出来了,这样,各组分配的规律性可以更容易显示出来。根据这个道理,如果组距太小,分组过细,容易将属于同类的单位划分到不同的组,因而显示不出现象类型的特点;但如果组距太大,组数太少,会把不同性质的单位归并到同一组中,失去区分事物的界限,达不到正确反映客观事实的目的。因此,组距的大小、组数应根据研究对象的经济内容和标志值的分散程度等因素确定,不必强求一致。

② 等距分组和不等距分组

等距分组是指各组保持相等的组距,也就是说,各组标志值的变动都限于相同的范围。不等距分组即各组组距不相等的分组。

统计分组时采用等距分组还是不等距分组,取决于研究对象的性质特点。在标志值变动比较均匀的情况下宜采用等距分组,等距分组便于各组单位数和标志值直接比较,也便于计算各项综合指标;在标志值变动很不均匀的情况下宜采用不等距分组,不等距分组有时更能说明现象的本质特征。

③ 组限和组中值

组距两端的数值称组限。其中,每组的起点数值称为下限,每组的终点数值称为上限。上限和下限的差称组距,表示各组标志值变动的范围。

组中值是上下限之间的中点数值,代表各组标志值的一般水平。组中值并不是各组标志值的平均数,各组标志数的平均数在统计分组后很难计算出来,因此常以组中值近似代替。组中值仅存在于组距式分组数列中,单项式分组中不存在组中值。

组中值的计算是有假定条件的,即假定各组标志值的变化是均匀的(与组距式分组的假定条件相同)。一般情况下,组中值=(上限+下限)÷2。对于第一组是"多少以下",最后一组是"多少以上"的开口组,组中值的计算可参照邻组的组距来决定,即:缺下限开口组组中值=上限-1/2邻组组距,缺上限开口组组中值=下限+1/2邻组组距。

统计分组工作,在任务比较简单的情况下,可以使用手工进行,但如果有大量的数据需要处理,可以借助一些统计软件如EXCEL、SPSS等进行,也可以自编一些实用性的软件来辅助数据的整理和加工。另外,市场上的某些统计管理信息系统也提供了数据加工功能,可根据数据处理的需要来选择。

7.4.4　统计表

1. 统计表的概念、构成

统计表是纵横交叉的线条所绘制表现统计信息的一种表格形式。把经过大量采集得来的数据信息加以系统化,填在表格内,就形成了统计表。在实际业务工作中,统计表具有重要的作用,它是表现统计信息最合理、最有效的工具,使统计信息具有条理性,清晰易懂,一目了然,便于进行计算、比较和分析。广义统计表包括统计工作各阶段所使用的一切表格。

从形式上看,统计表由总标题、横行标题、纵栏标题和指标数值四部分组成;从内容上看,统计表由主词栏和宾词栏两部分构成。主词栏是统计表要说明的总体或总体分成的多个组,宾词栏是说明主词栏的所有统计指标,如表7-1所示:

表7-1 2003年直辖市国有企业就业人员和劳动报酬统计

直辖市	年末就业人数（人）	劳动报酬（千元）
北京	1135362	29652821
上海	929390	24503029
天津	456991	8747937
重庆	578088	8006888

总标题　纵栏标题　横行标题　指标数值　主词栏　宾词栏

数据来源：《中国劳动统计年鉴（2004）》第310页。

2. 统计表的种类

统计表根据主词栏是否分组及分组情况分为简单表、简单分组表和复合分组表。

（1）简单表。它是指表的主词未经过任何分组的统计表。简单表的主词一般按时间顺序排列，或按总体各单位名称排列。如表 7-1，就是按照总体各单位名称排列的。

（2）简单分组表。它是指主词只用一个分组标志进行分组的统计表，如表 7-2 所示：

表 7-2　2003 年全国国有单位就业人员和劳动报酬统计

按企、事业和机关分组	年末就业人数（千人）	劳动报酬（亿元）
企业	32254	4512.7
事业	25824	3743.6
机关	10678	1655.7
全国合计	68756	9911.9

数据来源：《中国劳动统计年鉴（2004）》第 299 页。

（3）复合分组表。它是指主词按照两个或两个以上标志进行分组的统计表，如表 7-3 所示：

表 7-3　2003 年全国国有单位就业人员（含地方）和劳动报酬统计

按企、事业和机关分组	年末就业人数（千人）	劳动报酬（亿元）
企业	32254	4512.7
其中：地方	21087	2319.8
事业	25824	3743.6
其中：地方	24189	3374.6
机关	10678	1655.7
其中：地方	10117	1527.4
全国合计	68756	9911.9

数据来源：《中国劳动统计年鉴（2004）》第 299 页。

统计表按作用不同还可以分为调查表、汇总表和分析表。调查表是专门为调查而设计的表,可以包括调查问题和选项等。对调查表进行答题统计后的表格是汇总表,对这些汇总表进行分析后得出的表格是分析表。一般地,我们见到的各种年鉴中的表格都是汇总表,在此不详述。

3. 编制统计表应注意的问题

为了使统计表更清晰地反映所研究现象的数量特征,便于分析比较,设计统计表时必须遵循科学、实用、简练和美观的原则,如下几点值得注意:

(1) 统计表的各标题(总标题、横行标题和纵栏标题)要表述准确,概略性地表明表的内容,清晰地反映资料所牵涉到的时间、地点、事件等要素。

(2) 表中主词栏和宾词栏的排列要有一个合理的顺序,一般按照先局部后整体的原则排列,即先列各分组,后列总计。当没有必要列出所有各组时,可先列总计,后列其中一部分。

(3) 如果统计数值有计量单位,需要在其相应的标题后面加上计量单位,并用小括号括起来。如果整个表格中的数值使用的是同一个计量单位,则可以在表格的右上方表明。此外,同一个计量单位下的小数点位数要统一。

(4) 表中数值上下位要对齐,要么左对齐,要么右对齐。如果有相同数值,不可省略,不可用"同上"、"同左"标明,而需要把数值标明。对于无数值的空格,用统一的符号标出,如"-"或"/";当缺乏某项资料时,用符号"……"或"×"标明,并在表格下方对所用符号进行说明,以免使人误认为漏项。表中数值部分不应留下空白。

(5) 统计表一般为开口式,即表的左右两端不画纵线,上下通常以粗线封口。对于栏数较多的统计表,通常加以编号。主词栏用甲、乙等文字表明,宾词栏用(1)、(2)、(3)等标明。

(6) 通常情况下,应在表格的下方写明数据来源和必要的注解信息。

7.5 统计信息分析

7.5.1 统计信息分析的含义

经过统计调查,收集到反映客观现象的大量资料并进行科学的数据整理加工汇总后,还要进行统计分析。因为通过统计调查和整理取得了反映客观现象基本情况的统计资料,还不能反映现象的实质,无法全面、深刻反映其内在联系。所谓统计数据分析,是指在经过整理汇总得到的总量指标的基础上,计算各种分析指标,进行综合数量分析,以认识社会经济现象的本质特征和发展变化的规律性,并得出统计分析报告。统计数据分析,也称为"统计综合分析",其任务在于揭示事物内在的联系及其发展规律。它不仅要对过去的事情进行分析评价,还应根据历史的和现在的研究在数量上对未来作出科学、正确的预测,这也是统计工作的重要目的之一。

7.5.2 统计信息分析的内容

1. 根据目标和数据,选择统计方法,构造统计理论模型

当所设置的统计指标的数据采集加工好后,需要确定适当的数学形式来描述这些指标之间的关系。统计模型的建立,通常要依据经济理论和一些数理经济学结果。如数理经济学中已对投资函数、生产函数、需求函数、消费函数、投入支出函数给出了严格的定义,并分别用公式把它们表示出来了。借用这些理论,我们给它们的公式中加上随机误差项,就把问题转化为用随机数学工具处理的统计模型。有时我们无法根据所获数据信息确定模型的形式,此时可以采用不同的形式进行计算机模拟,对于不同的模拟结果,选择较好的一个作为理论模型。尽管模型中待估的未知参数要到参数估计、检验后才能确定,但在许多情况下,可以根据所研究的经济问题对未知参数所带的符号以及大小范围事先给予确定。

2. 进行统计计算,估计统计理论模型参数

当选择到适当的统计方法时,就要利用采集、加工的样本数据进行统计计算。基本的统计计算有均值、方差、相关矩阵、特征根与特征向量等,因子分析、主成分分析、聚类分析、相关分析中就会碰到这些统计计算。统计模型的建立需要根据样本数据估计模型参数,例如,用最小二乘法估计回归模型的未知参数。模型参数的估计是统计分析方法应用的核心内容。当变量和样本数据很多时,统计计算的工作量很大,只有依靠计算机才能得到可靠、精确的计算结果。SPSS、SAS等统计分析软件都可以进行统计分析计算。

3. 对统计理论模型进行检验与修改

当模型的未知参数估计出来后,可以说已经初步建立了一个统计理论模型。建立统计理论模型的目的是应用它来研究经济现象和自然现象的问题,但如果立即就用这个模型来作预测、控制和分析,是不够慎重的,必须对该模型进行检验,才能够揭示统计指标之间的真实关系。

统计理论模型的检验包括统计检验和经济意义上的检验。统计检验通常有对回归方程和回归系统的显著性检验,还有拟合优度的检验、随机误差项的序列相关检验、异方差性检验、解释指标的多重共线性检验等。在经济问题回归模型中,还会出现回归模型通过了一系列统计检验,但就是得不到合理的经济解释的现象。如果出现这种情况,这个回归模型就没有意义,也就谈不上进一步应用,此时需要对回归模型进行修改。模型的修改有时要从设置统计指标是否合理开

始,考虑是不是某些重要的指标被遗漏了,或者多增加了某些不该出现的指标;指标间是否依赖性太强;分组是否有问题;样本量是不是不够;理论模型是不是不合理,等等。模型的修改往往要经过多次,特别是建立一个实际经济问题的回归模型时,要反复修改才能够得到较为理想的模型。

4. 统计理论模型的运用

当一个经济问题的统计模型通过了各种统计检验,且模型具有合理的经济意义时,我们就可以运用这个模型进一步研究经济问题。在统计理论模型的运用中,要注意分类研究、简化数据结构、定性分析与定量分析的有机结合。分类研究就是把性质相近的社会、经济现象归类。通常用定性资料的分析、聚类分析、判别分析等方法对统计数据进行处理,利用所得结论、模型进行分类应用。简化数据结构是统计分析方法的另一个重要应用,即在所掌握的统计数据中找出一个基本结构。这种基本结构使我们在研究问题时抓住主要矛盾,舍弃次要因素。由于统计方法只是从事物外在的数量关系去研究问题,不涉及事物质的规定性,而单纯的表面上的数量关系是否反映事物的本质,它的本质究竟如何,必须依靠专门学科的研究才能下定论。因此,在统计理论模型的运用中,还要强调定性分析和定量分析相结合,不能仅凭样本数据估计的结果下结论,而必须把参数估计的结果和具体经济问题以及现实情况紧密结合,才能保证统计方法在经济问题研究中的正确运用。

7.5.3　统计信息分析的主要方法

对统计数据进行分析的方法非常多,简单的有求和、求均值、求最值、求方差等;稍微复杂的有均匀分布、指数分布、正态分布、χ^2 分布、t-分布,F-分布、分位数等;现代统计数据分析常用的分析方法有相关分析、回归分析、指数因素分析、抽样推断、方差分析、判别分析、聚类分析、复选题分析、寿命分析等;在数据库和数据仓库的基础上,还可运用数据挖掘技术,从大量的数据信息中抽取出有效的、新颖的和潜在有用的知识,辅助决策。

针对不同的数据信息情况和分析目标,需要选用不同的信息分析方法,这一点在7.5.2中已经说明。下面选择其中几个作为代表简要介绍。

1. 求和、求均值等简单计算方法

实际上,求和、求均值等简单计算方法在统计数据分析中非常有用。对于某些目标单一的命题,例如,求2006年我国国民生产总值GDP,就是一个求和命题,把我国各省市的国民生产总值GDP求和即可得出;再如,求2006年我国人均国民生产总值,这是一个求均值命题,只需将全国国民生产总值除以全国人口总数即可得出;另如,求2006年人均国民生产总值排名前10的城市,就是一个求均值、求最值的命题,需首先求出2006年全国各城市的人均国民生产总值,然后按照从大到小的顺序排列，排在前面的10个城市就是命题所要求的答案。类似这样的问题，使用的统计数据分析方法非常简单，但却能有效地解决和解释一些社会经济现象。这些计算方法既可以手工进行，也可使用Excel等计算机软件中的相关函数来实现。

2. 正态分布

对于许多连续型随机变量来说，其概率分布是一种呈铃铛状的对称曲线，我们称之为正态分布。正态分布是最重要、最常用的一种连续型随机变量分布，在统计和抽样理论与应用中占有特别重要的地位。因为正态分布或近似正态分布的，而且正态分布具有许多优良的性质，便于进行较深入的理论研究，在总体服从正态分布时，某些统计量的精确分布更容易推出，并有较简单的结果。

正态分布可以用函数形式来表述，其密度函数可写成：

$$f(x)=\frac{1}{\sqrt{2\pi}\sigma}e^{\frac{(x-\mu)^2}{2\sigma^2}}\quad(-\infty<x<+\infty)$$

其中，π为圆周率，e为自然对数的底，x为随机变量的取值，μ为正态分布的平均值，σ为正态分布的标准差。μ和σ唯一确定了正态分布的形状，一般记为$X\sim N(\mu,\sigma^2)$或者$\bar{x}\sim N(\mu,\sigma^2/n)$，这里$\bar{x}$为$x$的平均值。可用曲线表示，如图7-8所示：

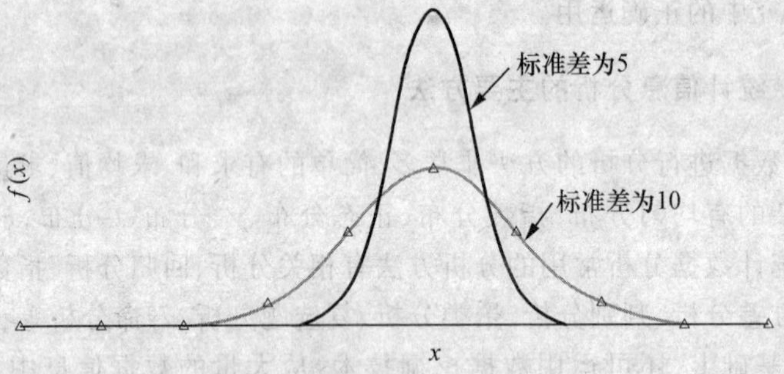

图7-8　正态分布

结合正态分布曲线，归纳其性质如下：

(1) 曲线在x轴的上方，与x轴不相交。

(2) 曲线关于直线$x=\mu$对称。

(3) 当$x=\mu$时，曲线位于最高点。

(4) 当$x<\mu$时，曲线上升（增函数）；当$x>\mu$时，曲线下降（减函数），并且当曲线向左、右两边无限延伸时，以x轴为渐近线，向它无限靠近。

(5) μ一定时，曲线的形状由σ确定。σ越大，曲线越“矮胖”，总体分布越分散；σ越小，曲线越“高”，总体分布越集中。

当正态分布的参数$\mu=0,\sigma=1$时，称X服从标准正态分布，记为$X\sim N(0,$

1),其密度函数为:

$$\phi(x) = \frac{1}{\sqrt{2\pi}}e^{-\frac{x^2}{2}} \quad (-\infty < x < +\infty)$$

标准正态分布中,曲线关于 Y 轴对称,$\phi(-x) = 1 - \phi(x)$。

一般情况下,正态分布与标准正态分布之间存在着一种对应转化关系,即前者可以通过转化为标准正态分布来回答分布的概率问题。

标准正态密度函数转换:$f(x) = \phi\left(\frac{x-\mu}{\sigma}\right)$

当 $x \geqslant 0$ 时,分布函数 $\phi(x)$ 的值可以通过标准正态分布函数表(见附录1)查得;而 $\phi(-x)$ 则不能直接通过表查得,但可根据正态分布曲线的对称性关系函数 $\phi(-x) = 1 - \phi(x)$ 求得。这样在实际案例中,就可以通过正态分布函数来计算概率了。

例如,现代年轻人选择结婚的平均年龄是26岁,假设结婚年龄服从正态分布,标准差为4年,求一个小于23岁的年轻人结婚的概率。

计算方法如下:建立相应正态分布函数 $X \sim N(26,16)$,有:

$$P(X<23) = F(23) = \phi[(23-26)/4] = 0.2266 = 22.66\%$$

3. 回归分析

回归分析是用来寻求一个随机因变量 y 对一组随机自变量 $x_1, x_2, \cdots, x_p$ 的统计依赖关系的一种统计分析方法。统计依赖关系不再是单纯的因果关系,而是变量之间的相关关系。也就是说,变量 $x_1, x_2, \cdots, x_p$ 的变化对变量 y 确有影响,但无法将其用函数式精确表示。因此,回归分析根据变量间的关系分为最简单的一元回归,包括两个或两个以上自变量的多元回归。

经济指标的因素分析是回归模型的一个重要应用。应用回归模型对经济指标之间的关系进行度量,从模型的回归系数可发现经济指标的结构关系,给出政策评价的一些量化依据。

既然回归模型揭示经济变量间的因果关系,那么就可以考虑通过给定被解释变量来控制解释变量。例如,我们把某年的通货紧缩指标定为全国零售物价指数降低10%以上,那么,根据通货紧缩的回归模型可以确定货币的发行量、银行的存款利率等。

进行经济预测是回归模型的另一个重要应用。例如,我国2010年的国民生产总值GDP,可以通过建立国民经济历年的宏观经济数据模型进行预测。详细的应用研究参见后文,在此不再赘述。

4. 数据挖掘

数据挖掘(Data Mining,DM)是从大量的、不完全的、有噪声的、模糊的、随机的数据中,提取隐含在其中的、人们事先不知道的、但又是潜在有用的信息和知识的过程。其目的是提高市场决策能力、检测异常模式,在过去的经验基础上预言未来趋势等。在传统的决策支持系统中,知识库中的知识和规则是由专家或程序人员建立的,是由外部输入的,而数据挖掘的任务是从大量数据中发现尚未被发现的知识,它是从系统内部自动获取知识的过程。对于那些决策者明确了解的信息,可以用查询、联机分析处理或其他工具直接获取;而对另外一些隐藏在大量数据中的关系、趋势等信息,则需要通过数据挖掘技术来完成。

数据挖掘的过程包括业务理解、数据理解、数据准备、建模、模型评估、结果表述和解释。数据挖掘的方法很多,在实际应用中,数据挖掘利用的方法和技术越多,得出的结果精确性就越高。比较典型的方法有关联分析、分类分析、聚类分析、决策树、神经网络五种。

(1) 关联分析

关联规则挖掘由 Rakesh Apwal 等人首先提出。两个或两个以上变量的取值之间存在的规律性称为关联。数据关联是数据库中存在的一类重要的、可被发现的知识。关联分为简单关联、时序关联和因果关联。关联分析的目的是找出数据库中隐藏的关联网。一般用支持度和可信度两个阀值来度量关联规则的相关性,并不断引入兴趣度、相关性等参数,使得所挖掘的规则更符合需求。

(2) 聚类分析

聚类是把数据按照相似性归纳成若干类别,同一类中的数据彼此相似,不同类中的数据相异。聚类分析可以建立宏观的概念,发现数据的分布模式,以及可能的数据属性之间的相互关系。

(3) 分类分析

分类就是找出一个类别的概念描述,它代表了这类数据的整体信息,即该类的内涵描述,并用这种描述来构造模型,一般用规则或决策树模式表示。分类是利用训练数据集通过一定的算法而求得分类规则。分类可被用于规则描述和预测。

(4) 决策树分类技术

决策树分类是根据不同的重要特征,以树型结构表示分类或决策集合,从而产生规则和发现规律。

(5) 人工神经网络和遗传基因算法

人工神经网络是一个迅速发展的前沿研究领域,对计算机科学与人工智能、认知科学以及信息技术等具有重要而深远的影响,并且在数据挖掘中也扮演着非常重要的角色。人工神经网络可通过示例学习,形成描述复杂非线性系统的非线性函数,这实际上是得到了客观规律的定量描述,有了这个基础,预测的难题就会迎刃而解。目前在数据挖掘中,最常使用的两种神经网络是 BP 网络和 RBF 网络。但是,由于人工神经网络还是一个新兴学科,一些重要的理论问题尚在探索中。

综上所述,为了进行专业统计,我们有必要在数理统计、信息获取的基础上建立专门的统计信息系统,该统计信息系统可以是为了专门的统计问题而定制开发的信息系统,也可以借用现成的统计分析软件,如SPSS、SAS、BMDP、STATA、EVIEW、MINITAB等,或者在现有的统计分析软件基础上进行二次开发。所有的这些都是为了一个共同的目的——找出海量数据信息间的关系,为科学决策提供支持。因此,统计数据采集、统计信息存储、统计数据加工和统计信息分析是统计信息系统构建的关键环节,这四个环节不是各自孤立的,它们经常交错进行。

思考与练习

1. 什么是统计信息系统?它有哪些特点和功能?

2. 简述统计信息系统的构建原理。

3. 有哪些统计数据采集方法?试述每种方法的特点。

4. 试述在电子化统计数据的存储方法中,数据库存储与数据仓库存储的关系。

5. 统计分组有什么重要作用?怎样进行统计分组?其种类有哪些?

6. 下表是20个投资者的投入和收益额,据此计算其投资收益率(=收益额÷投入额×100%),并进行分组汇总,编制反映这些投资者的投资收益率统计表:

(1) 按照投资收益率分为:① 亏损10%以上者;② 亏损10%以内者;③ 持平者;④ 盈利在10%以内者;⑤ 盈利超过20%者。

(2) 汇总各组投资者,计算各组和所有投资者的投资收益率。

(3) 分析这些投资者的投资收益率是否满足正态分布,如果满足,列出均值和方差。

投资者ID	投入额(万元)	收益额(万元)	投资者ID	投入额(万元)	收益额(万元)
1	80	12	11	125	34
2	70	10	12	28	2
3	30	5	13	987	35
4	30	4	14	346	245
5	24	-6	15	3	0
6	23	3	16	23	-5
7	120	-23	17	12	0
8	1245	90	18	81	12
9	1635	24	19	1124	-56
10	123	4	20	360	-5

第8章 统计信息系统的开发与管理

8.1 统计信息系统中的关键技术

本章介绍的内容侧重于统计数据的加工处理和分析，对于这部分功能，我们可以通过定制开发一个信息系统来完成，统计信息系统在建设的过程中，除了必须应用到信息技术方面的知识外，还需要统计理论的支撑，下面依次简要介绍这些关键技术（有部分内容在第7章中已有提及，在此作比较深入且有侧重的介绍）。

1. 统计理论

“统计”一词有三种含义：统计活动或工作、统计资料和统计科学。

(1) 统计活动或工作是应用统计科学的理论和方法，为了研究客观事物的数量关系和数量特征而进行的统计设计、统计调查、统计整理和统计分析的全部过程的总称。

(2) 统计资料是反映客观事物的数量关系和数量特征的数据资料和相关资料的总称。

(3) 统计科学是研究和探索客观事物数量规律性的方法论科学，可以分为描述统计学和推断统计学。描述统计学以清晰且可理解的方式描述一组数据，对数据的处理着重于搜集、整理与表现；推断统计学用于处理从样本数据获得推测总体特征的信息及其他相关推论物体，即根据样本分析结果，推论未知的总体性质和事实。

与统计信息系统的建设最为相关的统计概念是统计工作，它是统计的实践活动，了解清楚统计工作的流程对于信息系统的开发和维护都是很有帮助的。统计工作包括四个流程：统计设计、统计调查、统计整理和统计分析：

(1) 统计设计。它是统计工作的第一步，需要对统计工作的各个方面和环节通盘考虑。其具体内容包括统计目标的设定、统计指标和指标体系的制定、搜集资料方法的确定和数据处理方法的设计等方面。

(2) 统计调查。它是指根据统计设计阶段制定的目标和要求进行统计资料的搜集。它是统计工作的基础环节，要求所搜集的资料要客观、定位准确，资料收集的好坏直接影响统计工作的最终结果。

(3) 统计整理。经过统计调查搜集来的资料需要经过审核后加以科学的归纳、汇总和综合，这是统计工作中的一个中间环节。

(4) 统计分析。即利用统计指标和指标系统，对整理后的统计资料进行加工分析，以分析出客观事物数量关系和数量特征，揭示现象发展的过程和规律，作出科学的结论。

2. 数据库技术

数据库以一定的组织方式在计算机中存储相互有关的数据集合。目前，主流的数据库管理系统(DBMS)都是关系数据库系统(RDBMS)。所谓关系数据库，就是用一张张二维的表来组织和存储数据，二维表是表达现实世界中实体间相互关系最常用、也是最熟悉的方法。在一张表中，表头的各列描述了实体的相关属性，表中每一行(除表头外)称为元组，列举了每一具体实体的属性值。针对这一张张数据表，RDBMS 都提供了结构化查询语言(SQL)对其进行操作，如对表结构的定义、表查询、表更新、表权限控制等功能。一般地，信息系统的开发人员对 SQL 语言要能熟练运用。

此外，为了支持统计决策支持系统，对数据库技术的几个新的研究方向也需要了解：

(1) 数据仓库(data warehouse, DW)

数据仓库是一个面向主题的、集成的、时变的、非易失的数据集合，支持管理部门的决策过程。其中，面向主题是指数据仓库围绕一些主题，如顾客、供应商、产品和销售组织；集成是指数据仓库将多个异种数据源(如关系数据库、一般文件等)集成在一起；时变是指数据存储从历史的角度(如过去 1—5 年)提供信息；非易失是指数据仓库总是物理地分离存放数据。

(2) 数据挖掘(data mining, DM)

数据挖掘是从存放在数据库、数据仓库或其他信息库中的大量数据中挖掘有趣知识的过程，挖掘出来的有用信息可提供给管理者作决策支持。

(3) 联机分析处理(on line analysis processing, OLAP)

联机分析处理是指数据仓库系统在数据分析和决策方面为用户或知识工人(包括经理、主管和分析人员)提供的服务；OLAP 和数据挖掘的功能可以视为是不交的：OLAP 是数据汇总/聚集工具，帮助简化数据分析，而数据挖掘自动发现隐藏在大量数据中的隐含模式和有趣知识，数据挖掘比联机分析处理前进了一步。

(4) 商务智能(business intelligence, BI)

商务智能是指将组织的各种数据及时地转换为管理者感兴趣的信息(或知识)，并以各种方式展现出来，帮助组织的管理者进行科学决策，加强组织竞争优势的信息系统。它的技术系统由上面三个技术组成。

3. 网络技术

计算机网络是计算机技术与通信技术结合的产物，目前的统计信息系统都是基于网络的,统计学与网络技术相结合的趋势也越加明显,网络统计就是二者相结合的产物。

网络技术是计算机学科中很重要的一个分支,有很多理论概念,在这里只简要提及与信息系统建设比较相关的几个基本概念:

(1) 网络的拓扑结构:将网络上的工作站点视为一个结点,通信信道视为一条线,整个网络系统就变成一张平面图,从图论的角度进行研究,最常见的网络拓扑结构有星型、总线型、环型。

(2) 网络的体系结构是指层次结构和协议的集合,国际标准化组织(ISO)提出了 OSI 的七层体系结构;

(3) IP 地址:为了使连入因特网的主机和通信设备在通信时能相互识别,因特网为它们中的每一台设备分配了一个唯一的 IP 地址;

(4) 域名(DNS)服务器:为了使 IP 地址便于用户使用,同时也易于维护和管理,因特网建立了域名管理系统,为每台计算机赋予一个直观的唯一性的标记名;

(5) 代理(Proxy)服务器是提供对因特网资源共享服务的计算机系统,其主要功能是允许多个用户通过一个类型的网络相互连接,同时访问因特网。

8.2 统计信息系统的开发

统计信息系统的开发耗资巨大,历时长,技术要求高,并且涉及工作方式的变革,因此需要各级领导的大力支持。每个信息系统的生命周期都可以分为战略规划、系统分析、系统设计、系统实施、系统的运行维护。其中,系统的运行和维护因为牵涉到系统管理的问题,故放在 8.3.6 中讲述,其他部分在此分述。

8.2.1 统计信息系统的战略规划

组织建设信息系统的目的是提高组织的综合实力,而建设信息系统存在一定的风险,这就要求我们从战略角度考察信息系统的建设,对组织的环境、目标、现行系统的状态进行初步调查,并根据组织目标和发展规划,确定信息系统的发展战略,对系统的需求作出分析和预测,同时考虑建设新系统所受的各种约束,说明系统建设的必要性和可行性,给出拟建系统的备选方案。对这些方案进行可行性分析,写出可行性研究报告,该报告主要集中在技术可行性、经济可行性和管理可行性方面。可行性报告审议通过后,将新系统建设方案及实施计划编写成系统设计任务书,从而有计划、有重点、有步骤、低风险地开发各个子系统。

具体来说,需要解决以下几方面内容:

(1) 了解组织当前信息系统以及管理状况

大多数组织信息系统的建设往往不是从零开始的,组织单位原来可能有一些信息系统,对这些系统目前运行的状况需要充分了解,主要包括软硬件设备、人员、费用、使用情况、满意程度等。同时,需要了解组织目前的统计指标体系、业务流程、组织结构、管理制度等情况。此外,由于建设信息系统需要花费大量的资金,组织规模如果太小,投资信息化需要承担投资规模不经济的风险,因此信息系统建设与组织规模之间存在一个最佳进入规模的问题。在可行性报告中,需要在对组织的现状作出调研后,说明系统建设的必要性。

(2) 制定信息系统的总体目标

进行信息系统规划时,要根据组织的总体发展规划和自身的内外条件(如经济因素、地域因素、行业因素、人员素质),确定信息系统的总体目标、发展战略和功能结构。统计信息系统的总体目标规定信息系统的发展方向;信息系统的发展战略科学地确定信息系统建设的阶段及其目标,并列出它们的先后顺序,以确定信息系统建设的重点和突破口;信息系统的功能结构则按照制定的目标,大体确定系统功能的划分、各个功能模块之间的联系等。

(3) 对相关信息技术发展进行预测

信息系统的规划必定要考虑到信息技术的发展,因此在对软、硬件系统的配置和选择上即要考虑经费的因素,又要考虑信息技术的发展变化,有条件的要对设备的选型和软件的选配进行评估,以提高选型的正确性和资金使用效能。

(4) 系统开发的组织方案

开发统计信息系统,应制定系统开发过程中人员、财力、物资的分配和管理方案。按照统计工作的职能、流程以及统计信息系统的最终目标和现行管理体制,各级统计部门均应设立统计信息工程领导小组,该小组必须坚持“第一把手挂帅”的原则,各级统计局计算中心在该小组领导下具体组织实施系统建设任务。计算中心作为各级统计信息系统建设的技术指导及系统运行管理的职能部门,应按照统计信息系统建设及工程实施的要求,进一步加强其组织机构建设,并对其内部机构设置进行必要的调整,在合理的组织结构下,组织好人、财、物的调配。

(5) 系统开发的进度计划

对系统的开发肯定是在有限的时间内完成的,因此对时间的事先合理安排和计划对于能否按时按质地完成任务是很重要的。当然,在战略规划阶段,对进度的计划也只能是一个大致的约定。

8.2.2　统计信息系统的分析

系统分析是开发过程中十分必要和重要的环节,在传统的统计信息系统开发中,系统分析是系统开发的第一步,系统分析也可称为需求分析。

1. 系统分析的任务

系统分析要回答系统"做什么"这个问题,而不用回答"怎么做",即理解和表达用户的要求,而不用考虑系统怎么来实现。要回答好这个问题,需要系统分析员和用户进行很好的沟通,并最终把双方的理解用书面文档——系统分析说明书表达出来,这就是系统分析阶段的任务。

在系统分析员和用户沟通的过程中往往困难重重,主要原因有两个方面:

一方面,由于系统分析员缺乏足够的统计知识和对统计工作流程的了解,在系统调查中往往感到无从下手,不知道该问用户些什么问题,或者是被大量的统计数据、报表、文档及庞杂的业务流程搞得眼花缭乱。

另一方面,用户往往缺乏计算机方面的足够知识,不了解哪些是计算机能实现的,哪些是计算机不能实现的。许多用户对自己的业务很精通,可却不知道该如何描述,或者不知道该向系统分析员介绍什么。他们对系统提出的要求往往是一些不确定的、模糊的概念,如要求系统能提高报表的汇总速度等。不过这些要求是形成系统目标的第一手资料,如果系统分析员忽视了这种最初的要求,研制工作可能就会迷失方向。

为了能够克服这些困难,最好能组织力量成立调研小组,该小组应由用户单位的业务人员、领导人员和设计单位的系统分析员、系统设计员等共同组成,这样可以既发挥设计单位人员的计算机水平,又利用用户单位的专业技能。此外,由于统计系统除了内部人员需要使用外,还向公众发布统计信息,向政府相关部门提供信息依据,所以除了注意用户单位本身的需求外,还要考虑横行和纵向的其他需求。例如,领导需求——党委、政府主要领导的信息需求;统计系统内需求:上级、下级统计部门的需求;社会需求:政府职能部门、各企事业单位和公众的信息需求等。

2. 系统分析要借助的工具

为了完成系统分析的任务,除了系统分析员和用户要充分沟通外,还要借助一定的技术和工具,数据流图就是进行系统分析的主要工具,除此以外还要辅以数据字典、基本说明(小说明)等工具来共同描述系统。

(1) 数据流图

数据流图描述数据的流动、存储、处理的逻辑关系,也称为逻辑数据流图(logic data flow diagram, DFD)。数据流图采用自顶向下、分层描述的表达方式,利用分解和抽象的手段控制系统的复杂性,把大问题分解成小问题,然后分别解决,这就是分解;分解时分层进行,先考虑问题最本质的属性,暂时不考虑具体细节,以后再逐层添加细节,这就是抽象。图 8-1 就是一个简单的示意图。下面简要介绍数据流图中各个符号的意义及画法。

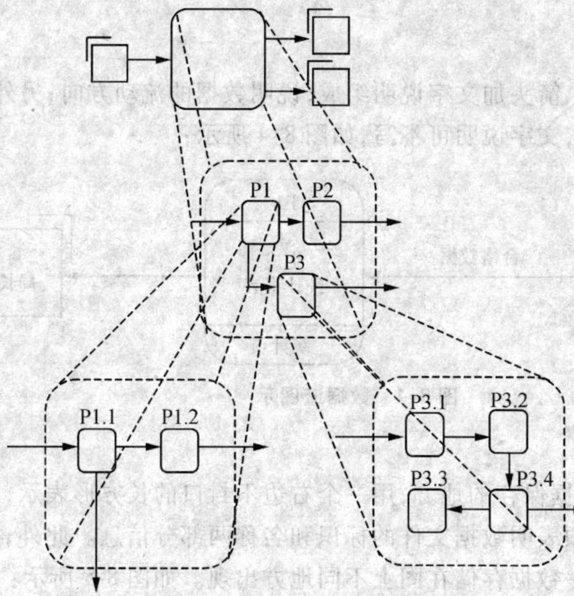

图 8-1　数据流图

① 数据流图的基本成分

数据流图中要用到以下四个基本符号：

第一,外部实体。

外部实体是指系统以外与系统有关的人或事物,它表达了该系统数据处理的外部来源和去向。在图 8-2 中,用一个小方框外加一个立体轮廓线表示外部实体,在小方框中用文字注明外部实体的名称,也可以在正方形的左上角用一个字符表示。如果该外部实体多次出现在数据流图中,则可在小方框的右下角画一斜线,表示重复。

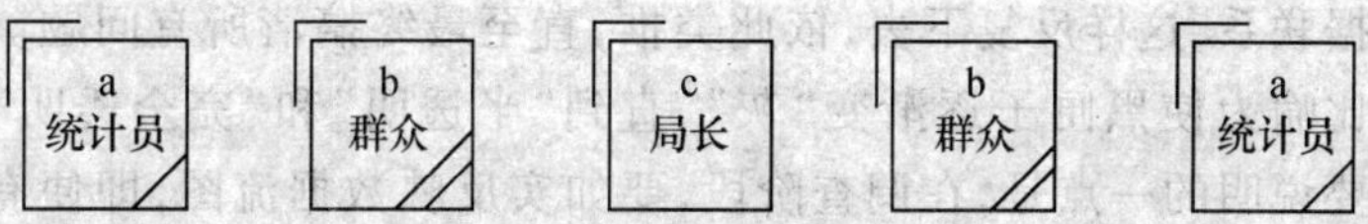

图 8-2　外部实体图示

第二,数据处理。

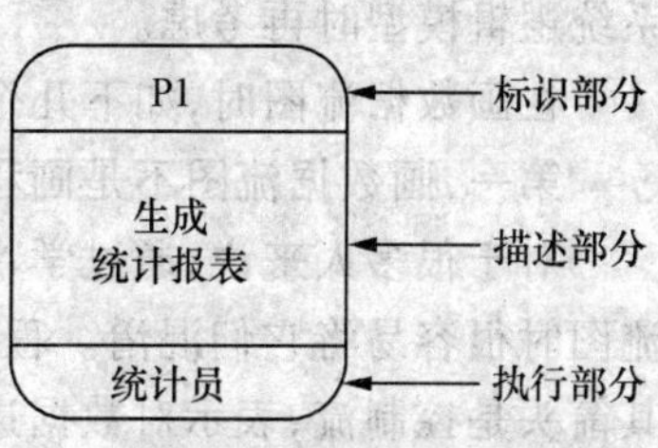

图 8-3　数据处理图示

数据处理是指对数据的逻辑处理功能,如图 8-3 所示,数据处理用圆角小矩形来表示,矩形内必须表示清楚三方面信息:一是标识处理过程的编号;二是处理过程的文字描述;三是该处理过程的执行部分,即该处理过程由谁来完成。

第三,数据流。

数据流动用直线、箭头加文字说明组成,说明数据的流动方向;另外,一些含义十分明确的数据流,文字说明可不写,如图 8-4 所示:

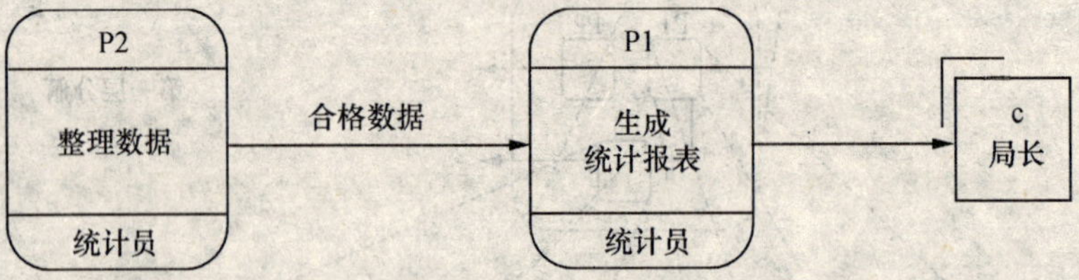

图 8-4 数据流图示

第四,数据存储。

数据存储表示数据保存的地方,用一个右边不封口的长方形表示,与上述图例符号一样,它也必须表明数据文件的标识和名称两部分信息。此外,为了清楚起见,用竖线表示同一数据存储在图上不同地方出现。如图 8-5 所示:

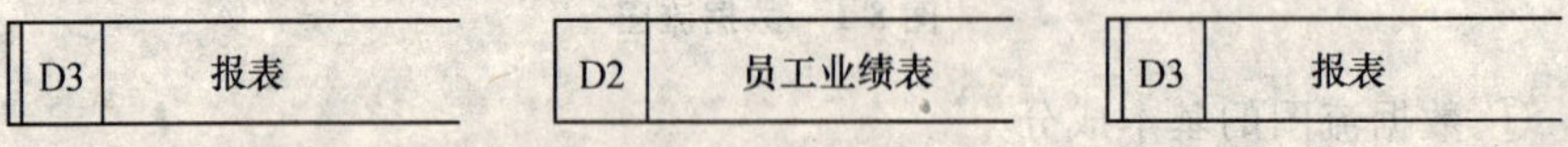

图 8-5 数据存储图示

② 数据流图的绘制

由于实际数据处理过程常常比较繁杂,故应该按照系统分析的观点,自顶向下地分层展开绘制。即先将比较繁杂的处理过程(不管有多大)当成一个整体处理块来看待(俗称"黑匣子"),绘出周围实体与这个整体块的数据联系过程;然后再进一步将这个块展开。如果内部还涉及到若干个比较复杂的数据处理部分,则将这些部分分别视为几个小"黑匣子",同样先不管其内部,而只分析它们之间的数据联系,这样反复下去,依此类推,直至最终搞清所有问题。也有人将这个过程比喻为使黑匣子逐渐变"灰",直到"半透明"和"完全透明"的分析过程。特别要说明的一点是,在调查阶段,要如实反映数据流图,即便有不合理的地方,也要如实画出,至于新系统怎么改进,在对现行系统分析的基础上,提出新系统逻辑模型时再考虑。

在画数据流图时,如下几个问题值得注意:

第一,画数据流图不是画程序框图。

对于很多人来说,通过学习计算机语言已经比较熟悉程序框图了,在画数据流图时很容易将它们混淆。程序框图是从对数据进行加工的角度描述系统的,其箭头是控制流,表示对数据进行加工的次序,用于描述怎样解决问题;数据流图则是从数据的角度来描述系统,其箭头是数据流,表示数据的流动方向,它用于描述是什么问题。

第二,提高数据流图的易理解性。

首先,要命名适当,通常是先为数据流命名,然后再为数据处理命名。在为数据流命名时,应避免使用像“数据”、“输入”之类的缺乏具体含义的名字。其次,分层时,要体现均匀分解,不要出现某些处理已是基本加工了,而另一些还需要多层分解。最后,尽量减少处理框间输入输出数据流的数目。

(2) 数据字典

数据流图描述了系统的分解,但没有说明系统中各个成分的具体含义,而数据字典则是用来描述数据流图中的数据流、数据存储、数据处理和外部实体的含义的,这样数据流图配以数据字典,就可以从图像和文字两个方面对系统的逻辑模型进行完整地描述了。

数据字典把数据的最小组成单位看成数据元素(基本数据项),若干个数据元素可以组成一个数据结构(组合数据项)。数据字典通过数据元素和数据结构来描写数据流、数据存储的属性。数据元素组成数据结构,数据结构组成数据流和数据存储,即无论数据流或数据存储都具有一定的数据结构,这个结构由不同的数据元素组成。

数据字典可以人工建立,也可以建立在计算机内,是关于数据的数据,在系统的开发中具有十分重要的意义,不仅在系统分析阶段,而且在整个系统开发过程中以及今后系统的运行维护中都要使用它,必须由专人——数据库管理员来管理。

数据字典中有六类条目:数据元素、数据结构、数据流、数据存储、外部实体、处理,不同的条目有不同的属性需要描述,现分别说明:

名称:工号　　　　总编号:
别名:GH　　　　　编号:
描述:本单位职工的编码
数据值类型:(连续/离散)离散
类型:(字符/数字)字符
长度:8
有关数据结构:员工表,工作量考核

图 8-6　数据元素条目举例

① 数据元素

数据元素是最小的数据组成单位,每个数据元素都要有名称、别名、类型、取值范围和取值含义,以及长度等。图 8-6 是数据元素条目的一个例子。

② 数据结构

图 8-7 是数据结构的一个例子,数据结构说的是数据之间的关系,即说明这个数据结构中包含了哪些成分,当成分以可选项的身份出现时,则用“[ ]”表示,如图中的证明人;当两个或多个成分中必须出现其中之一时,则用“{ }”把它们括起来;如果某个成分需要多次出现时,则用“ * ”来表示,如图中的“履历*”。

名称:员工卡	总编号:
描述:新员工进入单位时填写的卡片	编号:
结构:	有关的数据流、数据存储:员工表
工号	
姓名	数量:每年约10份
性别	
出生日期	
籍贯	
民族	
职称	
职务	
家庭住址	
联系电话	
履历*	
开始时间	
终止时间	
单位	
职务	
[证明人]	
登记时间	

图 8-7 数据结构条目举例

③ 数据流

数据流在数据字典中需要描述这样一些信息:数据流的来源、数据流的去向、数据流的组成、数据流的流通量、高峰时的流通量。图 8-8 即是一个简单的例子。

名称:合格数据清单	总编号:
描述:经统计员清理过的合格的数据	编号:
数据流来源:P2	
数据流去向:P1	
包含的数据结构:	流通量:100 份/年
编号	
数据来源	
数据项*	
整理人*	

图 8-8 数据流条目举例

④ 数据存储

数据存储主要描写该数据存储的结构及有关的数据流、查询要求。图 8-9 即是一个简单的例子。

名称:员工业绩表	总编号:
描述:汇总员工的业绩	编号:D2
结构:	
工号	有关的数据流:
工作量	P2→D2
获奖情况	D2→P4.1
	信息量:200 份/年
	有无立即查询:有

图 8-9　数据存储条目举例

⑤ 外部实体

外部实体是数据的来源和去处,因此在数据字典中主要说明外部实体产生的数据流和传给外部实体的数据流,以及该外部实体的数量。图 8-10 即是一个外部实体的例子。

名称:局长	总编号:
描述:	编号:
输出数据流:	个数:3 人
输入数据流:	
P1→局长(统计结果汇报)	

图 8-10　外部实体条目举例

⑥ 数据处理

图 8-11 给出了数据处理的例子。数据处理需要描述处理框的编号、名称、功能,以及相关的输入、输出,功能的详细描述还需要借助"基本说明"。

名称:整理数据	总编号:
描述:将通过普查得到的数据,进行清理	编号:P2
输入:P3	
输出:P1	
处理:填写 D2(员工业绩表),D5(合格数据表),对无效数据废弃处理	

图 8-11　数据处理条目举例

总的说来,针对统计制度规定的基层表、综合表,比较容易定义相应的数据字典,也易于由专业部门加以管理;而大量的综合类数据则应根据数据规划和应用目的,逐步地定义数据字典,具体制定数据字典的维护、更新和管理制度。

(3) 基本说明(小说明)

数据字典中包含了对各个数据处理功能的一般描述,但这种描述是高度概括的,在数据字典中不可能、也不应该过多地描述处理细节,因此需要基本说明(也称为小说明)来补充说明处理细节。

基本说明应准确地描述一个基本处理"做什么",包括处理的激发条件、加工逻辑、优先级、执行频率、出错处理等。

总之,统计信息系统的分析阶段的主要任务就是借助于各种有利工具来描述出用户的要求,最后提交系统分析报告。

8.2.3 统计信息系统的设计

1. 系统设计的任务

系统分析结束后,用户的需求已经了解清楚,这时要根据系统的总体目标和用户的需求(即系统分析阶段对系统的逻辑功能要求),并考虑经费、技术、时间、运行环境等现实因素,提出系统的总体结构和技术方案,合理选择计算机的软、硬件,提出具体的实施方案。整个方案以书面的正式文件——系统设计说明书提出,核准后将作为系统实现阶段的工作依据。

2. 系统设计的分类

(1) 概要设计

概要设计是将目标系统分解成多个模块,确定各个模块的功能和相互调用关系。在分解的过程中,需要注意:

① 被划分出来的每个部分,功能相对独立,目标简单明确,易于实现和修改,我们也把每个部分称为模块。

② 模块间的关系要明确,输入输出接口要说明,这样便于开发者之间的协同工作。

③ 分模块的工作是按层次进行的。首先,把整个系统看成一个模块,然后按功能分解成若干个第一层模块,共同完成整个系统的功能。接着,按功能再分解第一层的各个模块,依此类推,直至每个模块都比较简单独立。

此外,需要说明的是,模块与模块之间是相对独立的,但又不是毫无联系、孤立存在的,它们之间是存在联系的,这种联系可以体现在两个方面:一是数据通信,这个模块的数据输出,就是另一模块的数据输入;二是控制通讯,上层模块控制所属的下层模块,下层模块被上层模块所控制。

就统计系统而言,一般统计信息系统主要由三个大模块组成:数据采集与处理模块、数据管理与分析模块、信息发布与交流上报模块。各个模块又可根据实际情况,再分为若干个小模块。

① 数据采集与处理模块是统计工作中最基础、最繁琐、涉及人员最多的一个模块。其中,数据采集包括网上直报、人工采集等各种统计数据的采集方式,数据处理包括各专业年报、月报数据处理,以及各种普查、专项调查数据的处理。

② 数据管理与分析模块的主体是数据仓库,利用数据挖掘和 OLAP 等技术,从大量的统计数据中分析整理出有用的数据和信息,提供给相关部门作决策支持。

③ 信息发布与交流上报模块是对外展示的主要窗口,也是对内联系的主要渠道。目前,信息发布主要通过因特网向民众提供有关国家经济发展过程中各种有用的统计信息,这样可以改变以往统计资料送上门的状况,引导使用者自己到网上查找资料。此外,可以利用网络下级统计部门向上级统计部门上报统计信息,利用网络本地统计单位内部数据的交流。

以上三个子模块可以构成国家统计局或者一个省统计局的系统。

(2) 详细设计

详细设计包括代码设计、数据库设计、输入设计、输出设计、界面设计、处理过程设计等内容。

① 代码设计

代码设计是将系统中具有共同特征的信息归并在一起,通过一定的编码规则和方法来表示这类信息,这样可以提高数据录入的准确性,提高信息的检索速度。例如,假设"华东政法学院"不经过编码,在录入有关学校的信息时,有的人输入"华政",有的人输入"华东政法学院",那么在查询"华东政法学院"时,就不能得到有关学校的全部信息了。但是,如果我们将"华东政法学院"编码为xx01,那么输入数据时只要输入或鼠标选入 xx01 就可以了,这样查询时就可以查到有关学校(编码为:xx01)的全部信息。由此可见代码标志化的重要性。

代码体系的建立应该由业务人员和系统开发人员共同负责完成,在编写时要注意以下几点:

第一,唯一性:一个代码代表一个实体,一个实体用一个代码来表示。

第二,简单性:代码的设计要合理,长度不宜过长,以便节省存储空间,加快处理速度。

第三,可扩充性:要留有充分扩充的余地,如果事先没有考虑充分,就会出现代码无法编制或所要表达的分类情况无法表示等情况;这一特性和简单性有相逆的地方,这就需要在代码设计时,考虑现实条件和预计将来的发展,从而选择一个最佳的设计。

第四,适用性:代码的编写要能反映出一定的逻辑含义,有助查询。

② 数据库设计

在系统分析阶段,我们已经了解了用户的需求,在此基础上可以建立概念数据模型,然后依据该概念数据模型,进行数据库的逻辑设计和物理设计。这些都可以在数据流图和数据字典的基础上进行。

统计信息系统是一个大的工程,数据库需要分置在不同的地方,因此根据统计信息的特点,在数据库设计时应遵循如下设计方法:

第一,按主题设计和组织数据库,统计信息系统需要从不同方面收集统计信息,在数据库设计时应按不同的主题收集、组织和处理统计信息,尽可能地保证每一操作所需要的数据集中在一个数据库中,以减少通讯代价。

第二,按数据层次设计数据库,在基础数据信息上经统计和处理产生的汇总等数据信息为一级数据信息,一级数据信息经分析、对比和综合处理等形成二级数据信息。在分析数据时,要注意区分基本数据信息和汇总数据,要按基本的统计信息来构造数据库。

此外,除了传统的数据库的设计外,省级以上的统计局可能还需要数据仓库的建立。统计数据仓库的建立要能实现如下功能:

首先,利用数据清理和数据集成技术,将多个分布在异地的异种数据源集成在一起,统一数据格式,充分利用各种数据资源。

其次,为专业分析员提供统计数据的综合应用,提供分析预测等功能。

最后,建立综合信息服务平台,为政府部门提供决策信息查询服务,为社会用户提供查询功能。

③ 输入/输出设计及界面设计

信息系统的输入是信息处理的"源",输入设计的目标是保证向系统输入正确的数据。本着这样的目标,我们在进行输入设计时要遵循最小量原则、简单性原则、早检验原则、少转换原则。具体来说,就是在满足要求的情况下输入量要最小,输入过程要简单,对输入数据的检验要尽量早,输入数据要尽量用其处理所需形式记录。输入设计的内容有:确定输入数据的内容、输入方式、数据格式、准确性校验、输入设备的选择等。

输出是给用户所需要的结果,保证输出达到用户的要求是其设计的原则。输出设计的主要内容有:确定输出数据的内容、数据格式、输出设备的选择等。

在统计信息系统中,调查表是统计调查的基本工具。而目前,调查的主要方式是通过网络完成的,在输入设计时要尽量采用选择答案方式,简单、易答,并且可以发挥网络优势,采用图形、表格、视频、音频等多种媒体的组合。

界面的设计是否友好直接关系到用户对系统设计的评价,界面设计时应遵循这样一些原则:界面设计简单、明了,风格要统一,不能具有二义性,要符合用户的操作习惯,应具有指导操作和回答问题的能力等。

④ 处理过程设计

输入/输出设计及界面设计确定模块的外部特征,处理过程的设计则是确定模块的内部逻辑特征,为编写程序制定一个比较周密的计划,不过这个设计不是必须的,有些模块的功能本身就比较简单,可以直接编写程序。

处理过程的设计就是使用一种合适的表达方法(如语言、框图、表格等)来描述每个模块的执行过程。

经过系统设计,设计人员应能为程序开发人员提供完整、清楚的设计文档——系统设计说明书,并负责对设计规范中不清楚的地方作出解释。

8.2.4　统计信息系统的实施

1. 系统实施的任务

系统实施是统计信息系统开发周期中的后期阶段，主要任务是将系统分析和系统设计阶段的成果变成现实可运行的产品交付用户使用，同时还要编写一份详细的系统使用说明书交给用户。具体说来，这个阶段包含的任务有以下四个方面：

(1) 硬件准备：指计算机硬件设备、网络设备的购置、安装、调试工作。

(2) 软件准备：指系统软件、数据库管理系统及其他相关软件的购买，有些软件需要组织编写，程序的编写和系统的测试是这一阶段的主要任务。

(3) 人员培训：主要是针对用户培训。由于用户大多精通专业知识，缺乏计算机知识，为了保证系统调试和运行的顺利进行，需要对他们进行培训。

(4) 数据准备：这是一项任务很重的工作，单位原有的数据需要收集、整理后，重新录入或导入。

2. 程序编写

系统的实施是个工作量大，投入的人力、物力都很多的工作，大大小小的模块有很多个，究竟该先实现哪一个模块？是先实现上层模块，还是先实现下层模块？结构化的方法主张自顶向下实现，即先实现上层模块，逐步向下，最后实现下层最基本的模块，这样可以防止因模块间的接口问题而造成的返工。

在程序编写的过程中要考虑到程序的可维护性、可靠性和可理解性，符合软件工程化思想。在系统实施阶段，要不断对程序进行修改，即便交付使用后，有时还是需要针对用户的需求修改程序，因此编写程序时就要考虑规范编程，具体可体现在：变量名、函数名等命名规范，易于理解；书写注解文字；程序编写层次清楚，可读性好等方面。

3. 系统测试

程序编写好后，在正式交付用户使用前，要进行系统测试，有时还需要进行实况测试或验收测试。系统测试以软件开发人员为主，而验收测试则以用户为主。

为了能够更好地发现系统中存在的错误并及时纠正，系统测试时要遵循以下一些原则：

(1) 测试工作应避免由原软件开发人员完成。

(2) 测试的数据既要有正确数据，也要有异常数据；测试系统功能的实现是否恰当。

(3) 保留测试数据。

8.2.5　小结

信息系统的开发需要一个较长的周期,区分出不同阶段体现了繁杂工作的简单化运作思想,各个阶段都有明确的任务和目标,提供相应的文档资料。表8-1总结了各个阶段的任务和提供的文档。

表8-1　信息系统开发过程

阶段	主要任务	文档资料
战略规划	对现行系统初步调查、提出总体方案、可行性分析	可行性报告
系统分析	分析用户需求、建立新系统的逻辑模型	系统分析说明书
系统设计	模块划分、代码设计、数据库设计、输入设计、输出设计、界面设计、处理过程设计	系统设计说明书
系统实施	硬件准备、软件准备、人员培训、数据准备、系统测试	系统使用说明书(操作手册)
运行维护	系统转换、运行、维护、评价	系统运行维护记录 系统评估报告

8.3　统计信息系统的管理

信息系统的建设是一类项目,可以用项目管理的思想来指导。系统的管理涉及到系统开发以及日后使用的各个阶段,管理的主要是资源,因此根据管理资源的不同,可以把系统的管理分为人员管理、费用管理、文档管理、安全管理、质量管理、运行维护管理等多个方面。

8.3.1　人员管理

在统计信息系统的开发和日后的维护使用过程中,涉及的人员很多,属于智力密集、劳动密集的项目,能否管理好人员,能否发挥好每个个体的作用,对信息系统的项目能否成功运行实施具有决定性的作用。要发挥好每个个体的作用,可以从两个方面来考虑:一是配备恰当数量和合适结构比例的人员组成开发项目的团队,即人力资源的配比;二是建立合适的激励机制,促进团队的成长。

1. 人力资源配比

人力在整个项目实施期间有时需要多些,有时需要少些,具体如何分配,可以从工作量和要求进度两个方面来考虑人员的数量和构成。在这方面,国内外有些专家从软件工程的角度提出了一些理论上的公式和曲线。一般说来,一个项目团队下面会分为若干个项目小组,每个项目小组的成员不宜过多,一般为2—7 名。此外,在整个项目团队里,需要明确每个人的工作职责。例如,系统主管人员的任务是组织各方面人员协调一致完成系统所担负的任务,掌握系统的全局,掌握系统的改善和扩充的方向;程序员的任务是在系统主管人员的组织下,完成系统的开发;数据录入人员的任务是把数据迅速与准确地输入计算机等。显然,涉及的人员既有用户单位的专业人员,也有开发单位的计算机从业人员。

2. 团队激励

和人的成长发展一样,团队也有一个成长轨迹,大致可分为四个阶段:形成阶段、振荡阶段、正规阶段、表现阶段,在不同的阶段需要采用不同的激励机制。

(1) 形成阶段。在这个阶段,要促使个体成员转变成团队成员,融入团队。项目经理要向团队成员说明项目目标,公布与项目有关的工作范围、质量标准、预算和进度计划。在这个阶段采用的激励机制主要有预期激励、信息激励和参与激励。

(2) 振荡阶段。在这个阶段,个体成员可能会发现有很多和预期的不一样的地方,从而可能会出现情绪上的振荡,此时项目经理要做好疏导工作,致力于解决矛盾。在这个阶段采用的激励机制主要有参与激励、责任激励和信息激励。

(3) 正规阶段。在这个阶段,团队已经成熟了,成员之间相互信任,合作意识增强。此时的激励机制主要有参与激励、知识激励和自我激励。

(4) 表现阶段。这个阶段是团队成长的最后阶段,也是团队最高效的阶段。此时的激励机制主要有危机激励、目标激励和知识激励。

当然,在任何一个阶段物质激励都是需要的。

8.3.2　费用管理

费用管理可以从三个方面来考虑:一是制定费用计划,即事前计划;二是事中严格按照计划执行,碰到有项目变更的地方,要制定出相应的费用变更;三是当费用超支时,如何分析原因并给出处理方法,即事后弥补。下面主要讨论事前计划和事后弥补。

1. 事前计划

要计划好经费的花费,必须了解项目成本的构成,然后根据各个阶段成本的不同,制定合理的费用计划。

表 8-2 给出了成本的构成。在这些成本的测算中,硬件成本较易计算;而软件的开发成本是较难估算的,可以类比同类劳动量的项目进行费用估算,也可以

根据软件的规模，利用一些理论公式进行计算。

表 8-2 信息系统成本构成

- 信息系统成本
  - 开发成本
    - 分析与设计费用
      - 战略规划
      - 系统分析
      - 系统设计
    - 实施费用
      - 编程调试
      - 硬软件购买
      - 人员培训
      - 数据准备
      - 其他成本
    - 管理费用
  - 运行维护成本
    - 运行费用
      - 增加的人员工资
      - 固定资产折旧费
      - 消耗材料费
    - 维护费用
      - 硬件维护费
      - 数据维护费
      - 软件维护费
      - 增加的人员工资
    - 管理费用

2. 事后弥补

当出现费用超支时，项目经理一方面要与公司的管理层沟通，争取可以追加预算；另一方面，要分析超支原因，根据不同的成因进行不同的处理，例如，如果属于团队内部协调不利，造成了一些不必要的返工的，那么作为项目经理，首先要分析在进行项目分配、人员任务分配和团队构成方面是否存在不合理的地方，然后再与具体成员沟通。

8.3.3 文档管理

1. 文档的作用

文档管理是系统开发过程中不可忽视的内容，文档和程序合在一起叫软件，只不过文档是供人阅读的，程序是由机器来阅读的。文档在用户、项目管理人员、系统开发人员、系统分析人员、系统维护人员之间起了一个重要的桥梁作用，具体体现在以下几个方面：

(1) 用户与系统分析人员通过文档进行沟通，这里的文档主要指可行性报告、系统分析说明书、合同等。

(2) 系统开发人员与项目管理人员通过文档进行沟通，这里的文档主要指系统开发计划(包括时间进度、工作分解等内容)、开发总结报告。

(3) 前期开发人员和后期开发人员通过文档进行沟通，这里的文档包括项目开发各阶段的文档,如系统分析说明书,系统设计说明书等。

(4) 测试人员和开发人员通过文档进行沟通,这里的文档主要包括系统设计说明书、测试计划等。

(5) 开发人员与用户通过文档进行沟通,这里的文档包括用户使用手册。

(6) 开发人员与系统维护人员通过文档进行沟通,这里的文档包括系统设计说明书和开发总结报告。

(7) 用户与维护人员通过文档进行沟通,这里的文档包括用户撰写的系统运行报告和维护修改意见等。

2. 文档管理

在项目实施的整个过程中,形成了众多的文档,如何管理归并好这些文档,对于提高系统的运转效率、延长系统的生命周期都是很有帮助的。对文档的管理应注意以下几个方面:

(1) 文档管理要制度化。即必须有一套完整的文档管理制度,包括文档归档、文档销毁、修改文档、查阅文档、印刷文档的条件和手续,以及有关参与人员在系统建设的不同时期所承担的责任和义务的规定等内容。

(2) 文档管理要标准化、规范化。在开始撰写文档时,就要制定好各种类型文档的书写规范,整个项目团队内要形成统一规范的文档格式。

(3) 文档管理需要专人负责。

(4) 要维护文档的一致性。系统开发的过程是一个动态变化的过程,如果需要对某一文档进行修改,则必须及时、准确地修改与之相关的其他文档。

(5) 要维护文档的可追踪性。由于系统开放是个动态过程,对系统的某种修改是否最终有效,还需要经过时间的检验,因此文档在存储时,需要按版本分别存储保管。

目前,对文档的管理已经不仅仅采用手工的方式来完成了,还需要借助于一些辅助开发工具(如 IBM 的 Lotus Notes)及一些字处理软件。

8.3.4 安全管理

统计信息系统收集、处理、存储、传递的是国家政府、企事业单位在经济、科技等方面的大量的宏观、中观、微观的信息,其中不乏有许多机密数据,往往更容易成为被攻击的对象,而系统的安全一旦收到威胁,其后果是难以想象的。因此,在项目建设之初就要提高对系统安全的重视,从技术、管理制度等多个方面加以安全控制。

1. 信息系统安全的定义

信息系统安全是指采取技术和非技术的手段,通过对信息系统建设中的安全设计和运行中的安全管理,使运行在计算机网络中的信息系统是有保护的,即组成信息系统的硬件、软件和数据资源受到妥善的保护，不因自然和人为因素而遭到破坏、更改或者泄漏系统中的信息资源，信息系统能连续正常运转。

信息系统的安全是一个系统的概念，不仅仅是纯粹的技术方面的问题，还需要法律、制度、人的素质诸多因素的配合，因此信息系统安全管理的模型应该是一个层次模型，如图 8-12 所示，上层依赖下层的完善，下层向上层提供支持。

第七层	数据信息安全
第六层	软件系统安全措施
第五层	通信网络安全措施
第四层	硬件系统安全措施
第三层	物理实体安全环境
第二层	管理细则和保护措施
第一层	法律规范道德纪律

图 8-12　信息系统安全管理层次模型

2. 信息系统安全的内容

信息系统安全的内容可分为物理安全、网络安全、操作系统安全、应用软件安全、数据安全和管理安全。

(1) 物理安全。它是指信息系统中使用的各种物理设备的安全，保护它们免受地震、水灾、火灾等环境事故以及人为操作失误、错误或各类计算机犯罪行为的破坏。

(2) 网络安全。网络安全包括网络设备安全、网络信息安全。一些人通过对网络设备的攻击和入侵来达到窃取敏感信息的目的，而网络安全就是为了防范这种信息盗窃所采取的措施。

(3) 操作系统安全。它是信息系统安全的基础，操作系统的安全级别必须经过国际专门机构的严格评测和认定。例如，美国国防部 1985 年批准的"可信计算机系统安全评价准则(TCSEC)"将安全可信任分为七个级别。

(4) 应用软件安全。通过计算机和网络进行的信息犯罪活动，往往是由篡改应用程序入手的，由于大多数程序开发人员缺乏必要的安全意识，程序中没有有力的安全保护措施，从而使犯罪分子可以轻易改变程序的代码，篡改数据。

(5) 数据安全。数据是信息系统的中心，数据的安全是信息系统安全管理的核心。它包括数据存储安全和数据传输安全，其中，存储安全以数据库的安全比较典型。

(6) 管理安全。除了在技术层面，在系统设计之初要增加安全服务功能，完善系统的安全保密措施外，还必须加强安全管理，因为诸多不安全因素都是因为钻了管理的漏洞造成的。

3. 信息系统安全的应对

(1) 加强管理制度的制定和实施

在制度制定和实施过程中,有这样几个原则需要遵循:一人负责,多人监督原则;安全工作人员任期有限原则;职责分离原则。信息安全的管理部门要制定出适合本系统安全要求的相应制度,如机房出入管理制度、操作规程、维护制度、应急预案等。

(2) 充分利用信息系统安全技术

针对信息安全,目前常用的信息系统安全技术有:

① 杀毒软件。使用杀毒软件时,要注意经常更新病毒库,有时针对某些病毒(如灰鸽子病毒等),可能还需要专门的杀毒工具。

② 防火墙。它是指一类防范措施的总称,是一种有效的网络安全措施,是机构总体安全策略的一部分。防火墙可以是路由器,也可以是个人主机、主系统和一组主系统。它在内部网络和外部网络之间设置了屏障,阻止外界对内部资源的非法访问,也防止内部对外部的不安全访问。

③ 加密技术。信息发送方用密钥通过加密算法将明文加密成密文,通过网络将密文发送给收信人,收信人再利用密钥进行解密。

④ 身份验证和存取控制。这是指对不同类型的用户赋予不同的权限,该用户需要通过验证后才能使用相应的存取权限。

⑤ 安全协议。它是两个或两个以上参与者为完成与安全任务有关且能抗攻击任务而所作约定与采取的一系列步骤。目前常用的协议有安全套接层协议(SSL)、安全电子交易协议(SET)。

8.3.5 质量管理

目前,人们对信息系统的考核往往侧重于系统功能是否完善、能否按时完成项目、经费是否超支等方面,而忽略了系统应该具备的质量标准,这样做造成的后果就是系统移植困难、维护费用高等。因此不可忽略信息系统建设中的质量管理。

1. 质量要素

评判系统质量的好坏,主要看软件质量的好坏。软件质量要素随着对软件质量的理解也在不断深化,软件工程师 McCall 等人给出的软件质量要素共有 11 个,分为三类,如表 8-3 所示:

表 8-3　软件质量因素

质量因素		定义
产品修正性	可维护性	软件交付使用后,能对它进行修改,以便改正潜伏的错误,改进性能和其他属性,使产品适应环境的变化
	灵活性	改变一个操作程序所需的工作量
	可测试性	测试程序使之具有预定功能所需的工作量
产品转移性	可移植性	从一个计算机系统或环境迁移到另一个计算机系统或环境的难易程度
	可重用性	在其他应用中该程序可以被再次使用的程度(或范围)
	可互操作性	两个或多个系统交换信息并相互使用已交换信息的能力
产品运行性	正确性	程序满足规格说明和完成用户目标的程度
	可靠性	能够防止因概念、设计和结构等方面的不完善造成的软件系统失效,具有挽回因操作不当造成软件系统失效的能力
	有效性	最有效利用计算机的时间资源和空间资源
	完整性	控制未被授权人员访问程序和数据的程度
	可用性	学习使用软件的难易程度及完成预定功能时令人满意的程度

2. 质量控制的方法

(1) 实行工程化开发

对“信息系统开发方法”一词的广义理解是“探索复杂系统开发过程的秩序”;狭义理解是“一组为信息系统开发起工具作用的规程”,按这些规程工作,可以较合理地达到目标。规程由一系列活动组成,形成方法体系。信息系统是一项系统工程,必须建立严格的工程控制方法,要求开发组的每一个人都要遵守工程规范。

(2) 实行阶段性冻结与改动控制

信息系统具有生命周期,这就为我们划分项目阶段提供了参考。一个大项目可分成若干阶段,每个阶段有各自的任务和成果。这样一方面便于管理和控制工程进度;另一方面,可以增强开发人员和用户的信心。

在每个阶段末要“冻结”部分成果,作为下一阶段开发的基础。冻结之后可以修改,但要经过一定的审批程序,并且涉及到项目计划的调整。

(3) 实行里程碑式的审查与版本控制

里程碑式审查就是在信息系统生命周期每个阶段结束之前,都正式使用结束标准对该阶段的冻结成果进行严格的技术审查,如果发现问题,可以及时在阶段内解决。

版本控制是保证项目小组顺利工作的重要技术。版本控制是指通过给文档和程序文件编上版本号,记录每次的修改信息,使项目组的所有成员都了解文档和程序的修改过程。广义的版本控制技术称为软件配制管理,已有功能完善的软件工具支持,如 PVCS 和 Microsoft Visual SourceSafe。

(4) 实行面向用户参与的原型演化

在每个阶段的后期,快速建立反映该阶段成果的原型系统,通过原型系统与用户交互,及时得到反馈信息,验证该阶段的成果并及时纠正错误,这一技术被称为“原型演化”。原型演化技术需要先进的CASE工具的支持。

(5) 尽量采用面向对象和基于构件的方法

面向对象的方法强调类、封装和继承,能提高软件的可重用性,将错误和缺憾局部化,同时还有利于用户的参与,这些对提高信息系统的质量都大有好处。

基于构件的开发又被称为“即插即用编程”方法,是从计算机硬件设计中吸收过来的优秀方法。这种编程方法是将编制好的“构件”插入已做好的框架中,从而形成一个大型软件。构件是可重用的软件部分,既可以自己开发,也可以使用其他项目的开发成果,或者直接向软件供应商购买。当我们发现某个构件不符合要求时,可对其进行修改,而不会影响其他构件,也不会影响系统功能的实现和测试,就好像整修一座大楼中的某个房间,不会影响其他房间的使用。

(6) 全面测试

要采用适当的手段,对系统规划、系统分析、系统设计、系统实现和文档进行全面测试。

(7) 引入外部监理与审计

要重视信息系统的项目管理,特别是项目人力资源的管理,因为项目成员的素质和能力以及积极性是项目成败的关键。同时还要重视第三方的监理和审计的引入,通过第三方的审查和监督来确保项目质量。

8.3.6 运行维护管理

统计信息系统开发结束后,就要投入运行,而首先要做的工作就是新旧系统的转换,当新系统完全替换旧系统后,才是系统正式运行的开始。为了保障统计信息系统的有效运行,必须同时成立运行维护部门,负责日后的运行维护工作,建立运行维护制度。

1. 系统转换

系统转换是指用新的系统代替原有系统的过程,以新系统替代旧系统有着严格的交接过程。新旧系统之间的转换从时间角度,可以分为三种:直接转换、并行转换、分段转换。

(1) 直接转换。确定新系统试运行无误后,立刻启用新系统,终止老系统。

(2) 并行转换。新老系统并行工作一段时间,经过考察后,新系统正式替代老系统。统计信息系统一般都采用这种方式,在并行运行期间,开始以老系统的处理作为正式处理结果,而以新系统的处理作为检验,新系统经过一段时间运行正常后,再以新系统的处理作为正式处理结果,而以老系统的处理作为新系统的校验,直到最后退出运行。这种方式的特点是安全、可靠,但费用和工作量都很大,因为在很长一段时间内系统要新老两套班子并行工作。

(3) 分段转换。这种方式是以上两种方式的结合。新系统全部正式运行前,一部分、一部分地替代老系统。

系统转换期间除了在时间上安排好外,还有以下工作需要完成:

(1) 数据转换。它包括对新系统进行初始化、输入各原始数据。这需要很多时间,是一项繁重的工作。

(2) 制度制定。应用了新的系统后,需要管理制度和组织结构随之变革,需要制定相应的运行维护制度,需要成立相应的运行维护部门,如信息中心、计算中心等部门。

(3) 人员转换。应用了新的系统后,工作人员要转变原来的工作方式,适应新系统的使用方法、操作流程,需要做好人员的培训工作。

(4) 转换记录。在新老系统转换过程中,对于业务交换和转换中发现的问题都要作详细的记录。

2. 运行管理的内容

科学的运行管理对于信息系统是至关重要的,运行管理的内容主要有以下几个方面:

(1) 记录系统的运行情况

在完成各项日常工作的同时,应对系统的工作情况进行详细的记录,但这项工作比较繁琐,为了避免在实际工作中流于形式,因此一般在系统中由系统自动记录,或者只记录不正常的情况。运行情况记录对系统问题的分析与解决有重要的参考价值。

(2) 审计跟踪

职能是记录系统活动并可以跟踪到对这些活动应负责任人员的能力。审计跟踪是系统活动的流水记录。在大多数操作系统和数据库中都提供了跟踪并自动记录的功能,例如,系统管理员可以观察到一天中对某个文件进行访问的所有用户,并分析在他们访问的前后该文件发生了什么变化。

(3) 审查应急措施的落实

应急措施主要是针对一些突发性、灾难性的事件所采取的措施,为了减少这些事件对系统的损害,必须制定相应的应急预案,同时做好资源的备份。资源的备份包括两个方面:一是设备备份,二是数据备份。

(4) 定期审核评价系统

定期对系统进行审核和评价,可以为系统的改进和扩展提供依据。

3. 维护管理的内容

系统运行过程中可能会出现各种问题,有系统错误出现的问题,有因需求发生变化而出现的问题，要解决这些问题，就必须对系统进行相应的维护和升级。系统维护的是系统中的各种构成因素，因此按照构成因素的不同，可以把系统维护分成如下几个方面：

(1) 硬件设备维护

硬件设备的完好是系统正常运行的基础，对其维护可分为两种：一是例行保养性维护，主要检查设备、易损件的更换和安装；二是突发性的故障维护，对于设备的故障要能及时处理，如有备用设备要及时替换，尽可能减少系统的停机时间。

(2) 软件维护

软件维护指的是根据运行情况、需求变化或者硬件环境的变化对应用程序进行部分或者全部的修改。它包括以下几种：

① 更正性维护：改正系统在开发阶段已发生而系统测试阶段尚未发现的错误。

② 适应性维护：使软件适应信息技术变化和管理需求变化而进行的修改。

③ 完善性维护：为了扩充功能和改善性能而进行的修改。

④ 预防性维护：为了改进软件的可靠性和可维护性，为了适应未来的软硬件环境的变化，主动增加预防性的新的功能，以使软件适应各类变化而不被淘汰。

(3) 数据维护

数据维护主要由数据库管理员(DBA)负责，DBA 是拥有最高特权的数据库用户，主要任务有：参与数据库的设计；组织数据库的安装和建立；维护数据的完整性；维护数据库的安全；确定数据库的恢复策略，定期复制后备副本；监视数据库的性能，倾听用户的反映，及时对数据库进行必要的调整；在必要时重构数据库。

(4) 代码维护

统计信息系统有一套完整的代码体系，一般不允许改动代码，如果必须要修改，要仔细考虑，不能对整个代码体系产生影响。

4. 运行维护制度

为了保证信息系统的正常安全运行，必须建立和健全信息系统的运行维护制度。运行维护制度可以分为以下几类：

(1) 信息管理制度。它是对员工在信息处理方面的要求和约束，包括收集整理制度、录入制度、更新制度、共享制度、报告制度、人才培养制度。

(2) 机房管理制度。它主要包括身份登记、值班登记、带入物品检查、参观登记、对系统运行状况进行监视并记录、定期维护保养设备、不运行无关软件、不越权运行程序等内容。

(3) 网络管理制度。它包括网络安全制度、发布信息的审核制度、对外交流的制度等内容。

(4) 安全管理制度。它包括病毒防治管理制度、人员调离时的安全管理制度、安全培训制度等内容。

从以上论述可以看出,要建立并良好运行一个统计信息系统需要投入很多人力和物力,因此在很多条件有限的单位,就会选择使用一些通用软件来完成日常的统计工作,如 Excel、SPSS 等。

8.4 统计信息系统开发案例

本节以某市公路运输统计指标管理信息系统的建设为例。统计指标是整个公路运输行业生产和建设等情况的数量反映,通过公路运输统计资料,决策者可以很清楚地了解整个公路运输行业的发展情况和发展趋势,了解公路运输业在整个综合运输业中的地位和对 GDP 的贡献及拉动作用。公路运输统计数据可直接作为领导层决策的依据,作为整个公路运输行业系统调整和优化的基础信息。统计数据直接影响整个公路运输行业的发展方向和发展速度及各行业之间的相互协调。

1. 系统调查

(1) 统计指标的确定

公路运输行业的统计指标主要是对五大行业(客运业、货运业、维修业、搬运装卸业、运输服务业)有关经济、技术、数量等方面统计数据的分类、统计和汇总。在交通局计划处的领导下,统计任务由市局交通管理处统计科和其下属的各区县的统计部门协助完成。统计指标有:产量指标(运量、周转量等)、经营状况(总收入、总成本、税金、利润等)、固定资产(固定设备、移动设备等)、企业规模(从业人员数、业户数等)。

(2) 统计工作流程的确定

首先,公路运输各行业针对自身的行业特点,选取适当的统计调查方法,对本行业的各种数据资料进行统计;然后,设计相应的调查表格,对统计数据进行调查,对调查表所收集的数据进行统计和汇总;最后,对统计结果进行分析和检验,推算数据的置信区间和拟合程度,若拟合程度和精度达到预先规定的要求,则可以作为最终的统计结果并上报给统计科,否则应重新对数据进行收集和处理,直到满足精度要求为止。

2. 系统分析

(1) 确定系统目标

① 统计科能够对各科室上报的数据进行检验和分析;

② 统计科能够实现各统计数据的分类汇总及统计报表或图表的打印；

③ 提供各级方便、快捷的查询功能；

④ 对各科室统计数据的处理能实现完全的自动化；

⑤ 各科室能通过网络共享一些统计基础数据和统计结果；

⑥ 具备友好的人机交互界面。

(2) 了解数据处理的过程，绘制数据流图，编写数据字典

以客货运科抽样调查子系统的数据处理流程为例，其流程如下：

① 各区县根据一定规则确定其抽样总体车辆数，市统计科对其进行汇总；

② 反馈给各区县其应抽取的样本车辆数，各区县根据自身车辆特点对车辆进行分层，确定各子层应分配的样本量，并上报给市统计科；

③ 各区县对抽取的样本进行抽样调查，并对调查数据进行汇总，上报给市统计科，市统计科进行分类汇总上报给省统计处。

3. 系统设计

(1) 系统功能模型

整个系统共包括统计办公自动化子系统、统计信息发布子系统、抽样调查子系统、宏观决策支持子系统等几个模块。其中，抽样调查子系统是和大多数统计工作者最相关的模块，它的功能模块图如图 8-13 所示：

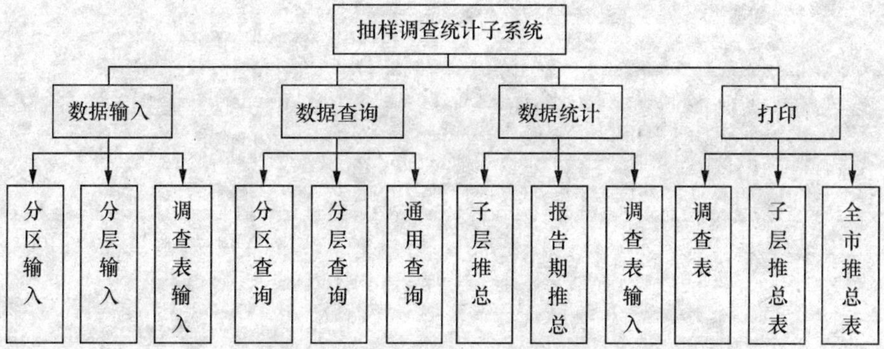

图 8-13　抽样调查子系统功能图

(2) 软硬件设计

① 软件平台设计：从实际需要出发，为与省局总体规划一致，本系统采用 Windows 平台下的 Oracle8 作为数据库平台，开发工具选择 PowerBuilder, JBuilder 等。

② 硬件平台设计：使用市局现有的硬件系统。

4. 系统主要功能和特点

该系统是集统计科学、管理科学、信息科学、计算机与通信技术为一体的，由众多管理人员与各类专业技术人员共同参与的系统。该系统具有六大特点：

(1) 具有数据采集、数据处理、数据网络上报、信息查询、数据分析与预测、统计信息发布和服务等功能;

(2) 采用 B/S、C/S 混合的方式开发;

(3) 运用构件技术,缩短开发周期,提高软件质量;

(4) 采用开放式应用体系结构,开发维护平台与运行操作平台分开,方便用户维护;

(5) 提供多种输入输出格式,提供灵活的查询方式。

思考与练习

1. 统计信息系统开发的主要阶段有哪些?各个阶段的主要任务是什么?
2. 数据流图的四个基本要素是什么?
3. 数据字典的作用是什么?
4. 系统测试的基本原则是什么?
5. 统计信息系统管理主要有哪些方面?
6. 什么是系统转换?系统转换有哪几种方式?
7. 试述运行管理的内容。
8. 试述维护管理的内容。

第9章　数据处理和统计分析软件Excel*

9.1　Excel的统计功能简介

Excel软件是微软公司推出的Office组件之一，是一个电子表格处理软件。它和其他微软产品一样，给用户提供了良好的界面，使用户能方便快捷地制作工作表，绘出精致图表，进行数据管理与统计分析。本节着重描述Excel为统计工作者提供的功能（本书以Excel2003为例）。

Excel提供了一组数据分析工具——分析工具库，利用该组工具可以在建立复杂统计或进行工程分析时简化操作，用户只需要为每一个分析提供必要的数据和参数，该工具就会使用正确的统计或工程宏函数，在输出表格中显示相对应的结果，有些工具在输出表格时，还可以绘制图表。

默认情况下，Excel并没有安装分析工具库，因此要在进行统计分析之前，安装分析工具库，具体步骤如下：

(1) 启动Excel2003；

(2) 选择【工具】|【加载宏】菜单，弹出如图9-1所示的对话框；

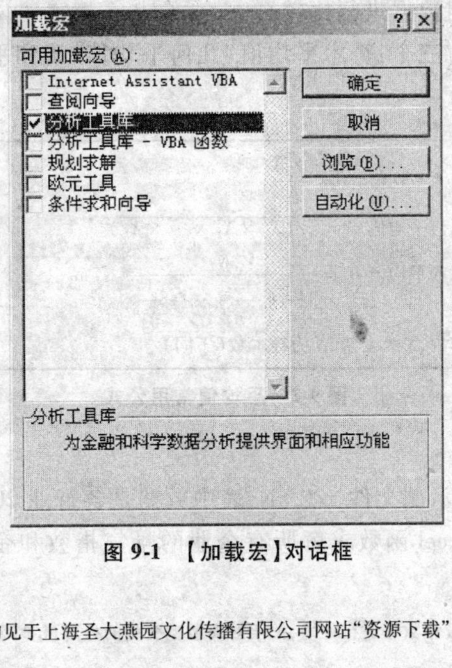

图9-1　【加载宏】对话框

---

* 本章所有示例文件均见于上海圣大燕园文化传播有限公司网站"资源下载"，即www.shengdabooks.com。

（3）在【加载宏】对话框中，选择【分析工具库】复选框；

（4）单击【确定】按钮后，出现要安装该功能的提示框，单击【是】按钮。

安装好后，在【工具】菜单中就增添了【数据分析】子菜单。

Excel 主要通过两种途径来实现统计分析的功能：一是通过简单的公式，在公式中可能需要用到 Excel 提供的函数；二是通过【工具】菜单中的【数据分析】子菜单。

9.2 Excel 在描述统计中的应用

描述统计是以清晰且可理解的方式描述一组数据，对数据[①]的处理着重于搜集、整理与表现，包括搜集、整理、分析、解释数据等步骤。

9.2.1 集中趋势的度量

集中趋势是指一组数据所趋向的中心数值，对其度量存在多种方法，以下从数据类型的角度依次介绍：

1. 平均值

（1）统计理论

平均值可以代表数据某特性的平均水平，它有三个作用，即简化作用（将一组数据简化成一个数值）、代表作用（代表一组数据的平均水平）、比较作用（便于两个或两个以上组数据进行比较）。

常用的平均值有三个：算术平均值、几何平均值、调和平均值。对应的统计学公式如图 9-2 所示：

算术平均值 $\overline{X} = \dfrac{\sum X}{N}$

几何平均值 $G = \sqrt[N]{(X_1 \times X_2 \times \cdots \times X_N)}$

调和平均值 $\overline{H} = \dfrac{N}{\dfrac{1}{X_1} + \dfrac{1}{X_2} + \cdots + \dfrac{1}{X_N}}$

其中，X 为变量，N 为样本数（下同）

图 9-2 平均值常用公式

（2）范例解析

例题 9-1 打开示例文件 ex1. xls，表中数据是各行业 2006 年第三季度的企业景气指数，利用 Excel 函数求解所有企业的景气指数和企业家信心指数的算

① 本书主要针对连续型数据进行处理，关于对离散型变量的处理可参阅相关书籍。

术平均值、几何平均值和调和平均值。

	A	B	C
1	企业景气指数(2006年3季度) 数据来源（www.stats.gov.cn）		
2		企业景气指数	企业家信心指数
3	工业	135.6	131.6
4	建筑业	139.4	132.9
5	交通运输、仓储和邮政业	131.2	128
6	批发和零售业	142	134.2
7	房地产业	132.6	131
8	社会服务业	129.3	135.3
9	信息传输、计算机服务和软件业	156.4	154.6
10	住宿和餐饮业	129.8	131.3
11	算术平均值	137.0375	134.8625
12	几何平均值	136.7885565	134.6552631
13	调和平均值	136.5516521	134.4620847

图 9-3　计算平均值

主要操作步骤：

① 在单元格 B11 中输入公式"＝AVERAGE(B3:B10)"，求得算术平均值，结果如图 9-3 所示；

② 在单元格 B12 中输入公式"＝GEOMEAN(B3:B10)"，求得几何平均值，结果如图 9-3 所示；

③ 在单元格 B13 中输入公式"＝HARMEAN(B3:B10)"，求得调和平均值，结果如图 9-3 所示。

要点分析：利用 Excel 中的统计函数来完成操作。

2. 中位数

(1) 统计理论

中位数又称中值，是位于有序数据正中间位置上的变量值，可用如下公式表示：

$$M_e = X_{\frac{N+1}{2}} \quad \text{当 } N \text{ 为奇数时}$$

$$M_e = \frac{X_{\frac{N}{2}} + X_{\frac{N}{2}+1}}{2} \quad \text{当 } N \text{ 为偶数时}$$

(2) 范例解析

例题 9-2　打开示例文件 ex1. xls，利用 Excel 函数求解所有企业 2006 年第三季度企业景气指数的中位数。

主要操作步骤：

① 选中数据表中任一单元格，选择【数据】|【排序】菜单；

② 在【排序】对话框中，选择按“企业景气指数”的升序（或者降序）排列；

③ 在单元格 B11 中输入公式“=MEDIAN(B3:B10)”，求得中位数，结果如图 9-4 所示：

	A	B	C
1	企业景气指数(2006年3季度) 数据来源（www.stats.gov.cn）		
2		企业景气指数	企业家信心指数
3	社会服务业	129.3	135.3
4	住宿和餐饮业	129.8	131.3
5	交通运输、仓储和邮政业	131.2	128
6	房地产业	132.6	131
7	工业	135.6	131.6
8	建筑业	139.4	132.9
9	批发和零售业	142	134.2
10	信息传输、计算机服务和软件业	156.4	154.6
11	中值	134.1	

图 9-4 计算中位数

要点分析：必须先排序，然后再求中位数。

3. 众数

(1) 统计理论

众数是一组数据中频数（即次数）最大的变量值，直观反映了数据的集中趋势，通常用 M_o 表示。

(2) 范例解析

例题 9-3 打开示例文件 ex2.xls，表中数据是某超市各家分店在 1—6 月的营业额，利用 Excel 函数求解超市各个月份及所有月份营业额的众数。

主要操作步骤：

① 在单元格 B20 中输入公式“=MODE(B3:B19)”，C20—G20 中公式可通过拖曳填充柄（单元格右下角的小方块）来完成，结果如图 9-5 所示；

② 在单元格 G21 中输入公式“=MODE(B3:G20)”，结果如图 9-5 所示。

	A	B	C	D	E	F	G
1	各分店营业额（万元）						
2		1月	2月	3月	4月	5月	6月
3	金沙江路超市	22	21	61	21	21	33
4	梅川路超市	23	23	45	43	67	21
5	西藏南路超市	23	32	34	65	45	23
6	大连路超市	45	34	56	76	43	45
7	铜川路超市	23	33	67	87	41	12
8	万航渡路超市	34	43	12	43	41	67
9	中山路超市	67	23	54	23	31	34
10	镇江路超市	56	56	65	21	54	23
11	莲花路超市	34	45	34	56	52	54
12	北京西路超市	56	34	34	45	41	21
13	静安寺超市	78	59	67	65	54	45
14	桂林路超市	12	34	32	45	65	76
15	大渡河路超市	45	55	45	45	87	34
16	中山北路超市	97	56	76	34	67	26
17	江苏路超市	67	88	56	67	65	56
18	青海路超市	56	31	45	34	54	56
19	四平路超市	34	61	65	23	45	36
20	众数	23	34	45	45	41	21
21	1～6月众数						45

图 9-5　计算众值

要点分析：利用 Excel 中的统计函数来完成操作。

4. 平均值、中位数和众数的区别

在平均值、中位数和众数这三个测量中，平均值是唯一的数值型测度，中位数和众数是位置型测度。平均值对极端数值的反应比较敏感，当数据的分布出现偏倚时，平均值受到的影响最大，而中位数和众数的取值不受极端数值的影响。其中，中位数是居于有序数据中间位置上的数值，众数是对应于最大频数的数值。因此，如果数据的分布是对称的，则这三个数取值相等。

9.2.2　离散程度的度量

集中趋势度量了数据分布所趋向的中心数值的一般水平，是数据共性的测量；离散程度是一种差异分析，它度量了数据分布的离散趋势，反映的是事物的特殊性，是事物个性的测度。

1. 极差

极差是一组数据中数值的最大者与最小者的差，表示一组数据全部数值的变动区域，可用如下公式表示：

$$R = X_{\max} - X_{\min}$$

2. 四分位差

(1) 统计理论

将一组有序数值分成四等分,则可得到三个分割点 Q_1、Q_2、Q_3,将 Q_1 称为第 1 个四分位数,Q_2 称为第 2 个四分位数(即中位数),Q_3 称为第 3 个四分位数,那么四分位差可表示为:

$$Q_d = Q_3 - Q_1$$

(2) 范例解析

例题 9-4 打开示例文件 ex2. xls,试求解 1 月份的 Q_1、Q_3、Q_d。

	A	B	C	D	E	F	G
1	各分店营业额(万元)						
2		1月	2月	3月	4月	5月	6月
3	桂林路超市	12	34	32	45	65	76
4	金沙江路超市	22	21	61	21	21	33
5	梅川路超市	23	23	45	43	67	21
6	西藏南路超市	23	32	34	65	45	23
7	铜川路超市	23	33	67	87	41	12
8	万航渡路超市	34	43	12	43	41	67
9	莲花路超市	34	45	34	56	52	54
10	四平路超市	34	61	65	23	45	36
11	大连路超市	45	34	56	76	43	45
12	大渡河路超市	45	55	45	45	87	34
13	镇江路超市	56	56	65	21	54	23
14	北京西路超市	56	34	34	45	41	21
15	青海路超市	56	31	45	34	54	56
16	中山路超市	67	23	54	23	31	34
17	江苏路超市	67	88	56	67	65	56
18	静安寺超市	78	59	67	65	54	45
19	中山北路超市	97	56	76	34	67	26
20	第1个四分位数	23					
21	第2个四分位数	45					
22	第3个四分位数	56					
23	四分位差	33					

图 9-6　四分位差的计算结果

主要操作步骤:

① 选中数据表中任一单元格,选择【数据】|【排序】菜单;

② 在【排序】对话框中,选择按"1 月"的升序(或者降序)排列;

③ 在单元格 B20 中输入公式"=QUARTILE(B3:B19,1)",结果如图 9-6 所示;

④ 在单元格 B21 中输入公式"=QUARTILE(B3:B19,2)",结果如图 9-6 所示;

⑤ 在单元格 B22 中输入公式"=QUARTILE(B3:B19,3)",结果如图 9-6 所示;

⑥ 在单元格 B23 中输入公式"=B22-B20",结果如图 9-6 所示。

要点分析:

① 例中使用了 QUARTILE 函数,该函数有两个参数,第一个参数说明求值的范围,第二个参数说明求的是第 n 个四分位数($n=0,1,2,3,4$);

② 例中求得的 Q_d 等于 33,这一差异数值较大,说明 45 万元的中位数对于集中趋势的代表性不好。

3. *方差与标准差*

(1) 统计理论

一组数据中的各个数值与其算术平均值差的平方的平均值,即为方差,用 σ^2 表示;方差的平方根为标准差。公式表示如下:

$$\text{方差}:\sigma^2 = \frac{\sum (X-\bar{X})^2}{N} \qquad \text{标准差}:\sigma = \sqrt{\sigma^2}$$

(2) 范例解析

例题 9-5　打开示例文件 ex2.xls,计算每月的方差和标准差。

	A	B	C	D	E	F	G
1	各分店营业额(万元)						
2		1月	2月	3月	4月	5月	6月
3	桂林路超市	12	34	32	45	65	76
4	金沙江路超市	22	21	61	21	21	33
5	梅川路超市	23	23	45	43	67	21
6	西藏南路超市	23	32	34	65	45	23
7	铜川路超市	23	33	67	87	41	12
8	万航渡路超市	34	43	12	43	41	67
9	莲花路超市	34	45	34	56	52	54
10	四平路超市	34	61	65	23	45	36
11	大连路超市	45	34	56	76	43	45
12	大渡河路超市	45	55	45	45	87	34
13	镇江路超市	56	56	65	21	54	23
14	北京西路超市	56	34	34	45	41	21
15	青海路超市	56	31	45	34	54	56
16	中山路超市	67	23	54	23	31	34
17	江苏路超市	67	88	56	67	65	56
18	静安寺超市	78	59	67	65	54	45
19	中山北路超市	97	56	76	34	67	26
20	方差	503.1834	293.0865	266.1038	379.6401	233.0519	304.7612
21	标准差	22.43175	17.11977	16.31269	19.48436	15.26604	17.45741

图 9-7　方差和标准差的计算结果

主要操作步骤:

① 在单元格 B20 中输入公式"=VARP(B3:B19)",其他月份可用填充柄拖曳完成,结果如图 9-7 所示;

② 在单元格 B21 中输入公式"=STDEVP(B3:B19)",结果如图 9-7 所示。

要点分析:

① 例中用到了 VARP 函数求方差，在 Excel 中除了该函数外，求方差还可用 VAR、VARA、VARPA 函数。其中，VAR 函数假设它的参数为总体的抽样样本；如果观测的数据代表整个总体，则使用 VARP 函数；VAR 和 VARP 函数忽略逻辑值和文本，如果不允许忽略，则使用 VARA 和 VARPA 函数。

② 例中用到了 STDEVP 函数求标准差，与方差公式一样，求标准差还可用 STDEV、STDEVA、STDEVPA 函数，它们之间的差别与方差类似。

4. 离散系数

离散系数是同一总体标准差与平均值的比值。公式如下：

$$V_\sigma = \frac{\sigma}{\overline{X}}$$

9.2.3 偏态和峰度的度量

集中趋势和离散程度是关于数据分布的基本测度，要进一步描述数据分布的形态是否偏倚，偏倚的方向和程度，分布是尖耸还是扁平及其程度，以及数据分布形态与正态分布的差异等，还需要对数据分布的偏态和峰度进行度量。

1. 偏态系数

(1) 统计理论

偏态是指数据分布偏倚的方向和程度，偏态系数是度量数据分布偏离对称分布的方向和程度的测量，用 SK 表示。简单偏态系数的公式表示如下：

$$\mathrm{SK} = \frac{\sum (X - \overline{X})^3}{\sigma^3 \times N}$$

偏态系数的取值为 0 时，表示数据为完全的对称分布；取值为负数时，表示数据为负偏态或左偏态；偏态系数的取值为正数时，表示数据为正偏态或右偏态。偏态系数的绝对值越小，表示数据偏倚的程度越小；偏态系数的绝对值越大，表示数据偏倚的程度越大。

(2) 范例解析

例题 9-6 打开示例文件 ex2. xls，求解每月的偏态系数。

主要操作步骤：

在单元格 B20 中输入公式“ =SKEW(C3:C19)”，其他月份可用填充柄拖曳完成，结果如图 9-8 所示。

要点分析：

例中使用了 SKEW 函数，Excel 中使用的公式为：

$$SK = \frac{N}{(N-1)(N-2)} \sum \left(\frac{X - \overline{X}}{\sigma} \right)^3$$

	A	B	C	D	E	F	G
1	各分店营业额（万元）						
2		1月	2月	3月	4月	5月	6月
3	金沙江路超市	22	21	61	21	21	33
4	梅川路超市	23	23	45	43	67	21
5	西藏南路超市	23	32	34	65	45	23
6	大连路超市	45	34	56	76	43	45
7	铜川路超市	23	33	67	87	41	12
8	万航渡路超市	34	43	12	43	41	67
9	中山路超市	67	23	54	23	31	34
10	镇江路超市	56	56	65	21	54	23
11	莲花路超市	34	45	34	56	52	54
12	北京西路超市	56	34	34	45	41	21
13	静安寺超市	78	59	67	65	54	45
14	桂林路超市	12	34	32	45	65	76
15	大渡河路超市	45	55	45	45	87	34
16	中山北路超市	97	56	76	34	67	26
17	江苏路超市	67	88	56	67	65	56
18	青海路超市	56	31	45	34	54	56
19	四平路超市	34	61	65	23	45	36
20	偏态系数	0.614399	0.991582	-0.53327	0.422052	0.314099	0.546105
21	峰度系数	-0.14051	1.058959	-0.10934	-0.66689	0.601404	-0.51015

图 9-8　偏态、峰度系数的计算结果

与本文前面介绍的统计学中的公式相比，虽然都以三阶中心矩为基础，但具体形式上仍有所不同，且标准差是用 STDEV 函数计算的。

2. 峰度系数

(1) 统计理论

峰度是指数据分布平峰或尖峰的程度，峰度系数是度量数据分布的平峰或尖峰形态偏离正态分布的程度的测度，用 K 表示。简单峰度系数的公式表示如下：

$$K = \frac{\sum (X - \overline{X})^4}{\sigma^4 \times N}$$

峰度系数的取值为 3 时，表示数据的峰度和正态分布相一致；峰度系数的取值小于 3 时，表示数据为平峰分布；峰度系数的取值大于 3 时，表示数据为尖峰分布。峰度系数偏离 3 的绝对差异越小，表示数据的峰度偏离正态分布的程度越小；峰度系数偏离 3 的绝对数值越大，表示数据偏离正态分布的程度越大。

(2) 范例解析

例题 9-7　打开示例文件 ex2. xls，求解每月的偏态系数。

主要操作步骤：

在单元格 B21 中输入公式“=KURT(B3:B19)”，其他月份可用填充柄拖曳完成，结果如图 9-8 所示。

要点分析：

例中使用了 KURT 函数，Excel 中使用的公式为：

$$K = \frac{N(N+1)}{(N-1)(N-2)(N-3)}\sum\left(\frac{X-\overline{X}}{\sigma}\right)^4 - \frac{3(N-1)^2}{(N-2)(N-3)}$$

与本文前面介绍的统计学中的公式相比，在具体形式上有所不同，且标准差是用 STDEV 函数计算的。

9.2.4 Excel 的数据分析

除可通过 Excel 的函数来完成各种统计量的输出之外，还可以利用【工具】菜单中的【数据分析】来完成描述统计的计算。

例题 9-8 打开示例文件 ex2. xls，完成"描述统计"的分析。

主要操作步骤：

① 选择【工具】|【数据分析】菜单，在出现的【数据分析】对话框（如图 9-9 所示）中选择【描述统计】选项，并单击【确定】按钮；

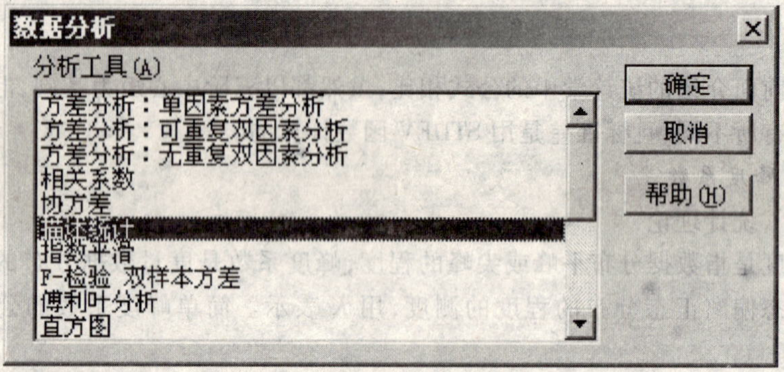

图 9-9 【数据分析】对话框

② 出现【描述统计】对话框（如图 9-10 所示），在该对话框中完成以下各项参数的设置：

- 在【输入区域】中，设置要处理的数据区域"＄B＄3:＄G＄19"
- 在【分组方式】中，选择【逐列】单选按钮
- 设置【输出选项】中的各参数：
  - ◇ 【输出区域】为"＄J＄1"
  - ◇ 选中【汇总统计】复选框

③ 单击【确定】按钮，其中 1 月、2 月、3 月的输出结果如图 9-11 所示。

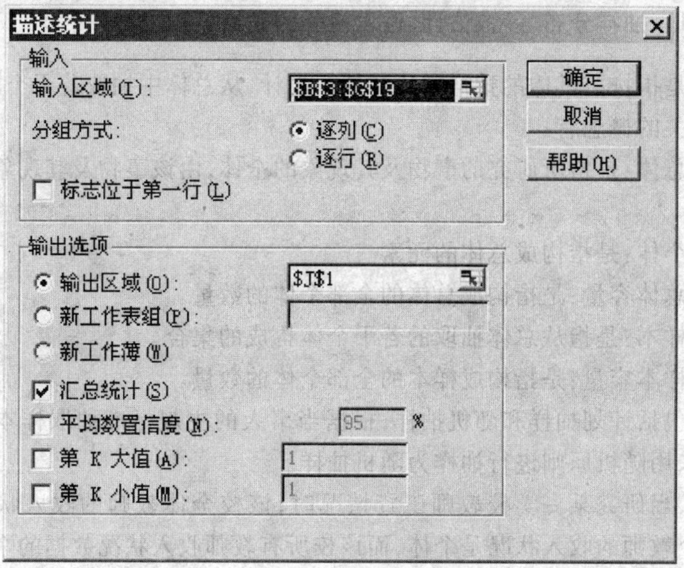

图 9-10　【描述统计】对话框

	I	J	K	L	M	N	O
1		列1		列2		列3	
2							
3		平均	45.41176	平均	42.82353	平均	49.88235
4		标准误差	5.607937	标准误差	4.279942	标准误差	4.078172
5		中位数	45	中位数	34	中位数	54
6		众数	23	众数	34	众数	45
7		标准差	23.12212	标准差	17.64665	标准差	16.81473
8		方差	534.6324	方差	311.4044	方差	282.7353
9		峰度	-0.14051	峰度	1.058959	峰度	-0.10934
10		偏度	0.614399	偏度	0.991582	偏度	-0.53327
11		区域	85	区域	67	区域	64
12		最小值	12	最小值	21	最小值	12
13		最大值	97	最大值	88	最大值	76
14		求和	772	求和	728	求和	848
15		观测数	17	观测数	17	观测数	17

图 9-11　描述统计输出的部分结果

9.3　Excel 在推断统计中的应用

推断统计学是用于处理从样本数据获得推测总体特征的信息及其他相关推论物体的方法，即根据样本分析结果，推论未知的总体性质和事实。推断统计中包括抽样分布、参数估计、假设检验等内容。

9.3.1 抽样分布、参数估计、假设检验的简介

抽样是指按照具体的抽样方法和抽样设计，从总体中抽取若干个体的过程。与抽样相关的概念有：

（1）总体：是指所研究的事物及其现象的全体，由该事物及其现象的全部个体组成。

（2）个体：是指构成总体的元素。

（3）总体容量：是指构成总体的全部个体的数量。

（4）样本：是指从总体抽取的若干个体构成的集合。

（5）样本容量：是指构成样本的全部个体的数量。

抽样包括计划抽样和随机抽样，根据当事人的主观标准抽取样本为计划抽样；纯粹采用随机原则进行抽样为随机抽样。

例如，当研究某一学校教师工资情况时，该校全体教师的收入状况就是总体，每一个教师的收入状况是个体，而该校所有教师收入状况数据的个数就构成了总体容量。若从总体中抽取 200 个教师个人的收入状况数据，该 200 个教师个人的收入状况数据的集合就构成了一个关于该校教师收入情况的样本，样本容量为 200。

抽样分布是指从同分布总体中，独立抽取的同样样本容量的样本统计量的概率分布。抽样分布的类别很多，最主要的有正态分布、χ^2 分布（即卡方分布）、F 分布和 t 分布。在 Excel 中与它们相关的函数有 NORMADIST、CHIDIST、FDIST、TDIST 等。

参数估计是在抽样和抽样分布的基础上，计算某些样本的统计值，进而推断相关的总体参数的方法和过程。用于估算某未知参数的统计量称为估计量，估计结果的表示方法有点估计（即根据样本数据求得一估计值，并以此估计值表示未知参数的方法）和区间估计（即根据样本数据，计算出两个数值用来构成一个区间，以包含未知参数的估计方法）。在 Excel 中与它们相关的函数有 CONFIDENCE、TINV、CHIINV、NORMSINV 等。

假设检验是指先对总体参数提出某种假设，然后利用样本信息来判断假设是否成立的方法和过程。一般地，其步骤可归纳为五步：

（1）提出假设和备选假设；

（2）选定适当的检验统计量，检验统计量是指根据样本数据计算得到的，对原假设进行判断的样本统计量；

（3）确定适当的显著性水平 α，假设检验是利用样本信息的统计判断，存在出现错误的可能性，将其中一类错误定义为原假设是正确的，而根据样本信息计算出来的检验统计量却被其拒绝了，将这类错误发生的概率用显著性水平 α 来

表示,$1-\alpha$ 为置信水平;

(4) 计算检验统计量的数值;

(5) 根据选定的显著性水平 α 和检验统计量的分布,确定拒绝假设的临界值,比较检验统计量的数值与临界值,进而接受或者拒绝原假设。

9.3.2　总体平均值的区间估计

1. 统计理论

在进行总体均值的区间估计时,需要考虑总体是否为正态分布,总体方差是否为已知,样本容量是否充分大等几方面具体情况,以选择正确的估计方法。

(1) 在方差已知时,总体均值的区间估计

在方差已知时,样本平均值 $\bar{x}$ 服从正态分布,即 $\bar{x}\sim N(\mu,\sigma^2/n)$,构造 Z 统计量:

$$Z=\frac{\bar{x}-\mu}{\sigma/\sqrt{n}}\sim N(0,1)$$

总体平均值 μ 的双侧区间估计置信区间为 $\left(\bar{x}-Z_{\alpha/2}\frac{\sigma}{\sqrt{n}},\bar{x}+Z_{\alpha/2}\frac{\sigma}{\sqrt{n}}\right)$,单侧区间估计置信区间为 $\left(\bar{x}-Z_{\alpha}\frac{\sigma}{\sqrt{n}},\infty\right)$ 或者 $\left(-\infty,\bar{x}+Z_{\alpha}\frac{\sigma}{\sqrt{n}}\right)$。

在同样的精确程度下,单侧区间估计的可靠性高于双侧区间的估计,故而在实际应用中,若只需要了解事物及其现象总体平均值 μ 的置信区间的上限或下限,应采用单侧区间估计方法。

(2) 在方差未知时,总体均值的区间估计

在总体方差未知时,需要采用样本方差 s^2 作为对总体方差的估计,替代总体方差 σ^2 构造一个新的统计量 T:

$$T=\frac{\bar{x}-\mu}{s/\sqrt{n}}\sim t(n-1)$$

总体平均值 μ 的双侧区间估计置信区间为 $\left(\bar{x}-t_{\alpha/2}\frac{s}{\sqrt{n}},\bar{x}+t_{\alpha/2}\frac{s}{\sqrt{n}}\right)$,单侧区间估计置信区间为 $\left(\bar{x}-t_{\alpha}\frac{s}{\sqrt{n}},\infty\right)$ 或者 $\left(-\infty,\bar{x}+t_{\alpha}\frac{s}{\sqrt{n}}\right)$。

2. 范例解析

例题 9-9　在对某一学校教师收入情况的调查中,从该校随机抽取了 100 位教师个人的收入状况数据构成样本,样本的平均数是 2406 元,总体标准差为 208 元,试利用 Excel 软件计算在置信水平为 95% 的情况下,该校教师收入的总体平均值的置信区间。

	A	B	C
1	样本数	n=	100
2	样本平均数	$\overline{X}$=	2406
3	总体标准差	σ=	208
4	置信区间	1-α=	95%
5			
6			
7	**总体平均数μ的区间估计**		
8			
9	2365.23	<μ<	2446.77

图 9-12　平均值的区间估计(一)

主要操作步骤:

(1) 新建 excel 文件,如图 9-12 所示输入数据;

(2) 在单元格 A9 中输入“ = C2 - CONFIDENCE(1 - C4,C3,C1)”,C9 中输入“ = C2 + CONFIDENCE(1 - C4,C3,C1)”,求得的结果如图 9-12 所示。

要点分析:

(1) 利用 Excel 的函数 CONFIDENCE 求解区间,该函数第一个参数是 α,因此需要用 1 减去置信区间填入;

(2) 求得的区间的意义为该校教师的收入必在 2365.23 元与 2446.77 元之间的概率为 95% 的置信度。

例题 9-10　上例中,如果总体标准差未知,已知的是样本标准差 s 为 208 元,则在置信水平为 95% 的情况下,计算该校教师收入的总体平均值的置信区间和最低收入的单侧置信区间。

主要操作步骤:

(1) 新建 Excel 文件,如图 9-13 所示输入数据;

	A	B	C
1	样本数	n=	100
2	样本平均数	$\overline{X}$=	2406
3	总体标准差	s=	208
4	置信区间	1-α=	95%
5			
6			
7	**总体平均数μ的区间估计**		
8			
9	2364.73	<μ<	2447.27
10			
11	**总体平均数μ的单侧区间估计**		
12	2371.46	<μ	

图 9-13　平均值的区间估计(二)

(2) 在单元格 A9 中输入“ = C2 - TINV(1 - C4,C1 - 1) * C3/SQRT(C1)”,C9 中输入“ = C2 + TINV(1 - C4,C1 - 1) * C3/SQRT(C1)”,A12 中输入“ = C2 - TINV(2 * (1 - C4),C1 - 1) * C3/SQRT(C1)”,求得的结果如图 9-13 所示。

要点分析:

(1) 求得的双侧区间的意义为该校教师的收入必在 2364.73 元与 2447.27

元之间的概率为 95% 的置信度；

（2）在单元格 A12 中，函数 TINV 的第一个参数的值为 0.1，而不是 0.05，这是因为 Excel 中的 TINV 函数给出的是对应于双侧 t 分布概率的数值，因此若要查询 t_α 的值，函数的第一个参数为 2α，即为 0.1；

（3）求得的单侧区间的意义为该校教师的收入不低于 2371.46 元的概率为 95% 的置信度。

9.3.3　总体平均值的假设检验

1. 统计理论

由于样本容量不同，总体平均值的假设检验的方法也随之不同。

（1）大样本总体平均值的假设检验

在假设检验的操作过程中，选定适当的检验统计量最重要。在大样本总体平均值的假设检验中，检验统计量即为 9.3.2 小节中的 Z，若方差未知，则用样本方差 s^2 代替总体方差。

（2）样本总体平均值的假设检验

在正态总体的小样本（一般 $n<30$）的情况下，当总体方差 σ^2 已知时，依然采用 9.3.2 小节中的 Z 来计算检验统计量；当总体方差 σ^2 未知时，则其检验统计量为 9.3.2 小节中的 T。

2. 范例解析

例题 9-11　某药厂新出品了一种降压药，宣称可使平均血压降低 12.6 mmHg，$\sigma=3.2$，若任意抽取了 15 个病人且他们都服用了该药，血压变化体现在示例文件 ex3.xls（如图 9-14 所示）中，请验证厂家的宣传是否真实（$\alpha=0.05$）。

	A	B	C	D	E	F	G
1	-12	-10	-21	-7		μ=	-12.6
2	-20	-2	-20	-5		σ=	3.2
3	-2	-17	-3	-9		n=	20
4	0	-13	-8	-10		$\bar{x}$=	-11.65
5	-23	-21	-20	-10		Z=	1.327665
6						Z(α/2)=	-1.95996
7						Z(1-α/2)=	1.959964

图 9-14　平均值的假设检验（一）

主要参考步骤：

（1）假设 $H_0=12.6$；

（2）计算样本平均值：在单元格 G4 中输入函数“=AVERAGE(A1:D5)”；

（3）计算检验统计量 $Z=\dfrac{\bar{x}-\mu}{\sigma/\sqrt{n}}$，在单元格 G5 中输入函数“=(G4-G1)/(G2/G3^0.5)”；

(4) 确定拒绝假设的左右临界值，分别是 $Z_{\mu/2}$和 $Z_{1-\mu/2}$，临界值利用函数 NORMSINV 计算，分别在 G6 和 G7 单元格中输入"=NORMSINV(0.025)"、"=NORMSINV(1-0.025)"，计算结果如图 9-14 所示；

(5) 若 Z 小于左临界值，大于右临界值，则拒绝假设，否则接受，本例中，Z 的值没有落入拒绝区域，故而接受假设，即厂家的宣传是真实的。

例题 9-11 在上题中，如果总体方差未知，请验证厂家的宣传是否真实。

	A	B	C	D	E	F	G
1	-12	-10	-21	-7		μ=	-12.6
2	-20	-2	-20	-5		s=	7.379024
3	-2	-17	-3	-9		n=	20
4	0	-13	-8	-10		x̄=	-11.65
5	-23	-21	-20	-10		T=	0.575758
6						t(1-α/2)=	-2.09302
7						t(α/2)=	2.093024

图 9-15 平均值的假设检验(二)

主要参考步骤：

(1) 假设 $H_0=12.6$；

(2) 计算样本平均值，即在单元格 G4 中输入函数"=AVERAGEA(A1:D5)"；

(3) 计算样本标准差，即在单元格 G2 中输入函数"=STDEV(A1:D5)"；

(4) 计算检验统计量 $T=\dfrac{\bar{x}-\mu}{s/\sqrt{n}}$，即在单元格 G5 中输入函数"=(G4-G1)/(G2/G3^0.5)"；

(5) 确定拒绝假设的左右临界值，分别是 $t_{1-\alpha/2}(n-1)$(等于 $t_{\alpha/2}(n-1)$的负数)、$t_{\alpha/2}(n-1)$，再利用函数 TINV，分别在 G6 和 G7 单元格中输入"=-TINV(0.05,G3-1)"、"=TINV(0.05,G3-1)"，计算结果如图 9-15 所示；

(6) 若 T 小于左临界值，大于右临界值，则拒绝假设，否则接受，本例中 T 的值没有落入拒绝区域，故而接受假设，即厂家的宣传是真实的。

9.4 几种典型分析

9.4.1 方差分析

在实践中，人们常常需要对所研究的对象在不同条件下进行对比试验，从而得到若干组数据。方差分析就是分析、处理试验数据的一种数学方法。它的主要任务是通过对数据的分析处理，分清各试验条件对试验结果的影响，以便有效地指导实践，提高效益。在统计学中，受控制的条件称为因素，如化工过程中的温度、压力等,如果实验的结果受多个因素影响,这就是一个多因素的问题;如果只让一个因素取不同的状态(称每一个状态为一个水平)进行试验,而其他因素不变,这就是一个单因素的问题。本书只考虑单因素的方差分析。

1. 统计理论

设因素 A 有 k 个水平 $A_1, A_2, \cdots, A_k$,在每个具体水平 A_j 下,由于自然界中的许多随机现象都服从正态分布,为了便于讨论,在每个具体水平 A_j 下,均假设样本服从正态分布 $N(\mu_j, \sigma^2)$,其中 μ_j 和 σ^2 均为未知,k 个 σ^2 均相等,并且在每个水平 A_j 下抽取一个样本 $x_{1j}, x_{2j}, \cdots, x_{nj}$,所取得的 k 个样本相互独立。在这样的已知条件下,单因素方差分析的步骤为:

(1) 提出假设

$$H_0: \mu_1 = \mu_2 = \cdots = \mu_k$$

H_0 表示在不同水平下各个总体的均值相等,即因素 A 对总体均值不具备显著影响。

(2) 计算平均值

① 水平平均值(Level Mean)

水平平均值指在具体水平下的样本值的均值。一般将第 j 个水平的水平平均值记为 $\bar{x}_j$,则有公式:

$$\bar{x}_j = \frac{1}{n_j} \sum_{i=1}^{n_j} x_{ij}$$

其中,n_j 表示第 j 个水平的样本容量,x_{ij}表示第 j 个水平的第 i 个样本值。

② 总平均值(Total Mean)

总平均值指全部样本值的平均值,也就是水平平均值的平均值,公式如下:

$$\bar{x} = \frac{1}{\sum_{j=1}^{k} n_j} \sum_{j=1}^{k} \sum_{i=1}^{n_j} x_{ij} = \frac{1}{\sum_{j=1}^{k} n_j} \sum_{j=1}^{k} \bar{x}_j n_j$$

(3) 计算离差平方和

① 总离差平方和(Sum of Squares for Total, SST)

总离差平方和指全部样本值 x_{ij}与总平均值 $\bar{x}$ 的离差的平方和,反映了全部样本值离散程度的总规模。

$$\mathrm{SST} = \sum_{j=1}^{k} \sum_{i=1}^{n_j} (x_{ij} - \bar{x})^2$$

② 水平项离差平方和(Sum of Squares for Factor A, SSA)

水平项离差平方和指各项水平的水平平均值与总平均值的离差平方和,反映了各项水平平均值之间离散程度的规模。

$$\mathrm{SSA} = \sum_{j=1}^{k}\sum_{i=1}^{n_j}(\bar{x}_j - \bar{x})^2 = \sum_{j=1}^{k} n_j(\bar{x}_j - \bar{x})^2$$

③ 误差项离差平方和

误差项离差平方和指各项水平的样本值 x_{ij} 与其水平平均值 $\bar{x}_j$ 的离差的平方和,反映了各项水平内部样本值离散程度的总和。

$$\mathrm{SSE} = \sum_{j=1}^{k}\sum_{i=1}^{n_j}(x_{ij} - \bar{x}_j)^2$$

(4) 离差平方和之间的关系

$$\mathrm{SST} = \mathrm{SSA} + \mathrm{SSE}$$

(5) 计算 F 检验统计量

可以证明当 H_0 成立时,统计量

$$F = \frac{\mathrm{SSA}/(k-1)}{\mathrm{SSE}/(n-k)} \sim F(k-1, n-k)$$

(6) 统计判断

根据给定的显著性水平 α、自由度 $(k-1, n-k)$,查 F 分布临界值表,求得临界值 λ,若由上式计算所得的 F 检验统计量大于 λ,则否定 H_0,否则接受 H_0。

2. 范例解析

例题 9-12 打开示例文件 ex4. xls,文件中描述的是某化工厂在合成反应后,想知道触煤量是否影响合成物的产出量。现以触煤量为 2 单位、4 单位、6 单位三个水平(即 A1、A2、A3)各自重复若干次实验,取得样本值。问在显著性水平 α 为 0.05 下,触煤量对合成物的产出量有无显著的影响?

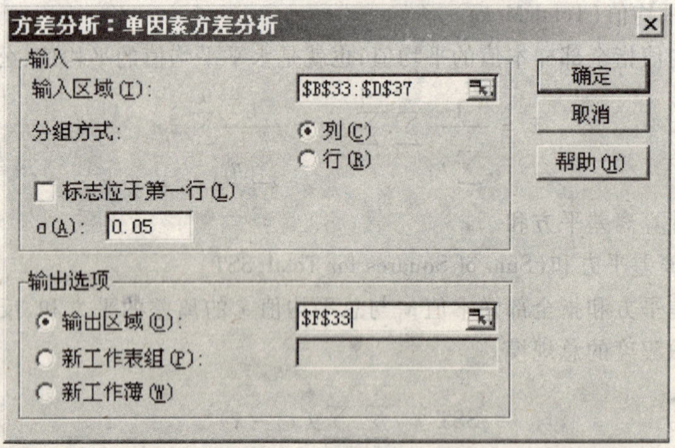

图 9-16 【方差分析:单因素方差分析】对话框

主要操作步骤:

（1）选择【工具】|【数据分析】菜单，在出现的【数据分析】对话框（如图 9-9 所示）中选择【方差分析：单因素方差分析】选项，并单击【确定】按钮；

（2）在弹出的【方差分析：单因素方差分析】对话框中，可按照图 9-16 进行设置，其中【输入区域】设置的是样本值所在的区域，【输出区域】设置的是方差分析表所在的位置，最后单击【确定】按钮，在 F33 单元格处列出了单因素方差分析表，如图 9-17 所示：

方差分析：单因素方差分析						
SUMMARY						
组	观测数	求和	平均	方差		
列 1	4	283	70.75	10.91667		
列 2	3	235	78.33333	9.333333		
列 3	5	407	81.4	5.3		
方差分析						
差异源	SS	df	MS	F	P-value	F crit
组间	258.3	2	129.15	16.00666	0.001086	4.256495
组内	72.61667	9	8.068519			
总计	330.9167	11				

图 9-17　单因素方差分析表

（3）从图 9-17 可以看出，F 值等于 16.00666，临界值 λ（Excel 中用F crit 表示）等于 4.256495，F 值大大超过了临界值，因此否定 H_0，即触煤量对合成物的产出量有显著影响。

要点分析：

本例中使用了 Excel 的数据分析功能，很方便地解决了问题，除此之外，Excel 还可以利用公式依次求解 SSA、SST、SSE、F 的值，F 检验的临界值可以利用 FINV 函数求得。

9.4.2　相关与回归分析

变量之间的相互关系，大体上可分为两种：一是确定性关系，即函数关系；二是非确定性关系。以成人的血压和年龄的关系为例，当年龄确定后，血压却不能因之确定而确定，但这两个变量之间又不是没有关系的，从平均意义上来讲，年龄越高，血压也就越高。相关关系指的是数值型数据的不确定性的数量关系，又称统计关系，反映了变量之间的一种不严格的数据依存关系。相关关系是统计学研究的主要对象之一，在现代统计学中，围绕相关关系已经形成了两种重要的统计方法：相关分析和回归分析。虽然相关分析和回归分析都是以相关关系为研究对象，但由于其研究相关关系内容的侧重和所反映相关关系特征的角度不同，两者存在以下区别：

(1) 描述的方式不同。相关分析主要采用相关系数来度量变量之间的相关关系；回归分析主要通过拟合回归模型来度量变量之间的相关关系。

(2) 变量的地位不同。相关分析中变量的地位是对等的；回归分析中变量的地位是不对等的。

(3) 描述的内容不同。相关分析描述的是变量之间相关关系的方向和大小程度；回归分析借助回归模型不仅描述了变量之间相关关系的方向和大小程度，还描述了变量之间相关关系的具体形式，回归模型可以用于预测和控制。

(4) 变量的性质不同。相关分析中的变量都是随机变量；回归分析中，因变量是随机变量，自变量一般为非随机的确定性变量。

相关分析和回归分析中有许多度量分析方法，如散点图、相关系数、一元线性回归、多元线性回归等。

1. 相关系数

(1) 统计理论

相关系数是度量两个变量之间线性相关的方向和强度的测度，总体相关系数用ρ表示，一般使用样本统计量γ来估计相关系数的数值水平，有如下公式：

$$\gamma = \frac{L_{xy}}{\sqrt{L_{xx}L_{yy}}}$$

其中，L_{xx}为变量x的离差平方和，L_{yy}为变量y的离差平方和，L_{xy}为变量x和变量y的离差乘积和，有如下公式：

$$L_{xx} = \sum_{i=1}^{n}(x_i - \bar{x})^2 = \sum_{i=1}^{n}x_i^2 - \frac{1}{n}\left(\sum_{i=1}^{n}x_i\right)^2$$

$$L_{yy} = \sum_{i=1}^{n}(y_i - \bar{y})^2 = \sum_{i=1}^{n}y_i^2 - \frac{1}{n}\left(\sum_{i=1}^{n}y_i\right)^2$$

$$L_{xy} = \sum_{i=1}^{n}(x_i - \bar{x})(y_i - \bar{y}) = \sum_{i=1}^{n}x_iy_i - \frac{1}{n}\sum_{i=1}^{n}x_i\sum_{i=1}^{n}y_i$$

相关系数的取值范围为$-1 \leqslant \gamma \leqslant 1$。当相关系数的取值为正时，说明变量$x$和变量$y$的数值变化是同方向的，即为正相关；若为负数，说明变量x和变量y的数值变化是反方向的，即为负相关。相关系数的绝对值越趋近1，表明两个变量相关程度越高；越趋近0，表明两个变量的相关程度越低。

(2) 范例解析

例题 9-13 打开示例文件 ex5. xls，文件中描述的是钢液含炭量 x 和精炼时间 y 的关系，求 x 和 y 的相关系数。

主要操作步骤：

① 选择【工具】|【数据分析】菜单，在出现的【数据分析】对话框（如图 9-9 所示）中选择【相关系数】选项，并单击【确定】按钮；

② 在弹出的如图 9-18 所示的【相关系数】对话框中，如图设置参数；

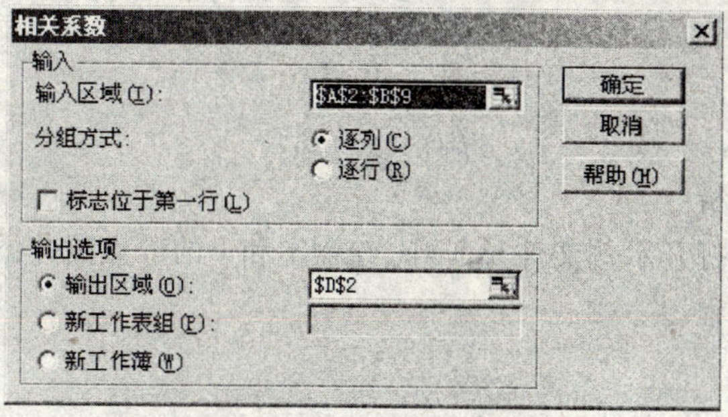

图 9-18　【相关系数】对话框

③ 单击【确定】按钮，得到如图 9-19 所示的结果，可以看出 x 和 y 的相关系数是 0.939918。

	A	B	C	D	E	F
1	x	y				
2	23	56			列 1	列 2
3	34	78		列 1	1	
4	56	90		列 2	0.939918	1
5	45	67				
6	67	100				
7	34	76				
8	12	40				
9	61	98				

图 9-19　相关系数

要点分析：

① 本例中使用了 Excel 的数据分析功能，很方便地解决了问题。除此之外，Excel 可以利用函数 CORREL 来求解；

② 本例中 x 和 y 高度相关。

2. 一元线性回归

(1) 统计理论

一元线性回归是描述两个变量之间的直线相关关系的回归模型，是回归分析中最简单的回归模型。一元线性回归模型可以表述为：

$$y = \beta_0 + \beta_1 x + \varepsilon$$

其中

$$\varepsilon \sim N(0, \sigma^2)$$

根据回归理论模型中对 ε 的假定，有变量 y 的数学期望为自变量 x 的线性函数，即有如下一元线性回归方程：

$$E(y) = \beta_0 + \beta_1 x$$

其中 β_0 和 β_1 都未知,需要利用样本数据进行统计估计,利用最小二乘估计法求解得到 β_0 和 β_1 的估计值 $\hat{\beta}_0$ 和 $\hat{\beta}_1$。

$$\hat{\beta}_1 = \frac{L_{xy}}{L_{xx}}$$

$$\hat{\beta}_0 = \bar{y} - \hat{\beta}_1 \bar{x}$$

(2)范例解析

例题 9-14　打开示例文件 ex5. xls,绘制 x 和 y 的散点图并添加趋势线,计算一元线性回归方程。

方法一:

主要操作步骤:

① 选择【插入】|【图表】菜单,弹出如图 9-20 所示的对话框,在【图表类型】中选择"XY 散点图",然后在【子图标类型】列表中选择第一个图标,单击【下一步】按钮;

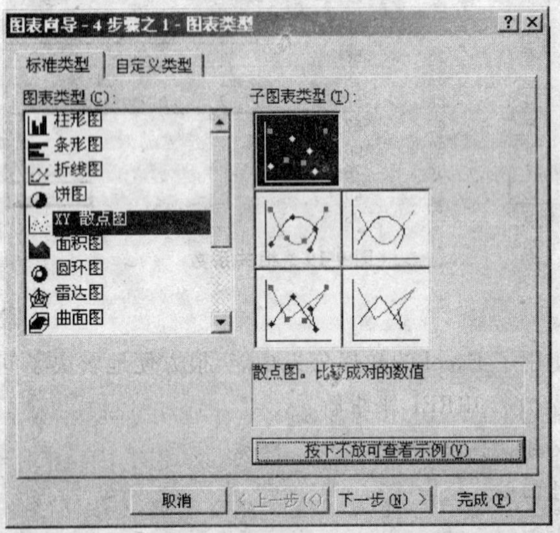

图 9-20　【图标向导-4 步骤之 1-图表类型】对话框

② 在出现的如图 9-21 所示的对话框中,设置【数据区域】为" = Sheet1! $ A $ 2: $ B $ 9",单击【下一步】按钮;

③ 在弹出的如图 9-22 所示的对话框中,如图设置图表的属性,单击【下一步】按钮;

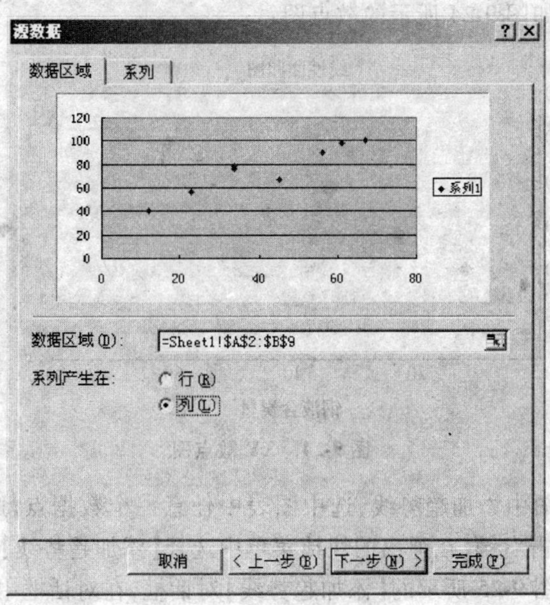

图 9-21　【源数据】对话框

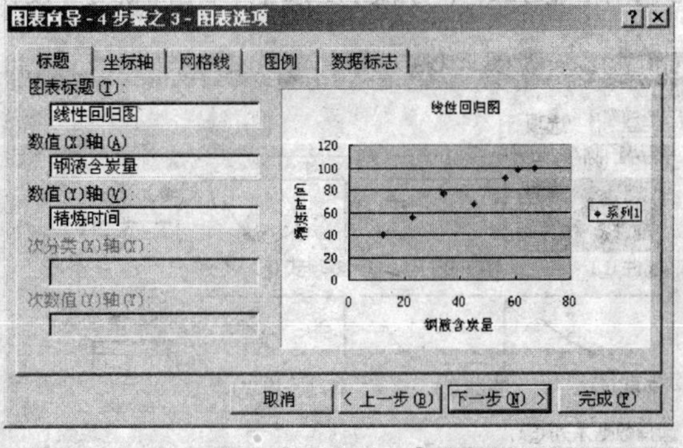

图 9-22　【图表选项】对话框

④ 在弹出的如图 9-23 所示的对话框中，单击【完成】按钮；

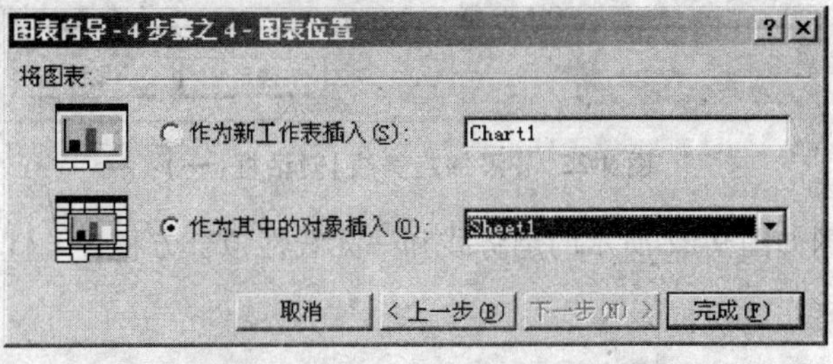

图 9-23　【图表向导-4 步骤之 4-图表位置】对话框

⑤ 出现了如图 9-24 所示的散点图：

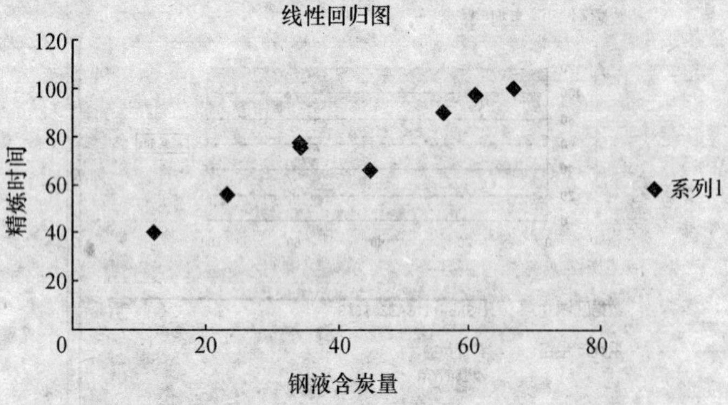

图 9-24 XY 散点图

⑥ 在散点图中添加趋势线，选中图表中任意一个数据点，此时所有的数据点都被选中，单击右键，在弹出的快捷菜单中选择【添加趋势线】；

⑦ 弹出如图 9-25 所示的【添加趋势线】对话框，在对话框中，在【趋势预测/回归分析类型】表中选择【线性】，切换到【选项】选项卡（如图 9-26 所示），在其中选中【显示公式】和【显示 R 平方值】复选框，单击【确定】按钮；

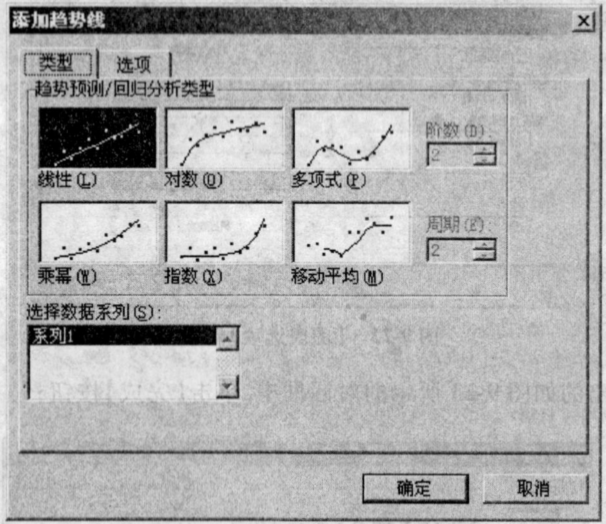

图 9-25 【添加趋势线】对话框(一)

⑧ 可得到如图 9-27 所示的趋势线和一元线性拟合方程：$\hat{y} = 33.296 + 1.02x$。

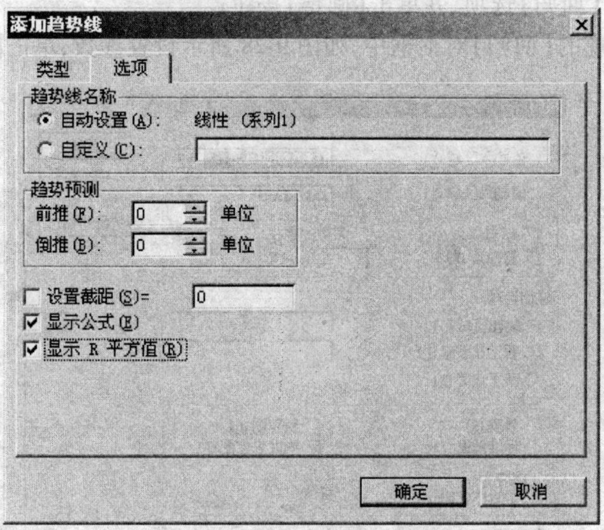

图 9-26　【添加趋势线】对话框(二)

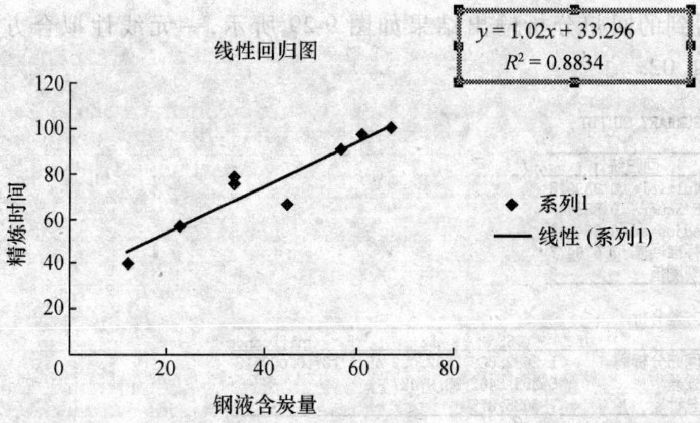

图 9-27　一元线性回归方程

要点分析:

在图 9-26 中,除了要求显示公式外,还要求显示 R 平方值,R^2 值是判定系数,判定系数在数值上等于相关系数的平方,取值范围也在 0 到 1 之间。当判定系数取值趋近于 1 时,回归直线的拟合程度很好;当判定系数取值趋近于 0 时,回归直线的拟合程度很差。本例中,拟合程度为 0.8834,拟合度较好。根据拟合方程可以计算 y 的预测值,但预测值与实际值会有差距,这个差距为残差。

方法二:

主要操作步骤:

① 选择【工具】|【数据分析】菜单,在出现的【数据分析】对话框(如图 9-9

所示)中选择【回归】选项,并单击【确定】按钮;

② 在出现的【回归】对话框中,如图 9-28 所示设置参数,单击【确定】按钮;

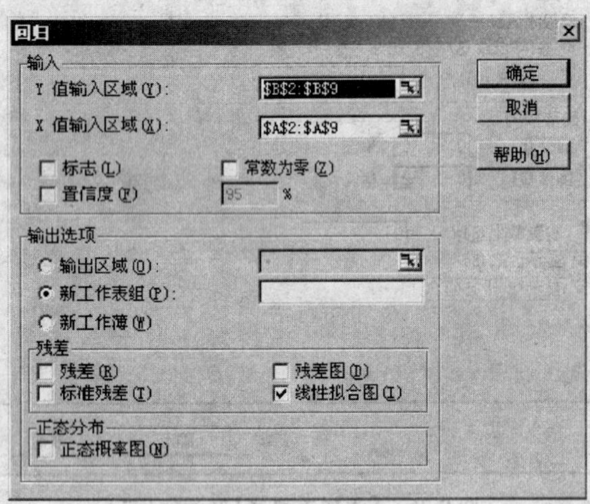

图 9-28 【回归】对话框

③ 得到的回归分析输出结果如图 9-29 所示,一元线性拟合方程为:$\hat{y} = 33.296 + 1.02x$。

SUMMARY OUTPUT

回归统计	
Multiple	0.939918
R Square	0.883445
Adjusted	0.864019
标准误差	7.679477
观测值	8

方差分析

	df	SS	MS	F	gnificance F
回归分析	1	2682.029	2682.029	45.47787	0.000518
残差	6	353.8462	58.97437		
总计	7	3035.875			

	Coefficien	标准误差	t Stat	P-value	Lower 95%	Upper 95%	下限 95.0%	上限 95.0%
Intercept	33.29597 (β_0)	6.83886	4.868642	0.002798	16.56188	50.03005	16.56188	50.03005
X Variabl	1.019977 (β_1)	0.151248	6.743728	0.000518	0.649886	1.390068	0.649886	1.390068

RESIDUAL OUTPUT

观测值	预测 Y	残差
1	56.75543	-0.75543
2	67.97517	10.02483
3	90.41466	-0.41466
4	79.19492	-12.1949
5	101.6344	-1.63441
6	67.97517	8.024825
7	45.53569	-5.53569
8	95.51455	2.485454

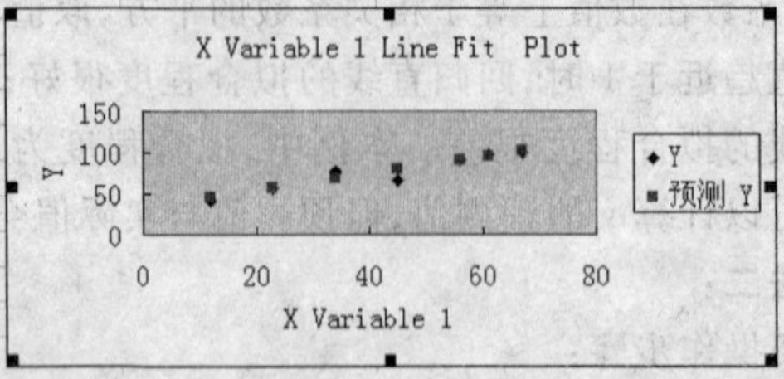

图 9-29 回归分析输出结果

要点分析：

在 Excel 中，除了可以这两种方法计算回归函数外，还可以利用函数来完成，相关函数有 SLOPE（计算拟合线的斜率，即 β_1）、INTERCEPT（计算拟合线的截距，即 β_0）。

9.4.3　时间序列分析

时间序列分析是反映事物及其现象的数量特征依时间发展变动的规律性的过程和方法。时间序列分析方法包括描述性分析、长期趋势分析、季节变动分析、循环变动分析等。本文介绍比较常用的长期趋势分析方法。

1. 统计理论

(1) 长期趋势的因素分析

时间序列所反映的某一数量特征的发展变化是由多种复杂因素共同作用的结果，可将时间序列中的影响因素分为：

① 长期趋势：是指时间序列在一个相当长的时期内，持续向上或向下发展变化的趋势；

② 季节变动：是指时间序列以一年为周期的有规律的波动；

③ 循环变动：是指时间序列中围绕长期趋势的一种高低往复、周而复始的规则性变动；

④ 不规则变动：即剩余变动。

(2) 长期趋势分析

测试长期趋势的方法有很多，如随手描绘法、时期扩大法、移动平均法、模型拟合法等，本书只介绍移动平均法和模型拟合法。

① 移动平均法

移动平均法是以 t 时刻之前 K 期发展水平的简单序时平均数作为第 $t+1$ 时刻发展水平的预测值的方法和过程，其中 K 称为移动间隔，移动间隔为 K 的移动平均称为 K 项移动平均。

移动平均法根据先前数个周期的变量平均值推测预测周期中的数值，每个预测值根据以下公式计算：

$$F_{t+1} = \frac{1}{K}\sum_{i=1}^{K} Y_{t-k+i}$$

其中，F_{t+1} 是第 $t+1$ 时刻的移动平均预测值。

② 模型拟合法

趋势模型与前面介绍的回归模型有共同之处，均采用回归的方法来估计模型的参数，但趋势模型并不揭示事物及其现象之间的因果关系，只是反映事物及其现象的某一数量特征依时间推移所呈现出来的某种变动的规律性。它分为线性模型拟合、二次曲线拟合、指数曲线模拟拟合、修正指数曲线模型拟合、逻辑曲线模型拟合等，这里只简要说明最基本、最简单的线性模型拟合。

当事物及其现象的某一数量特征依时间推移呈现出稳定的增长或上升的直线变动趋势时，可以采用线性模型来描述其变动规律性，进行相关的预测和分析。线性方程为：

$$\hat{Y}_t = a + bt$$

其中，$\hat{Y}_t$ 为时间序列在第 t 项的趋势值，a 为趋势线在 Y 轴上的截距，b 为趋势线的斜率。

$$a = \bar{Y} - b\bar{t}$$

$$b = \frac{n\sum tY - \sum t\sum Y}{n\sum t^2 - \left(\sum t\right)^2}$$

2. 范例解析

例题 9-15　打开示例文件 ex6. xls，文件中是某企业近 19 年产品产量情况，试在移动间隔 K 为 3、5、7 时，对该企业进行简单移动平均分析，并绘制它们的折线图。

主要操作步骤：

（1）选择【工具】|【数据分析】菜单，在出现的【数据分析】对话框（如图 9-9 所示）中选择【移动平均】选项，并单击【确定】按钮；

（2）在弹出的【移动平均】对话框中，如图 9-30 所示设置各参数，单击【确定】按钮；

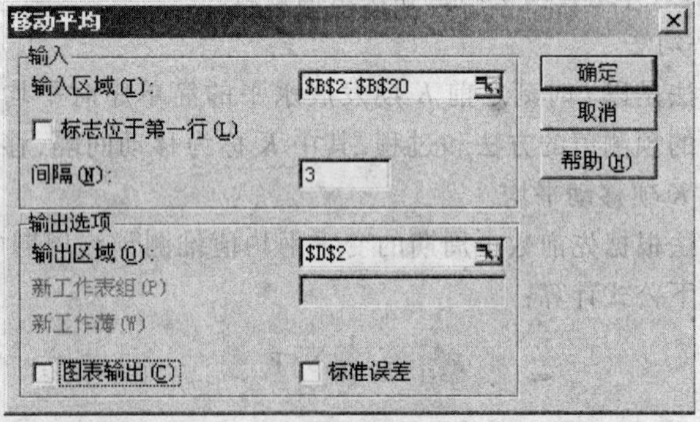

图 9-30　【移动平均】对话框

（3）重复步骤（2），分别在【间隔】文本框中输入 5、7，【输出区域】中输入 E2、F2，得到的结果如图 9-31 所示：

	A	B	C	D	E	F
1	年份	产量（万吨）		K=3	K=5	K=7
2	1988	540				
3	1989	580				
4	1990	620		580		
5	1991	660		620		
6	1992	705		661.6667	621	
7	1993	780		715	669	
8	1994	840		775	721	675
9	1995	880		833.3333	773	723.5714
10	1996	920		880	825	772.1429
11	1997	950		916.6667	874	819.2857
12	1998	985		951.6667	915	865.7143
13	1999	1025		986.6667	952	911.4286
14	2000	1040		1016.667	984	948.5714
15	2001	1060		1041.667	1012	980
16	2002	1095		1065	1041	1010.714
17	2003	1200		1118.333	1084	1050.714
18	2004	1238		1177.667	1126.6	1091.857
19	2005	1270		1236	1172.6	1132.571
20	2006	1300		1269.333	1220.6	1171.857

图 9-31　移动平均计算结果

（4）选择【插入】|【图表】菜单，弹出如图 9-32 所示的对话框，在【图表类型】中选择“折线”，然后在【子图标类型】列表中选择第四个图标，单击【下一步】按钮；

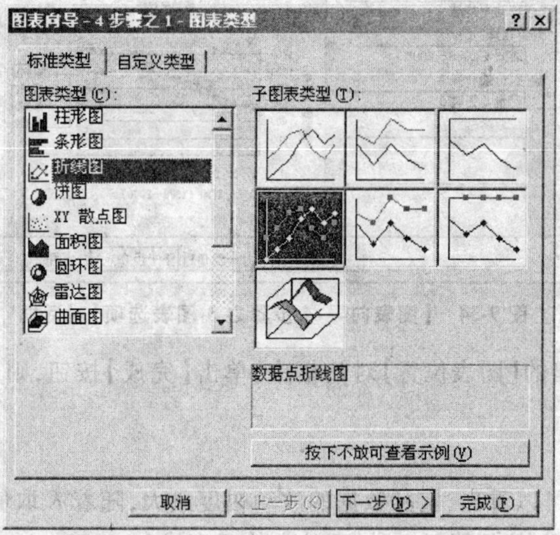

图 9-32　【图表向导-4 步骤之 1-图表类型】

（5）在如图 9-33 所示的对话框中，在【数据区域】中输入“ = Sheet1 ! $ B $ 1 : $ B $ 20, Sheet1 ! $ D $ 1 : $ F $ 20”，单击【下一步】按钮；

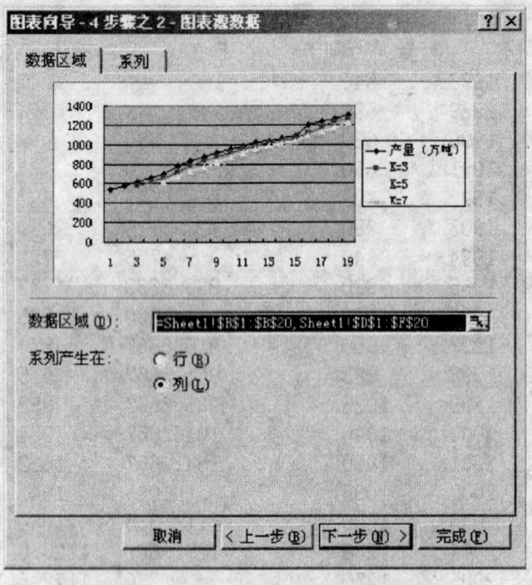

图 9-33 【源数据】对话框

(6) 在如图 9-34 所示的对话框中，按照图中设置标题等选项，单击【下一步】按钮；

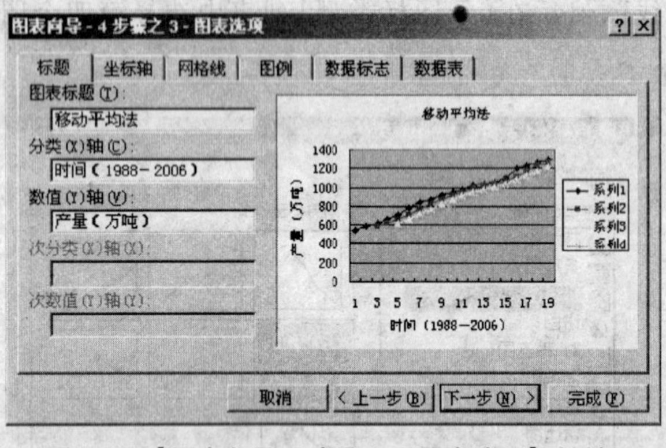

图 9-34 【图表向导-4 步骤之 3-图表选项】对话框

(7) 在弹出的【图表位置】对话框中，单击【完成】按钮，则会生成如图 9-35 所示的折线图。

要点分析：

从图 9-35 可以看出，实际数据的波动幅度最大，随着 *K* 取值的增大，折线修匀的程度越显著，当 *K* 等于 7 时，已基本趋于直线。

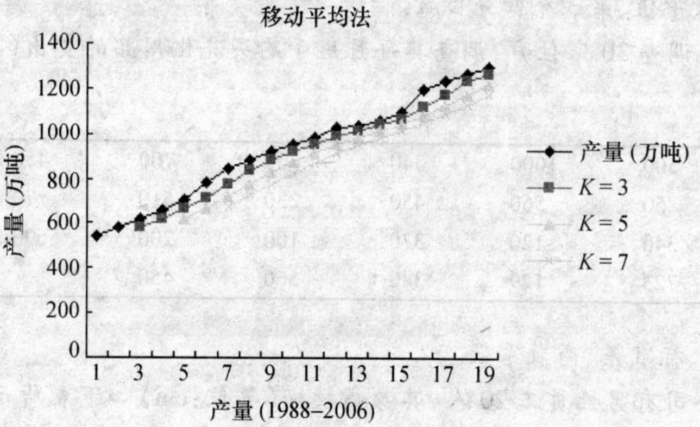

图 9-35　折线图

例题 9-16　打开示例文件 ex6. xls,试采用线性模型拟合方法,估计该企业自 1988—2006 年 19 年以来年产量的线性趋势方程,并预计 2007 年度的产量。

主要操作步骤:

与例题 9-14 步骤大致相同,故这里就不详细叙述了。最后得到的结果如图 9-36 所示。根据线性趋势方程 $\hat{Y}_t = -82981.59 + 42.02t$,2007 年度的产量为:

$$\hat{Y}_{2007} = -82981.59 + 42.02 * 2007 = 1352.55(\text{万吨})$$

SUMMARY OUTPUT								
回归统计								
Multiple	0.9950966							
R Square	0.9902172							
Adjusted	0.9896417							
标准误差	24.184019							
观测值	19							
方差分析								
	df	SS	MS	F	gnificance F			
回归分析	1	1006404	1006404	1720.741	1.59E-18			
残差	17	9942.735	584.8668					
总计	18	1016347						
	Coefficient	标准误差	t Stat	P-value	Lower 95%	Upper 95%	下限 95.0%	上限 95.0%
Intercept	-82981.59	2022.883	-41.0215	1.92E-18	-87249.5	-78713.7	-87249.5	-78713.7
X Variabl	42.019298	1.012957	41.48181	1.59E-18	39.88215	44.15645	39.88215	44.15645

a　b

图 9-36　线性拟合结果

思考与练习

利用 Excel 完成下列题目:

1. 一组数据由小到大依次为 1,4,7,9,12,15,15,18,19,20,23,24,求第 1

个四分位数、中值、第3个四分位数。

2. 随机调查30家住户，调查其每月用于购买洗化用品的支出(单位:元)如下表所示：

300	500	1000	340	600	700	450	670
200	50	560	450	230	510	70	510
112	340	120	370	100	200	690	250
564	723	129	340	560	450		

求方差、标准差、离散系数。

3. 某公司有男性员工20人，其身高数据(单位:cm)如下表所示，计算其偏度系数与峰度系数，并描述一下该数据分布的形态是否偏倚，是否尖耸及其程度。

172	168	182	175	174	178	176	170	167	173
176	179	172	174	169	167	176	174	174	179

4. 简述总体、个体、总体容量、样本容量的定义。

5. 试述假设检验的操作步骤。

6. 任意抽取某种品牌的香烟15支，用来估计尼古丁的含量，已知样本平均数为22克，样本标准差为4克，则在置信水平为95%下，某品牌香烟的总体平均数的区间估计是多少？

7. 根据某报纸报道，女性每年用于购置衣物的费用平均每人为5000元，某市场调查员为了检验这则报道的真实性，随机抽取了40名妇女，调查她们的消费情况，结果如下：

6000	9000	1780	9231	4700	7350	5600	7300	5900	5600
2340	6780	4500	7800	7800	3100	4501	5600	4280	6000
4500	2340	7800	4500	3500	5700	6790	6500	5800	5000
6700	3780	5100	7000	6200	3100	5000	9321	7500	4500

假设总体方差未知，请在$\alpha=0.05$的情况下判断该报道的真实性。

8. 设在一批木材中抽出100根，测其小头直径，得到样本平均数为11.2 cm，已知标准差σ等于2.6 cm，问该批木材平均小头直径是否为12 cm($\alpha=0.05$)？

9. 某糖厂用自动打包机装糖，每包糖的标准重量为0.5公斤，标准差σ等于0.015，某天开工后，为了检查包装机工作是否正常，随机抽取9包，称其重量为0.497，0.506，0.518，0.524，0.488，0.511，0.510，0.515，0.512。请问这天包装机器是否工作正常($\alpha=0.05$及0.1各作一次检验)？

10. 一实验室用 4 只伏特计测量电压,每只伏特计用来测量电压为 100 伏的恒定电压各 5 次,结果如下:

序号＼伏特计	A	B	C	D
1	100.9	100.0	100.8	100.4
2	101.1	101.9	100.7	100.1
3	101.8	101.0	100.7	100.3
4	100.9	100.6	100.4	100.2
5	100.2	100.3	100.0	100.0

问这 4 只伏特计之间有无显著差别($\alpha = 0.05$)?

11. 三部机床 A、B、C,制造一种产品,每部机床统计 5 天的日产量如下:

车床＼天	第一天	第二天	第三天	第四天	第五天
A	41	48	41	49	58
B	45	57	54	61	60
C	65	52	56	56	68

问这三部机床的加工能力是否有显著差别($\alpha = 0.05$)?

12. 下表中是 20 人参加语文考试的成绩,其中 x 为常识问题的成绩,y 为作文的分数,试计算 x 和 y 的相关系数,并绘制 xy 散点图。

	1	2	3	4	5	6	7	8	9	10	11	12	13	14	15	16	17	18	19	20
x	50	30	42	40	35	48	45	30	32	49	37	30	20	45	48	49	28	39	46	45
y	18	10	17	16	16	18	19	10	14	20	15	11	10	20	18	20	10	14	20	19

13. 求上题中 x 和 y 的一元线性回归方程,并为 xy 散点图添加趋势线。

14. 某城市近 15 年来人口自然增长率如下:

年份	1	2	3	4	5	6	7	8	9	10
增长率	15.3	14.8	14.2	14.3	14.1	13.9	13.2	13.8	13.4	13.5
年份	11	12	13	14	15					
增长率	13.1	12.4	12.8	13	12.5					

试在移动间隔 K 为 3,5,7 时,对该市 15 年以来人口自然增长率进行简单移动平均分析。

15. 美国某啤酒公司在上海的销售情况如下表所示:

年份	1	2	3	4	5	6	7	8	9	10
销售额（百万元）	25	28	33	37	41	44	48	52	57	60
年份	11	12	13	14	15					
销售额（百万元）	64	68	72	77	82					

请估计该公司自第1年至第15年以来销售额的线性趋势方程，并预计第16年度的销售额。

第10章　数据处理和统计分析软件 SPSS*

SPSS(Statistical Package for Social Science),即社会科学统计软件包,是世界上公认最著名的统计分析软件之一。2000年,SPSS公司由于产品升级及业务扩展的需要,将其产品正式更名为SPSS(Statistical Product and Service Solutions),即统计产品与服务解决方案。

最早的SPSS软件于1966年由美国斯坦福大学研制,采用Fortran语言写成。1977年,美国SPSS软件公司实现商品化,早期的版本是DOS环境支持的SPSS/PC+V4.0及其低版本,随着Windows操作平台的面市,SPSS从1992年开始由DOS版本升级为Windows版本,即最初的4.0版;之后,相继有Windows 3.X平台下的SPSS6.0和SPSS6.1版本,以及基于Windows95或以上平台的SPSS7.0、SPSS7.5、SPSS8.0、SPSS9.0版本;至2000年后,相继推出新版本SPSS10.0、SPSS11.0、SPSS11.5、SPSS12、SPSS13、SPSS14和SPSS15,并仍有不断升级的趋势。各版本信息可参阅网站www.spss.com。

SPSS在社会科学和自然科学各个领域得到了广泛的应用,并发挥了巨大作用,如宏观经济管理、行业经营管理、企业经营管理等领域,社会学、人类学、民族学、科教等社会科学领域,生物学、医学以及工、农、林业、军事等诸多领域。在国民经济等专业统计中,SPSS更是大有可为。

10.1　SPSS简介

10.1.1　SPSS功能简介

SPSS是模块化的统计分析软件,由基本模块、分类模块、趋势分析模块、回归分析模块、高级模块等十多个模块组成。这些模块可实现基本统计、高级统计、趋势分析、专用制图与制表等功能。尽管SPSS提供的功能很多,但对于数据分析人员来说,其主要功能可分为两个方面:一是对数据文件的建立和管理;二是提供各种统计分析方法。前者主要通过Data菜单和Transform菜单实现,可以对数据进行修改编辑、查找、排序、合并、分割、抽样、加权、重现编码、编秩、设定种子数及计算或转换新的变量等多种功能。后者则通过Analyze菜

---

* 本章所示示例文件均见于上海圣大燕园文化传播有限公司网站"资源下载",即www.shengda-books.com。

单实现，可以对数据集进行一般统计分析，如描述统计、推断分析、t 检验、单因素和多因素方差分析、协方差分析、四格表和列联表卡方检验、相关分析、线性回归分析、非参数检验、生存分析等；同时也提供了多种高级统计分析，如非线性回归、多元线性回归、Logistic 回归、Cox 回归、典型相关分析、因子分析、聚类分析、判别分析、对应分析、对数线性模型等。当然，还可以通过 Graph 菜单绘制多种精美的图表。各版本 SPSS 都具有其基本功能，V10.0 以后的版本都有高级功能，但在某些功能模块上，高版本的功能更为强大。例如，V14.0 版本有更强大的数据管理功能、更优秀的图表功能、更简便的数据校验、更简便的预测功能、更丰富的结构方程建模，以及扩展了编程功能。尽管高版本的 SPSS 功能更强大，但在实际统计工作应用中，常用的还是 SPSS 最基本的一些功能。因此，本文以 SPSS V11.5 为例介绍 SPSS 在专业统计中的基本应用。

10.1.2 用 SPSS 进行数据分析的一般步骤

(1) 创建或调入数据文件。

(2) 根据资料的性质和研究者的需要调用一定的统计分析模块。

统计分析模块在【Analyze】菜单中，需要根据资料的性质和研究的需要选择【Analyze】菜单下对应的子菜单，每个子菜单项的功能描述见附录 2。

(3) 选择变量，设定参数并运行。

在【Analyze】菜单下对应的子菜单所弹出的对话框中选择要进行统计分析的源变量，使其变为目标变量，设定统计学参数并提交系统运行。

(4) 查看统计分析输出结果并进行相应的统计和专业解释。

10.1.3 创建或调入数据文件的方法

1. 创建数据文件的方法

启动 SPSS 后，在数据编辑窗口的 Variable View 栏中设定变量名(Name)、变量类型(Type)、变量长度(Width)、变量标签(Label)、变量值标签(Values)、缺失值的定义方式(Missing)、变量的显示宽度(Columns)、变量对齐方式(Align)、变量的测量尺度(Measure)，然后在 Data View 中输入数据，并保存。保存文件时，可直接在【File】|【Save】菜单中保存为 SPSS 默认的数据文件格式(*.sav)，也可以在【File】|【Save As】菜单中另存为 *.dat、*.xls、*.wk3、*.wkl、*.wks、*.slk、*.dbf、*.sys、*.por 等数据格式。

2. 调入数据文件的方法

SPSS 数据文件可以保存为其他格式的文件；反之，它也可以直接读取其他格式数据文件，如文本文件、Excel 文件、dBASE 文件、数据库文件、Syntax 文件、Output 文件、Script 文件等，调入的方式为先选择【File】，再根据需要调入文件的类型分别选择【Open】、或【Open Database】、或【Read Text Data】子菜单，然后选择对应子菜单下的【Data】或【New Query】等子菜单。下面介绍文本文件、Excel 文件的数据读取方式。

(1) 读取固定格式的文本文件

固定格式(Fixed Columns)的文本文件，要求每个个案数据的变量数目、排列顺序、变量取值长度固定不变，一个个案数据可以占若干行，数据项之间可以有分隔符，也可以没有。分隔符一般为逗号、空格等。如读取一个文本文件 spss-01.txt，其中有两行数据“122333”和“455666”，要把这两行数据读入 SPSS，放置到 3 个数值变量中，其中，第 1 个变量占 1 位数据，第 2 个变量占 2 位数据，第 3 个变量占 3 位数据。具体操作如下：

① 选择【File】|【Read Text Data】，在弹出的文件打开对话框中，选择要打开的文本文件 spss-01.txt，出现如图 10-1 所示的对话框，在该对话框下面可以看见文本文件中的数据信息。

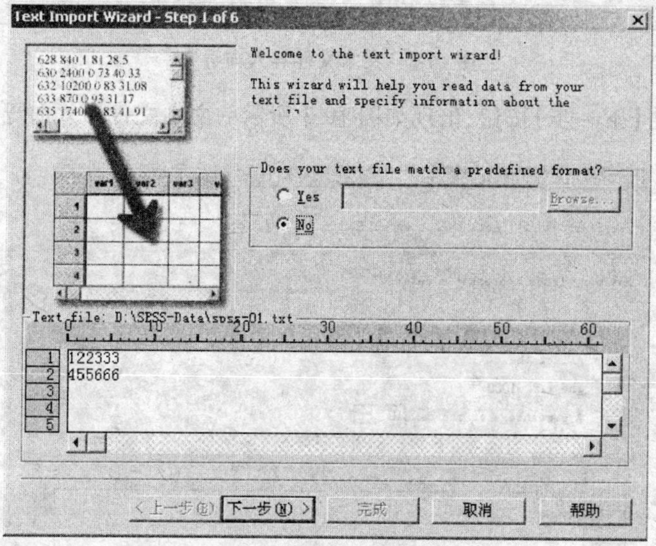

图 10-1　文本文件导入向导 1

② 单击【下一步】按钮，出现如图 10-2 所示的文本文件导入向导对话框 2，在其中的 How are your variables arranged 框中选择 Fixed widt，表示读入固定文本文件的内容。

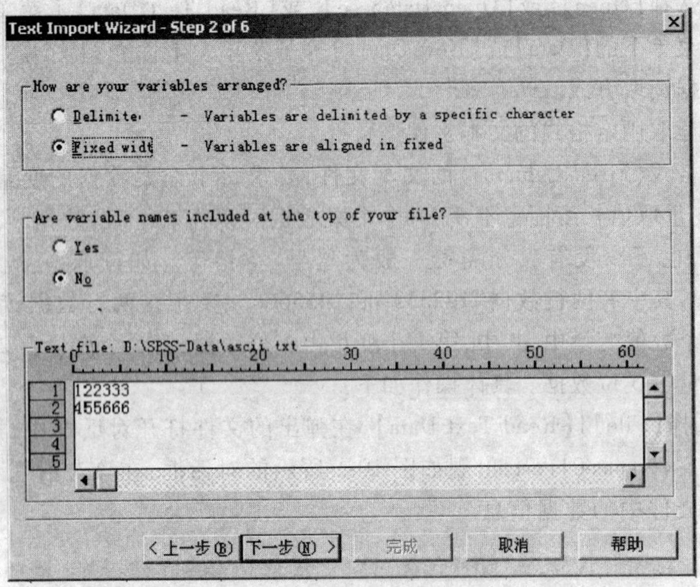

图 10-2 文本文件导入向导 2

③ 单击【下一步】按钮,出现如图 10-3 所示的文本文件导入向导对话框 3。

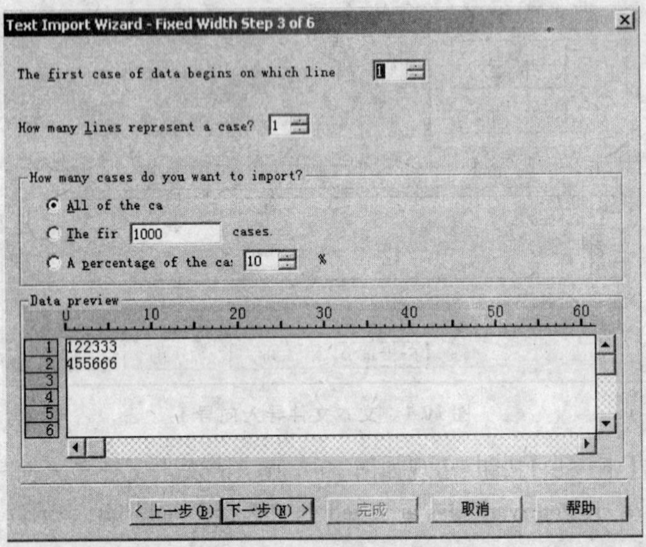

图 10-3 文本文件导入向导 3

在其中的 The first case of data begins on which line 框中输入 1,表示个案数据从第一行开始;在 How many lines represent a case? 框中输入 1,表示每一行代表一个个案。

④ 单击【下一步】按钮，出现如图 10-4 所示的文本文件导入向导对话框 4。

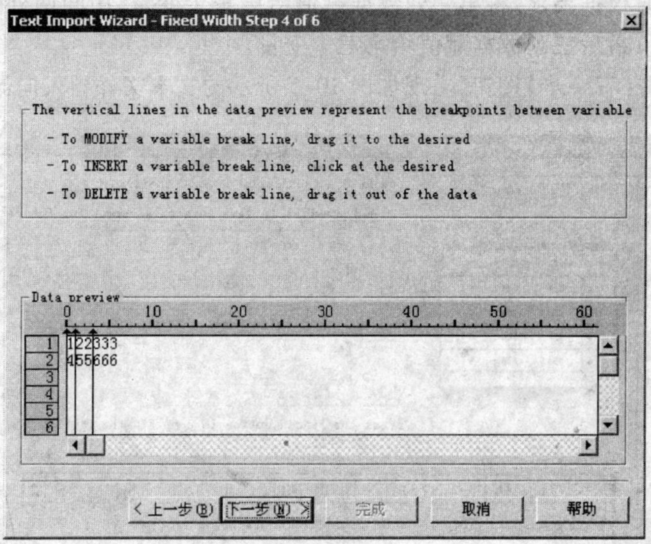

图 10-4　文本文件导入向导 4

第一列数据属于第一个变量，因此在第一列和第二列数据之间单击鼠标左键，两列之间就多了一个带箭头的分隔线。同样在第三列和第四列之间单击鼠标左键，进行分隔。同时还要在第 0 列增加一条分隔线。

⑤ 单击【下一步】按钮，出现如图 10-5 所示的文本文件导入向导对话框 5。

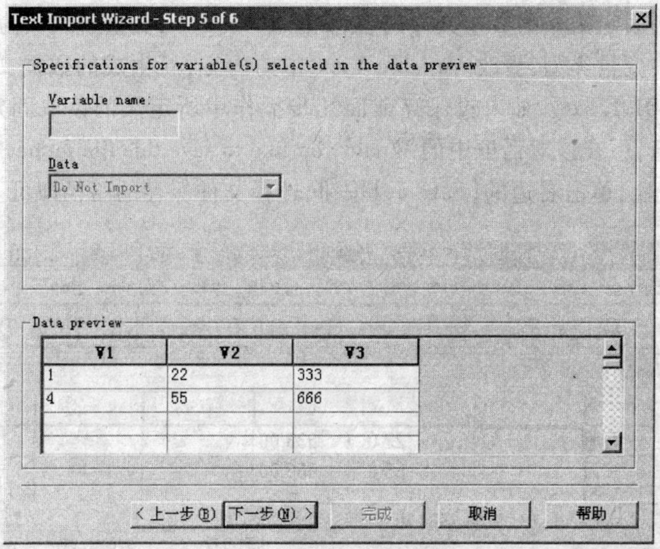

图 10-5　文本文件导入向导 5

该对话框的下面是数据文件的预览,从中可以看出,SPSS 已经将这两行数据读入,同时根据要求,将第一列数据赋值给第一个变量,中间两列数据赋值给第二个变量,最后三列数据赋值给第三个变量。

⑥ 单击【下一步】按钮,出现如图 10-6 所示的文本文件导入向导对话框 6。

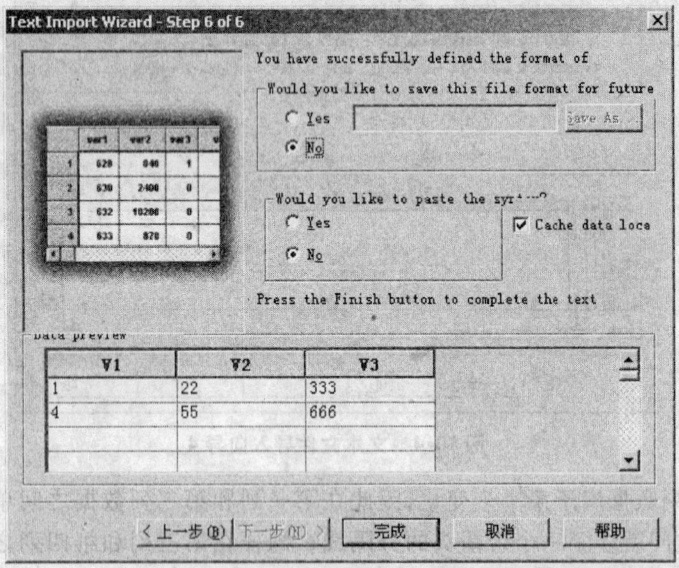

图 10-6 文本文件导入向导 6

该对话框是文本文件导入向导对话框的最后一个。单击【完成】按钮,SPSS 即成功读入固定格式的文本文件内容,如图 10-7 所示,变量名默认为 v1、v2、v3。如果要修改变量类型,更改 Variable View 中的内容,新生成的数据文件可【Save as】为 spss-01-1. sav。如果想保存前面几步操作中所定义的读取固定格式文本文件的信息,可在该对话框中的 Would you like to save this file format for future 处选择“Yes”项,单击右边的【Save as】按钮,选择文件保存的路径即可。

图 10-7 文本文件导入后新生成的 SPSS 数据文件

(2) 读取自由格式的文本文件

自由格式的文本文件(Free Field)每个个案的变量数目、排列顺序固定,一个个案数据可以占据若干行,和固定格式文本文件不同的是,自由格式文本文件的数据项之间有分隔符(分隔符可以是逗号、空格、Tab 键等),但数据项的长度可以变化。例如,读取一个文本文件 spss-02. txt,其中有两行数据“1,12,123,2,344”和“4,556,7,67,89”,要把这两行数据读入 SPSS,放置到 5 个数值变量中,具体操作过程如下:

① 选择【File】|【Read Text Data】,在弹出的文件打开对话框中,选择要打开的文本文件 spss-02. txt,出现如图 10-8 所示的对话框,在该对话框下面可以看见文本文件中的数据信息。

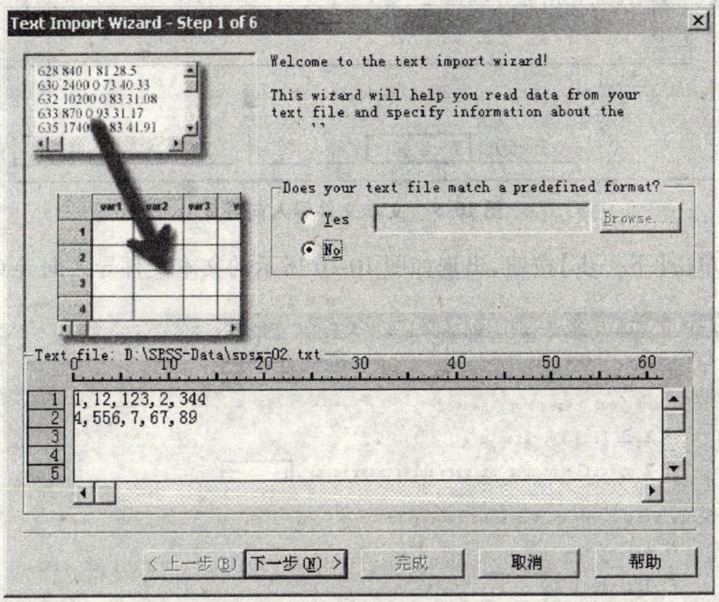

图 10-8　文本文件导入向导 1

② 单击【下一步】按钮,出现如图 10-9 示的文本文件导入向导对话框 2,在其中的 How are your variables arranged 框中选择“Delimite”项,表示读入自由格式文本文件的内容。

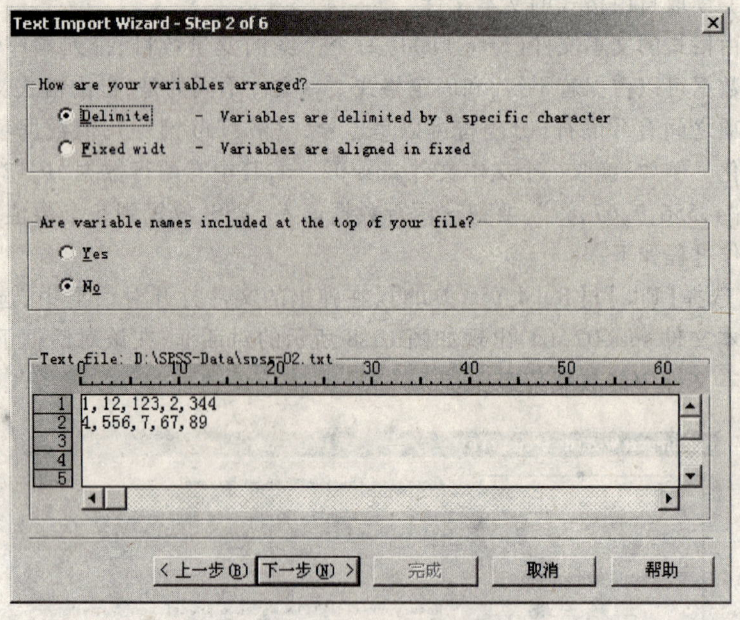

图 10-9 文本文件导入向导 2

③ 单击【下一步】按钮，出现如图 10-10 所示的文本文件导入向导对话框 3。

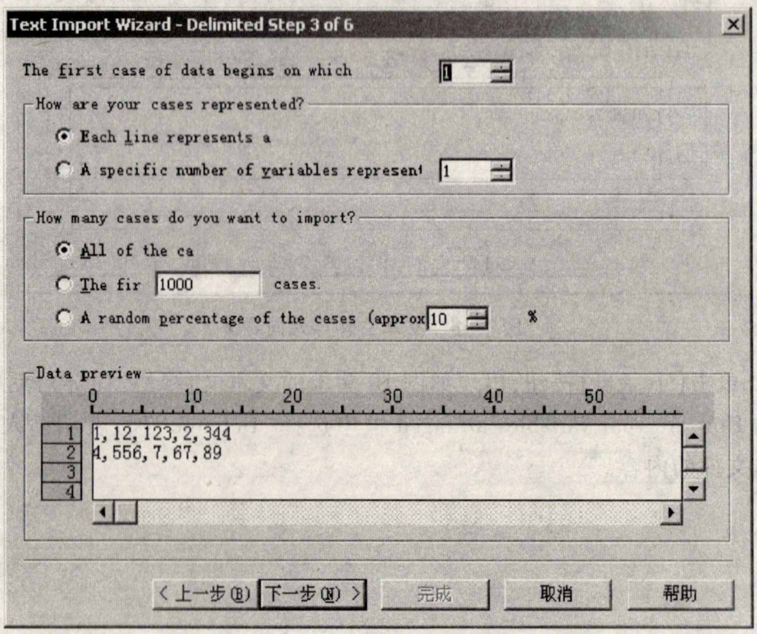

图 10-10 文本文件导入向导 3

在 The first case of data begins on which line 框中输入 1，表示个案数据从第一行开始；在 How many lines represent a case？框中输入 1，表示每一行代表一个个案。

④ 单击【下一步】按钮，出现如图 10-11 所示的文本文件导入向导对话框 4。

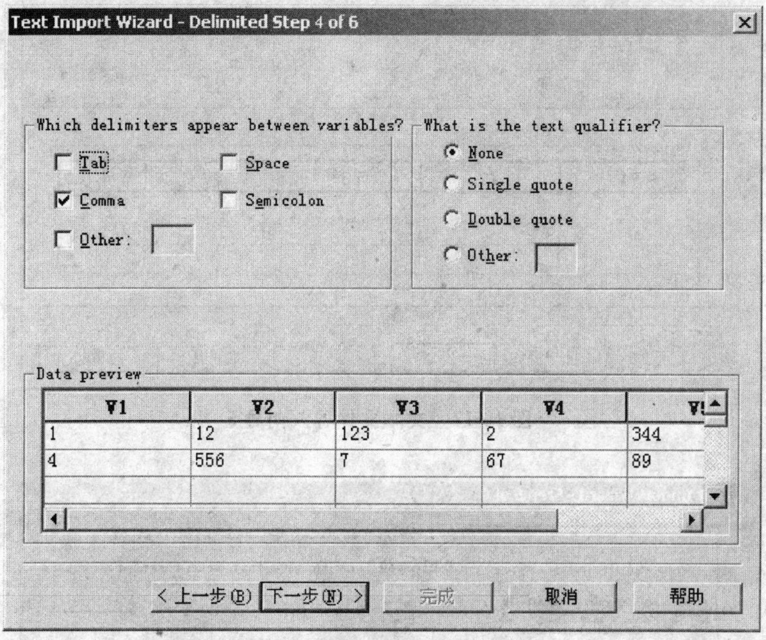

图 10-11　文本文件导入向导 4

在 Which delimiters appear between variables 框中选择文本文件的分隔符，其中有 Tab 键分隔、空格(Space)、逗号(Comma)、分号(Semicolon)和其他(Other)几种，这里选择逗号为分隔符。

⑤ 单击【下一步】按钮，出现如图 10-12 所示的文本文件导入向导对话框 5。

该对话框的下面是数据文件的预览，从中可以看出，SPSS 已经将这两行数据读入，同时根据要求，将逗号分隔的数据分别赋值给了 5 个变量。

⑥ 单击【下一步】按钮，出现如图 10-13 所示的文本文件导入向导对话框 6。

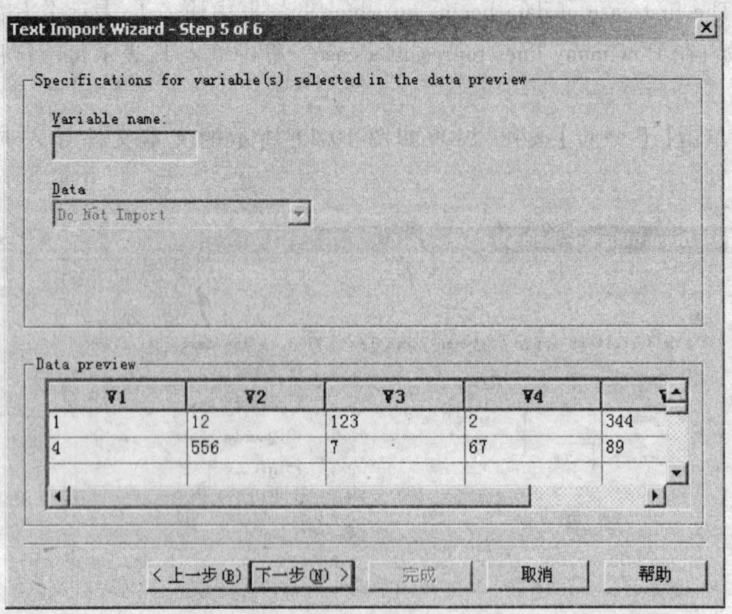

图 10-12 文本文件导入向导 5

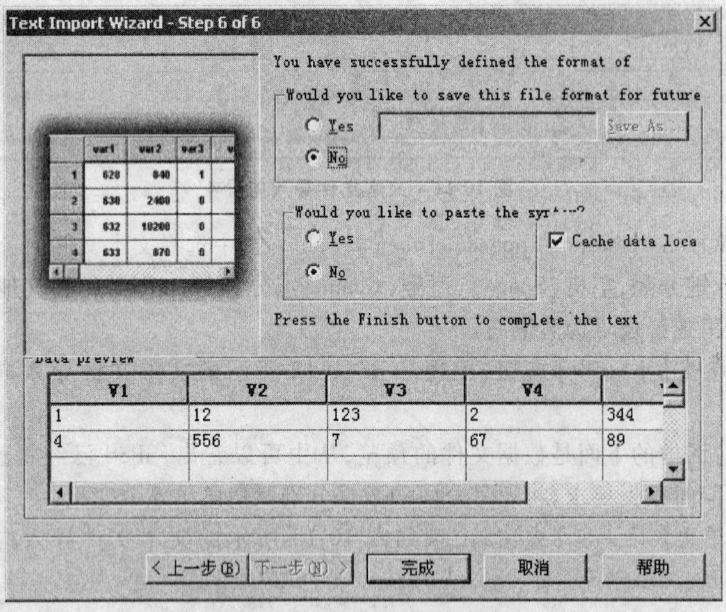

图 10-13 文本文件导入向导 6

单击【完成】按钮，SPSS 即成功读入自由格式的文本文件内容，如图 10-14 所示，变量名默认为 v1、v2、v3。如果要修改变量类型，则更改 Variable View 中的内容,新生成的数据文件可保存为 spss-02-1. sav。

图 10-14　自由格式文本文件导入后新生成的 SPSS 数据文件

如果想保存前面几步操作中所定义的读取自由格式文本文件的信息,可以在该对话框中的 Would you like to save this file format for future 处选择"Yes"项,单击右边的【Save as】按钮,选择文件保存的路径即可。

(3) 读取 Excel 软件文件(. xls)

① 选择【File】|【Open】|【Data】,在弹出的文件打开对话框中,选择要打开的文本文件 spss-03. xls,出现如图 10-15 所示的 Opening Excel Data Source 对话框。

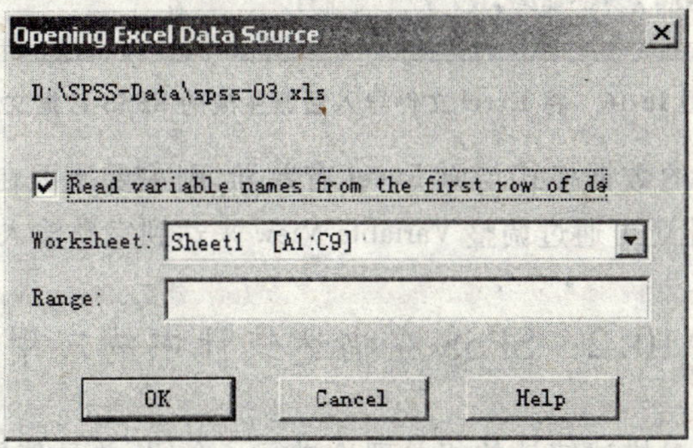

图 10-15　Opening Excel Data source 对话框

如果选中 Read variable names from the first row of the data 项,表示将 Excel 文件的第一行内容作为变量名,第二行开始为数据值。如果 Excel 文件第一行就是数据值,就不用选择这个复选框。如果一个 Excel 文件有多个 Sheet,则在 Worksheet 下拉框中,选择要读入的 Sheet。

SPSS 每次只能读入一个 Sheet 中的数据。SPSS 默认将某个 Sheet 中所有数据都读入到数据编辑窗口中。在 Range 框中输入要读取数据的范围,也允许指定读取一部分区域的数据，如要读入前 5 行数据，则在该框中输入 A1:C5，表示读取的区域是以 A1 单元为左上角，以 C5 为右下角的矩形区域。Excel 表格中的一行为 SPSS 中的一个个案。

② 单击【OK】按钮，得到如图 10-16 所示的对话框。

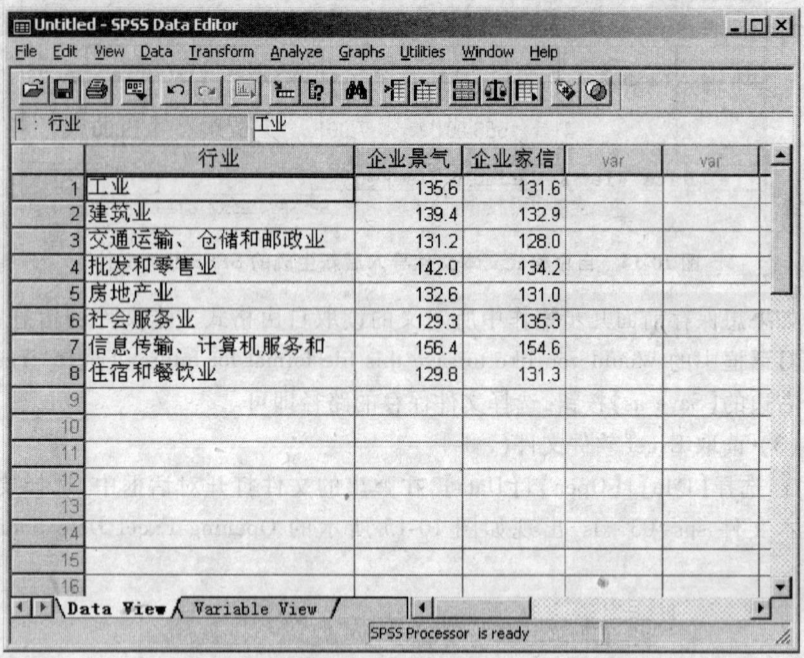

图 10-16 将 Excel 文件导入后新生成的 SPSS 数据文件

如果导入后的数据格式与原 Excel 有差异，则主要原因在于变量类型和变量格式的不同，此时可通过调整 Variable View 来达到完整输入的目的。

10.2 SPSS 在描述统计中的应用

第 9 章已经对描述统计的相关理论进行了介绍，并且使用 Excel 的方法分析了一些案例。SPSS 同样也能进行描述统计，下文略去 Excel 中介绍过的相关统计理论，补充新增的描述统计相关理论，并通过案例介绍 SPSS 软件在统计分析中的应用。

10.2.1 集中趋势的度量

这主要包括均值（Mean）、中位数（Median）、众数（Mode）、总和（Sum）。

(1) 统计理论

略。

(2) 范例解析

例题 10-1　打开示例文件 ex2. xls,表中数据是某连锁超市各分店上半年的营业额,利用 SPSS 求解上半年各月各分店的平均营业额、中位数、众数和营业额总和。

主要操作步骤:

① 导入数据文件 ex2. xls,生成如图 10-17 所示的 SPSS 格式文件,由于该文件的变量格式、数据格式与 ex2. xls 中的数据有出入,因此对 Variable View 栏中的变量属性进行调正,并删除 Data View 的第一个 case,整理完毕保存为 spss-04. sav 文件,如图 10-18 所示。

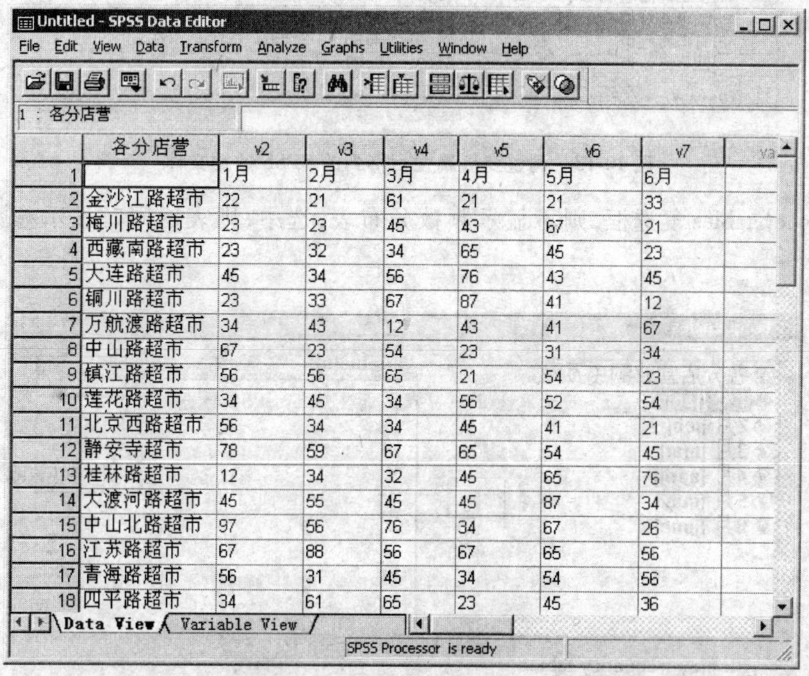

	各分店营	v2	v3	v4	v5	v6	v7
1		1月	2月	3月	4月	5月	6月
2	金沙江路超市	22	21	61	21	21	33
3	梅川路超市	23	23	45	43	67	21
4	西藏南路超市	23	32	34	65	45	23
5	大连路超市	45	34	56	76	43	45
6	铜川路超市	23	33	67	87	41	12
7	万航渡路超市	34	43	12	43	41	67
8	中山路超市	67	23	54	23	31	34
9	镇江路超市	56	56	65	21	54	23
10	莲花路超市	34	45	34	56	52	54
11	北京西路超市	56	34	34	45	41	21
12	静安寺超市	78	59	67	65	54	45
13	桂林路超市	12	34	32	45	65	76
14	大渡河路超市	45	55	45	45	87	34
15	中山北路超市	97	56	76	34	67	26
16	江苏路超市	67	88	56	67	65	56
17	青海路超市	56	31	45	34	54	56
18	四平路超市	34	61	65	23	45	36

图 10-17　直接导入 Excel 文件后得到的 SPSS 数据文件

② 选择【Analyze】|【Descriptive Statistics】|【Frequencies】命令,得到如图 10-19 所示的对话框,如果要抽查 1—6 月份的营业情况,单击左边框中的【1 月[jan]】、【2 月[feb]】、【3 月[mar]】、【4 月[april]】、【5 月[may]】、【6 月[june]】,通过 ▶ 移入到右边 Variables(s)框中;如果只抽查某个月或某几个月份(少于 6 个月)的情况,则把相应的变量移入右边。如果取消选中 Display

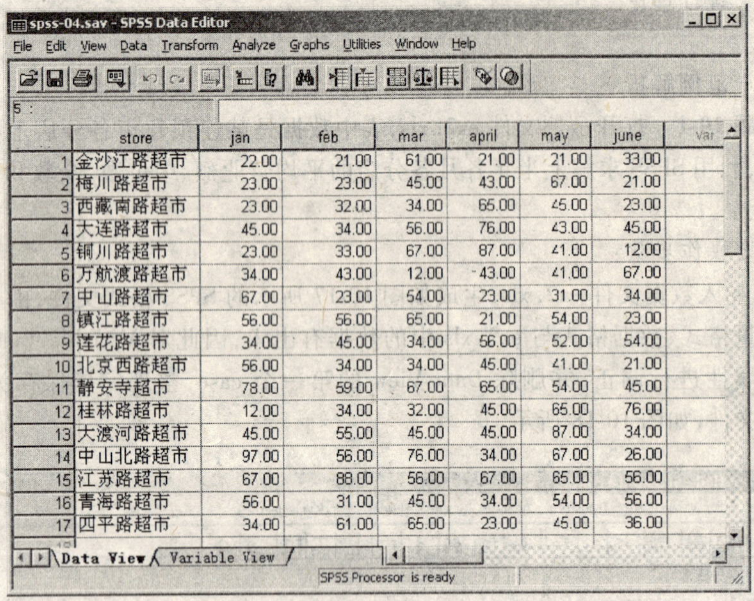

图 10-18 调整变量属性后得到的 SPSS 数据文件

frequency tables 复选框，则不显示频数分布表；选中，则表示同时显示频数分布表。

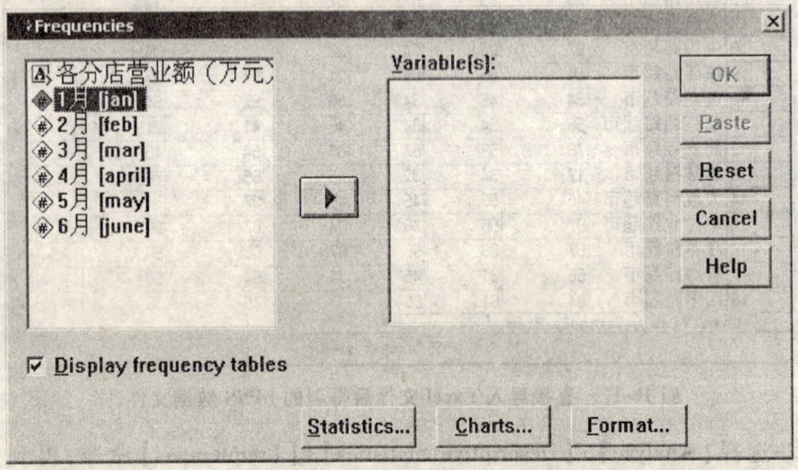

图 10-19 Frequencies 对话框

③ 单击【Statistics】按钮，得到如图 10-20 所示的对话框，在 Central Tendency 中单击要计算的项目，即选中 Mean、Median、Mode、Sum 复选框，然后单击【Continue】按钮和【OK】按钮，结果存到 Output-04. spo 文件中，图 10-21 为统计结果。

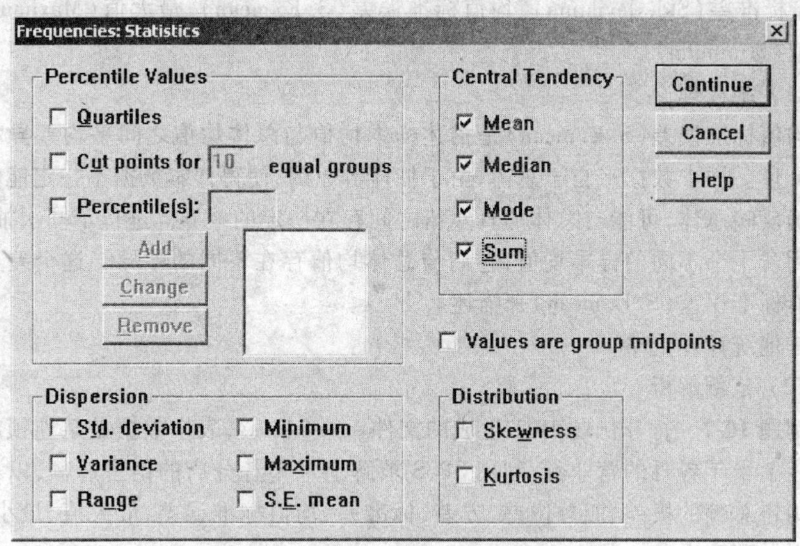

图 10-20　Frequencies：Statistics 对话框

Statistics

		1月	2月	3月	4月	5月	6月
N	Valid	17	17	17	17	17	17
	Missing	0	0	0	0	0	0
Mean		45.4118	42.8235	49.8824	46.6471	51.3529	38.9412
Median		45.0000	34.0000	54.0000	45.0000	52.0000	34.0000
Mode		23.00a	34.00	34.00a	45.00	41.00a	21.00a
Sum		772.00	728.00	848.00	793.00	873.00	662.00

a. Multiple modes exist. The smallest value is shown

图 10-21　运行结果

结果分析：

各分店上半年每个月的平均营业额、中位数、众数和总和都显示出来了。脚注说明存在多重众数，显示最小值。从图中可见，上半年中，该超市 5 月份的销售总额最高，各店平均销售额最大，销售中位数也最大，而销售众数最大的是 4 月份。由于 1、3、5、6 月份的销售众数都有多个，表中显示的是最小的销售众数，所以，此时需要根据各月份的销售频数分布表（Frequency Table）来判断到底谁的销售众数最大。从 Output-04. spo 中可以看出，1 月和 6 月的最大销售众数都是 56.00，在上半年销售情况中，位居首位。而它们的最小众数也排名靠后，这说明 1 月、6 月各分店销售情况差距大。

10.2.2　离势程度

这主要包括极差（Range，也译为“全距”）、四分位差（Quartiles）、方差（Variance)、标准差(Std. deviation)、均值标准误差(S. E. mean)、最大值(Maximum)、最小值(Minimum)。

(1) 统计理论

均值标准误差(S. E. mean)是描述样本均值与总体均值之间平均差异程度的统计量。样本数据来自于总体,由于抽样等原因,使得样本数据不一定能够完全准确反映总体,可能与总体的真实值之间存在一定的差异。进行不同次抽样,会得到若干个不同的样本均值,它们与总体均值存在不同的差异。这个差异就用均值标准误差(S. E. mean)来描述。

其他统计理论略。

(2) 范例解析

例题 10-2 打开例题 10-1 生成的文件 spss-04. sav,表中数据是某连锁超市各分店上半年各月的营业额,利用 SPSS 求解上半年各分店的销售总额,以及各分店销售总额的极差、四分位差、方差、标准差、均值标准误差、最大值、最小值,显示离散程度。

主要操作步骤:

① 打开 spss-04. sav 文件,选择【Transform】|【Compute Variable】命令,得到如图 10-22 所示的对话框,在 Target Variable 中输入目标变量名 total。

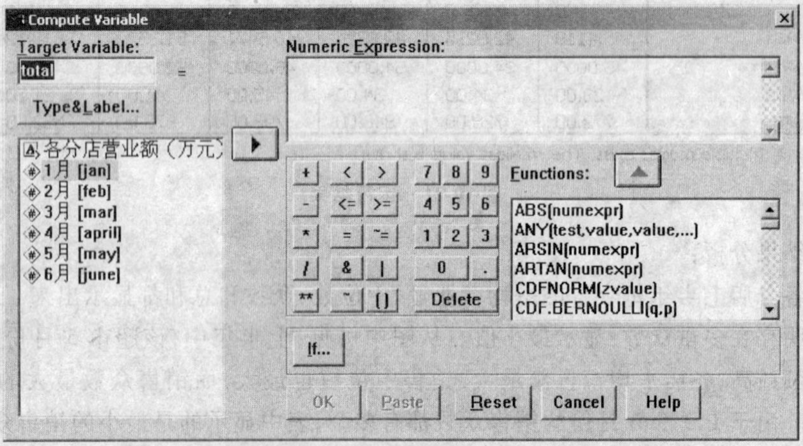

图 10-22 产生新变量的计算变量窗口

② 单击【Type & Label】,得到如图 10-23 所示的对话框,在 Label 中输入"分店销售汇总(万元)",点击【Continue】按钮,回到图 10-22 对话框。

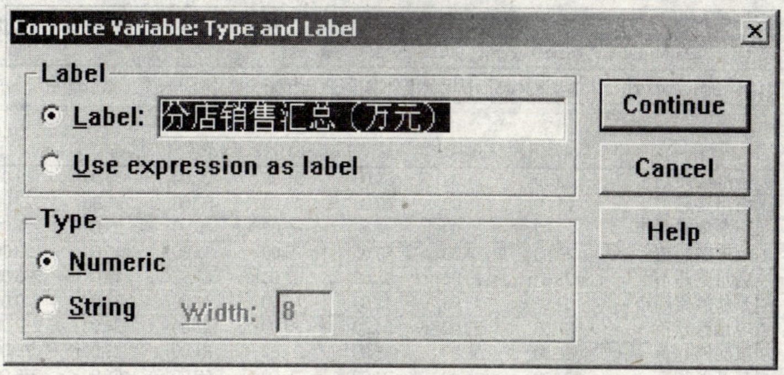

图 10-23　输入新变量的标签和数据类型

③ 通过，把函数符号、原来的变量、四则运算等符号、系数等组合起来。这里把变量 jan、feb、mar、april、may、june 和加号移入到 Numeric Expression 框中，如图 10-24 所示：

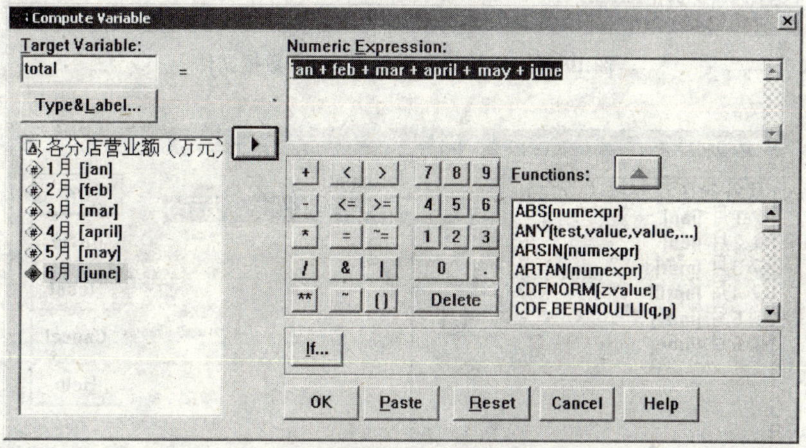

图 10-24　输入计算公式

如果选用【IF】按钮，可以限定哪些变量的哪些范围的值，能够投入运算。

④ 单击【OK】按钮，数据窗口增加一列新变量的值，如图 10-25 所示，并【Save As】文件 spss-05. sav。

⑤ 选择【Analyze】|【Descriptive Statistics】|【Frequencies】命令，取消选中 Display frequency tables 复选框，将变量"分店销售汇总(万元)[total]"移入 Variable(s)列表框，得到如图 10-26 所示的对话框。

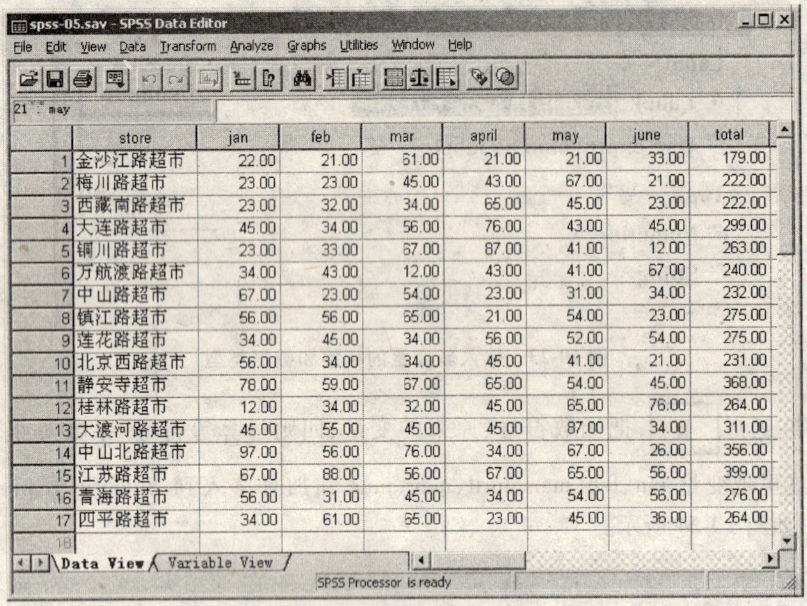

	store	jan	feb	mar	april	may	june	total
1	金沙江路超市	22.00	21.00	61.00	21.00	21.00	33.00	179.00
2	梅川路超市	23.00	23.00	45.00	43.00	67.00	21.00	222.00
3	西藏南路超市	23.00	32.00	34.00	65.00	45.00	23.00	222.00
4	大连路超市	45.00	34.00	56.00	76.00	43.00	45.00	299.00
5	铜川路超市	23.00	33.00	67.00	87.00	41.00	12.00	263.00
6	万航渡路超市	34.00	43.00	12.00	43.00	41.00	67.00	240.00
7	中山路超市	67.00	23.00	54.00	23.00	31.00	34.00	232.00
8	镇江路超市	56.00	56.00	65.00	21.00	54.00	23.00	275.00
9	莲花路超市	34.00	45.00	34.00	56.00	52.00	54.00	275.00
10	北京西路超市	56.00	34.00	34.00	45.00	41.00	21.00	231.00
11	静安寺超市	78.00	59.00	67.00	65.00	54.00	45.00	368.00
12	桂林路超市	12.00	34.00	32.00	45.00	65.00	76.00	264.00
13	大渡河路超市	45.00	55.00	45.00	45.00	87.00	34.00	311.00
14	中山北路超市	97.00	56.00	76.00	34.00	67.00	26.00	356.00
15	江苏路超市	67.00	88.00	56.00	67.00	65.00	56.00	399.00
16	青海路超市	56.00	31.00	45.00	34.00	54.00	56.00	276.00
17	四平路超市	34.00	61.00	65.00	23.00	45.00	36.00	264.00

图 10-25 增加新变量后的 SPSS 数据文件

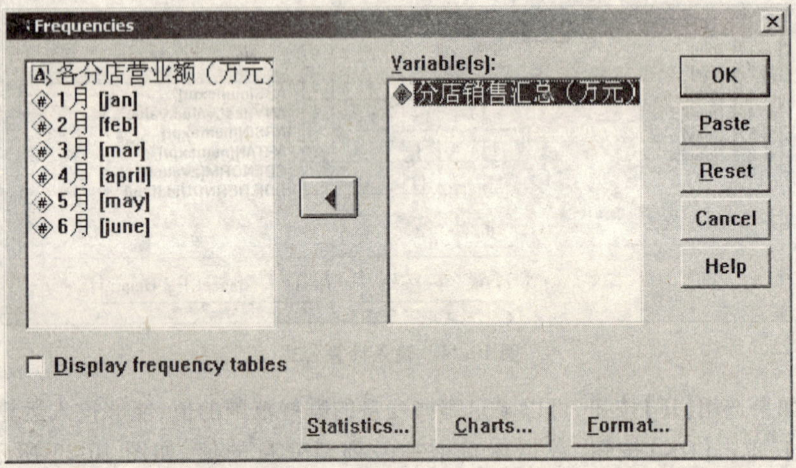

图 10-26 Frequencies 对话框

⑥ 单击【Statistics】对话框，设置要计算项目 Quartiles（四分位差）、Std. deviation（标准差）、Variance（方差）、Range（极差）、Maximum（最大值）、Minimum（最小值）、S. E. mean（均值标准误差），选中其复选框，如图 10-27 所示：

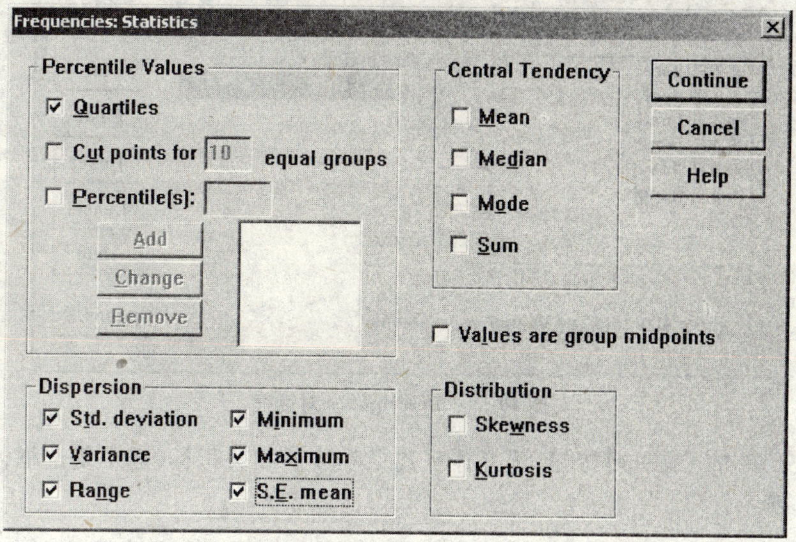

图 10-27　设置计算项目 Frequencies:Statistics 对话框

如果不选择 Quartiles,而选择 Percentile(s)复选框,那么可在右方的小框内依次输入 10,20,30,…,100,每输完一个数据后单击左方的【Add】按钮,使这 10 个数据依次添加到右方的空白框内,按照下面的步骤可得出十分位差;如果依次输入 1,2,3,…,100,可得到百分位差。

⑦ 单击【Continue】按钮和【OK】按钮,得到运算结果,如图 10-28 所示,并保存为文件 Output-05.spo。

Statistics

分店销售汇总（万元）

N	Valid	17
	Missing	0
Std. Error of Mean		13.91795
Std. Deviation		57.38518
Variance		3293.059
Range		220.00
Minimum		179.00
Maximum		399.00
Percentiles	25	231.5000
	50	264.0000
	75	305.0000

图 10-28　运算结果

⑧ 然后计算各分店销售汇总的离散程度。选择【Analyze】|【Descriptive Statistics】|【Descriptives】命令,把变量"分店销售汇总(万元)[total]"移入 Variable(s)列表框,如图 10-29 所示:

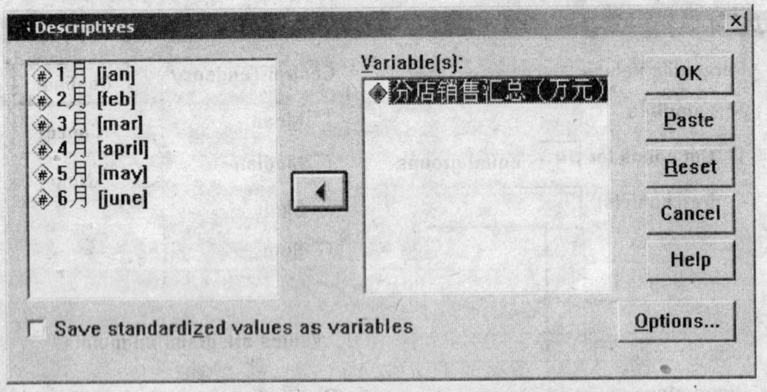

图 10-29　Descriptives 对话框

⑨ 单击【Options】按钮，选择体现离散程度的相关指标，选中复选框，如图 10-30 所示：

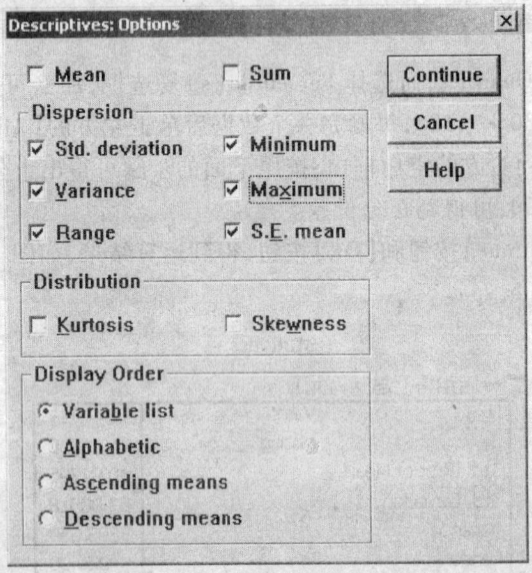

图 10-30　Descriptives：Options 对话框

⑩ 单击【Continue】按钮和【OK】按钮，得到运算结果，如图 10-31 所示，并保存为文件 Output-06. spo。

Descriptive Statistics

	N	Range	Minimum	Maximum	Mean	Std.	Variance
	Statistic	Statistic	Statistic	Statistic	Std. Error	Statistic	Statistic
分店销售汇总（万元）	17	220.00	179.00	399.00	13.9180	57.38518	3293.059
Valid N (listwise)	17						

图 10-31　离散程度

结果分析：

解答该例题时，需要先通过【Transform】菜单生成新变量，再使用【Analyze】菜单计算各离势指标值。从图 10-28 和图 10-31 的结果可知，通过【Frequecies】和【Descriptives】得出的离散程度是一致的，即极差 range = 220.00，最大值 Maximum = 399.00，最小值 Minimum = 179.00，标准差 Std. deviation = 57.38518，方差 Variance = 3293.059，均值标准误差 S. E. mean = 13.9180。其四分位差分别为：第一个四分位差 = 231.5000，第二个四分位差 = 264.0000，第三个四分位差 = 305.0000。

10.2.3　相对程度分析

这主要包括方差系数、标准分数。

（1）统计理论

方差系数（Coefficient of Variation），也译为离散系数、变异系数，是同一总体标准差与平均值的比值。单位不同或单位相同但平均值相当大的数据，要比较两组或两组以上的数据差异，需要使用方差系数。公式为：

$$V_{\sigma} = \frac{\sigma}{\overline{X}}$$

从平均值为 $\overline{X}$、标准差为 σ 的总体中抽出一个变量值 x，标准分数（也称 Z 分数）表示的是此变量大于或小于平均值几个标准差。由于标准分数分母的单位与分子相同，故标准分数没有单位，因此能够用来比较两个不同单位总体抽出的变量值。公式为：

$$Z = \frac{x - \overline{X}}{\sigma}$$

将原始数据直接转换为 Z 分数时，常出现负数和带小数点的值，实际使用起来不方便。因此，在某些情况下，可以对 Z 分数进一步加以线性转换，使之成为正的数值。最典型的一种 Z 分数线性转换就是 T 分数。计算公式为：

$$T = 10 * Z + 50$$

（2）范例解析

例题 10-3　打开例题 10-2 生成的文件 spss-05. sav，表中数据是某连锁超市各分店上半年各月的营业额，利用 SPSS 求解上半年各分店的 Z 销售总额。

主要操作步骤：

① 打开 spss-05. sav 文件，选择【Analyze】|【Descriptive Statistics】|【Descriptives】命令，选中 Save standardized values as variables 复选框，单击【Options】按钮，选中 Mean、Std. deviation、Variance 和 Variable list 复选框，如图 10-32 所示：

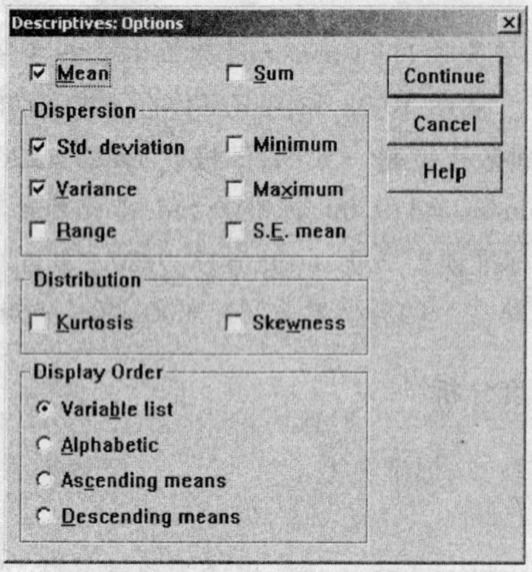

图 10-32 选择计算 Z 分数指标

② 单击【Continue】按钮和【OK】按钮，得到运算结果，如图 10-33 所示，并保存为文件 Output-06. spo；同时数据表内多出一栏【ztotal】，将数据文件【Save As】为 spss-06. sav，如图 10-34 所示。

Descriptive Statistics

	N	Mean	Std. Deviation	Variance
分店销售汇总（万元）	17	275.0588	57.38518	3293.059
Valid N (listwise)	17			

图 10-33 运算结果

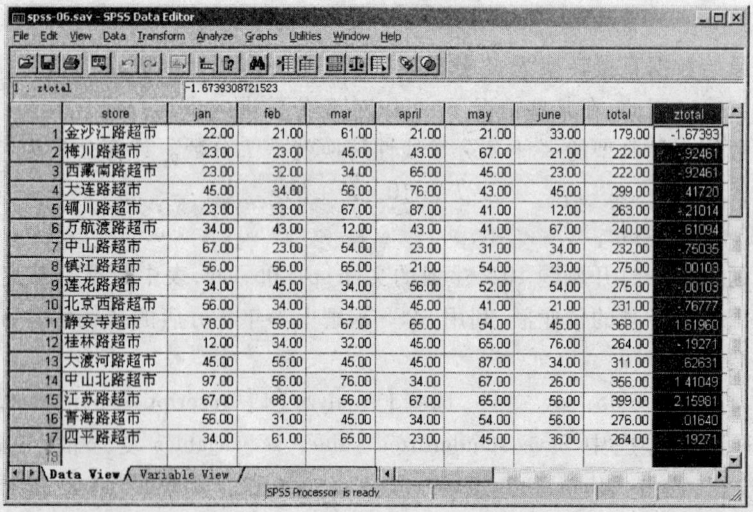
spss-06.sav - SPSS Data Editor

File Edit View Data Transform Analyze Graphs Utilities Window Help

1 : ztotal -1.6739308721523

	store	jan	feb	mar	april	may	june	total	ztotal
1	金沙江路超市	22.00	21.00	61.00	21.00	21.00	33.00	179.00	-1.67393
2	梅川路超市	23.00	23.00	45.00	43.00	67.00	21.00	222.00	-.92461
3	西藏南路超市	23.00	32.00	34.00	65.00	45.00	23.00	222.00	-.92461
4	大连路超市	45.00	34.00	56.00	76.00	43.00	45.00	299.00	.41720
5	铜川路超市	23.00	33.00	67.00	87.00	41.00	12.00	263.00	-.21014
6	万航渡路超市	34.00	43.00	12.00	43.00	41.00	67.00	240.00	-.61094
7	中山路超市	67.00	23.00	54.00	23.00	31.00	34.00	232.00	-.75035
8	镇江路超市	56.00	56.00	65.00	21.00	54.00	23.00	275.00	-.00103
9	莲花路超市	34.00	45.00	34.00	56.00	52.00	54.00	275.00	-.00103
10	北京西路超市	56.00	34.00	34.00	45.00	41.00	21.00	231.00	-.76777
11	静安寺超市	78.00	59.00	67.00	65.00	54.00	45.00	368.00	1.61960
12	桂林路超市	12.00	34.00	32.00	45.00	65.00	76.00	264.00	-.19271
13	大渡河路超市	45.00	55.00	45.00	45.00	87.00	34.00	311.00	.62631
14	中山北路超市	97.00	56.00	76.00	34.00	67.00	26.00	356.00	1.41049
15	江苏路超市	67.00	88.00	56.00	67.00	65.00	56.00	399.00	2.15981
16	青海路超市	56.00	31.00	45.00	34.00	54.00	56.00	276.00	.01640
17	四平路超市	34.00	61.00	65.00	23.00	45.00	36.00	264.00	-.19271
18									

Data View / Variable View

SPSS Processor is ready

图 10-34 新增 Z 变量后的数据编辑窗口

从图 10-34 可知,【ztotal】变量有正有负,而且小数点位数较多,因此需要把它线性转换为 T 分数。

③ 选择【Transform】|【Compute Variable】命令,出现如图 10-35 所示的对话框,在 Target Variable 中输入目标变量名 t,然后在 Numeric Expression 文本框中输入“10 * ztotal + 50”运算式(输入变量名和运算符号时用鼠标在 Compute Variable 对话框中单击选中);单击【Type & Label】,在出现的对话框中的 Label 下方框中输入“T 分数”,点击【Continue】按钮,得到如图 10-35 所示的对话框。

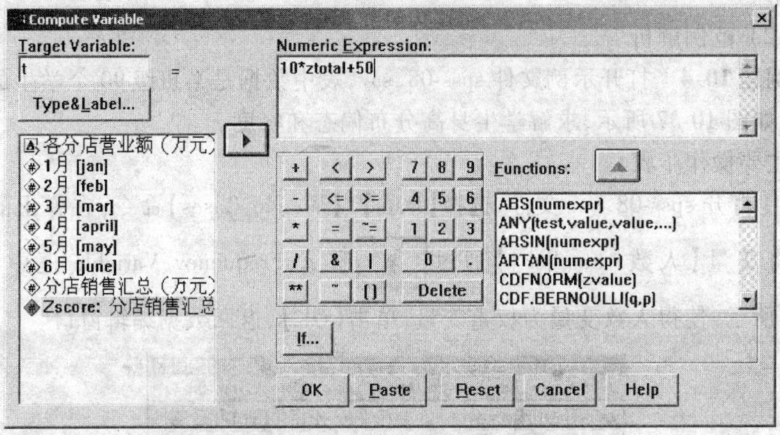

图 10-35　生成新变量 t 的计算窗口

④ 单击【OK】按钮,SPSS 立即计算出各分店销售汇总 Z 分数的线性转换后的 T 分数,结果在图 10-36 所示数据编辑窗口增加一列新变量 t 及其相应数据,最后【Save As】为 spss-07. sav。

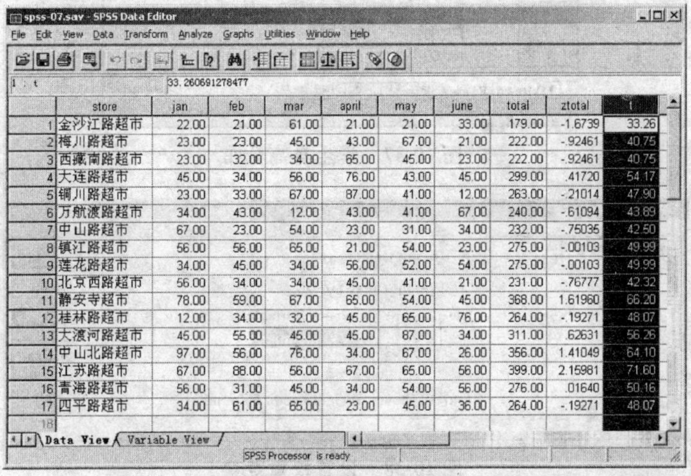
spss-07.sav - SPSS Data Editor

1 : t　33.260691278477

	store	jan	feb	mar	april	may	june	total	ztotal	t
1	金沙江路超市	22.00	21.00	61.00	21.00	21.00	33.00	179.00	-1.6739	33.26
2	梅川路超市	23.00	23.00	45.00	43.00	67.00	21.00	222.00	-.92461	40.75
3	西藏南路超市	23.00	32.00	34.00	65.00	45.00	23.00	222.00	-.92461	40.75
4	大连路超市	45.00	34.00	56.00	76.00	43.00	45.00	299.00	.41720	54.17
5	铜川路超市	23.00	33.00	67.00	87.00	41.00	12.00	263.00	-.21014	47.90
6	万航渡路超市	34.00	43.00	12.00	43.00	41.00	67.00	240.00	-.61094	43.89
7	中山路超市	67.00	23.00	54.00	23.00	31.00	34.00	232.00	-.75035	42.50
8	镇江路超市	56.00	56.00	65.00	21.00	54.00	23.00	275.00	-.00103	49.99
9	莲花路超市	34.00	45.00	34.00	56.00	52.00	54.00	275.00	-.00103	49.99
10	北京西路超市	56.00	34.00	34.00	45.00	41.00	21.00	231.00	-.76777	42.32
11	静安寺超市	78.00	59.00	67.00	65.00	54.00	45.00	368.00	1.61960	66.20
12	桂林路超市	12.00	34.00	32.00	45.00	65.00	76.00	264.00	-.19271	48.07
13	大渡河路超市	45.00	55.00	45.00	45.00	87.00	34.00	311.00	.62631	56.26
14	中山北路超市	97.00	56.00	76.00	34.00	67.00	26.00	356.00	1.41049	64.10
15	江苏路超市	67.00	88.00	56.00	67.00	65.00	56.00	399.00	2.15981	71.60
16	青海路超市	56.00	31.00	45.00	34.00	54.00	56.00	276.00	.01640	50.16
17	四平路超市	34.00	61.00	65.00	23.00	45.00	36.00	264.00	-.19271	48.07
18										

Data View　Variable View

SPSS Processor is ready

图 10-36　新增 t 变量后的数据编辑窗口

结果分析：

从 Z 分数(图 10-34)和 T 分数(图 10-35)的结果,可以看出,各分店销售汇总的 T 分数比之前的 Z 分数简洁,比较起来一目了然。

10.2.4 偏态和峰度的度量

这主要包括偏态系数(Skewness)、峰度系数(Kurtosis)。

(1) 统计理论

略。

(2) 范例解析

例题 10-4 打开示例文件 spss-08. sav,表中数据是某班级 90 个学生的身高分布,如图 10-37 所示,求解学生身高分布偏态和峰度。

主要操作步骤：

① 打开 spss-08. sav 文件,选择【Data】|【Weight Cases】命令,在弹出的对话框中将变量【人数[number]】通过  移入 Frequency Variable 框中,如图 10-38 所示,使得人数变量为权重变量,单击【OK】,返回数据编辑窗口。

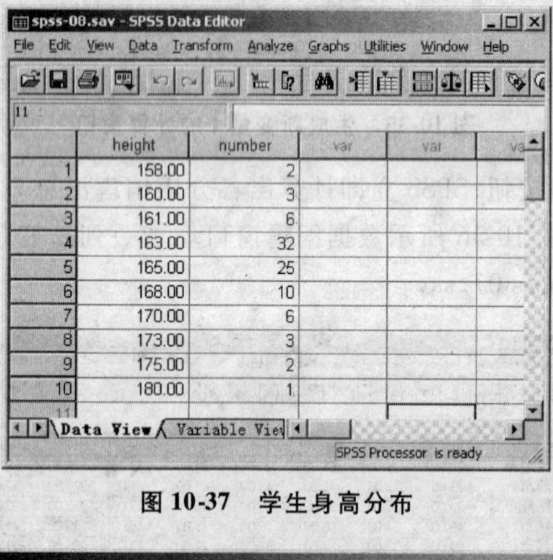

图 10-37 学生身高分布

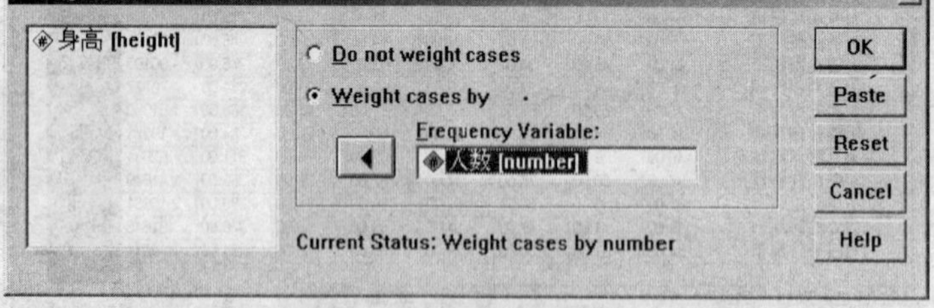

图 10-38 设置权重变量

② 选择【Analyze】|【Descriptive Statistics】|【Frequencies】命令,弹出如图 10-39 所示的对话框,将左边框变量列表中的变量【身高[height]】通过 ▶ 移入右边框 Variable(s)中。

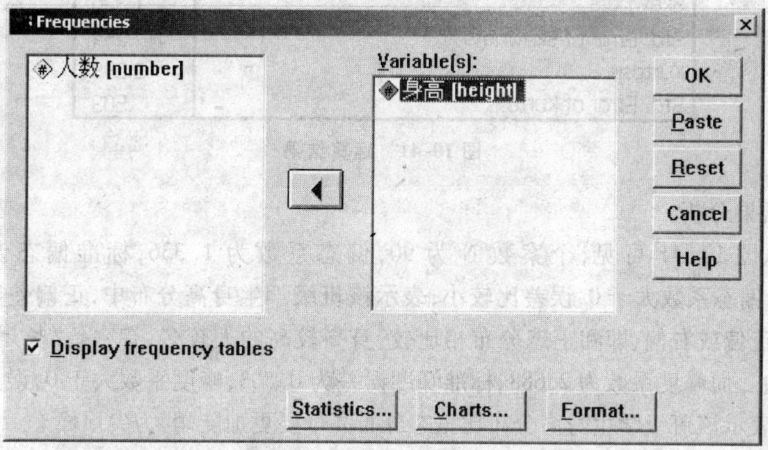

图 10-39　Frequencies 对话框

③ 单击图 10-39 下方【Statistics】按钮,得到如图 10-40 所示的对话框,选中 Skewness、Kurtosis 复选框。

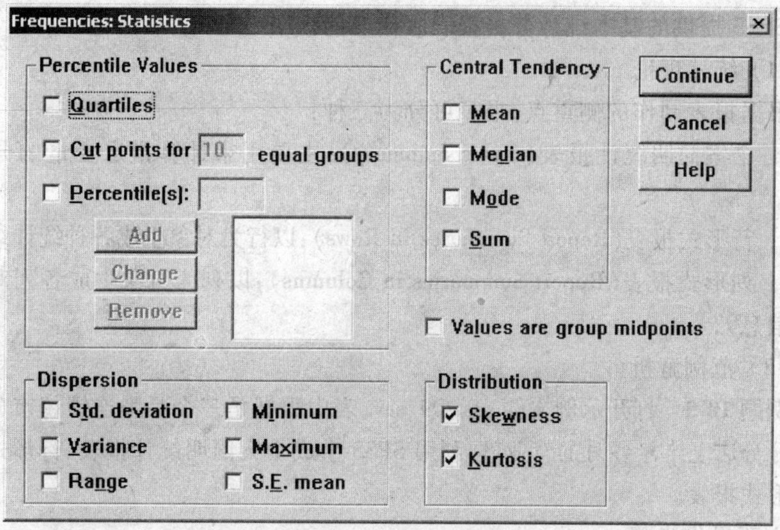

图 10-40　Frequencies:Statistics 对话框

④ 单击【Continue】和【OK】按钮,SPSS 开始计算,得到图 10-41 运算结果,并【Save As】为文件 Output-08. spo。

Statistics

身高

N	Valid	90
	Missing	0
Skewness		1.336
Std. Error of Skewness		.254
Kurtosis		2.688
Std. Error of Kurtosis		.503

图 10-41 运算结果

结果分析：

从图 10-41 可见，个案数 N 为 90，偏态系数为 1.336，标准偏态误差为 0.254，偏态系数大于 0，误差比较小，表示该班级学生身高分布中，正偏差数值较大，为正偏或右偏，即和正态分布相比较，身高较高的人较多，有一条“长尾巴”拖在右边。而峰度系数为 2.688，标准峰度误差为 0.503，峰度系数大于 0，误差也不太大，表示该班级学生身高分布比正态分布高峰要更加陡峭，为尖顶峰。

10.2.5 基本统计分析的报表制作

除了上述描述统计的功能外，SPSS 还能进行探索分析（Explore）、交叉列联表分析（Crosstabs）、多选项分析（Multiple Response）等，在此不一一列举。下面介绍 SPSS 提供的基本统计分析报表制作功能。

（1）统计理论

根据报表制作的侧重点，报表可分为三种：

◇ 个案简明统计报表（Cases Summary）：主要用来计算指定变量的分组统计量。

◇ 行形式报表（Report Summaries in Rows）：以行为对象生成各种统计结果。

◇ 列形式报表（Report Summaries in Columns）：以列为对象生成各列对应的统计信息。

（2）范例解析

例题 10-5 打开示例文件 spss-09.sav，表中数据是三个品牌连锁超市分别选择部分分店上半年各月的营业额，利用 SPSS 生成个案简明统计报表、行形式报表和列形式报表。

主要操作步骤：

① 打开文件 spss-09.sav，如图 10-42 所示。

② 选择【Analyze】|【Reports】|【Case Summaries】命令，弹出 Summarize Cases 对话框，在右边的变量列表框中选择变量【1 月[jan]】、【2 月[feb]】、【3 月

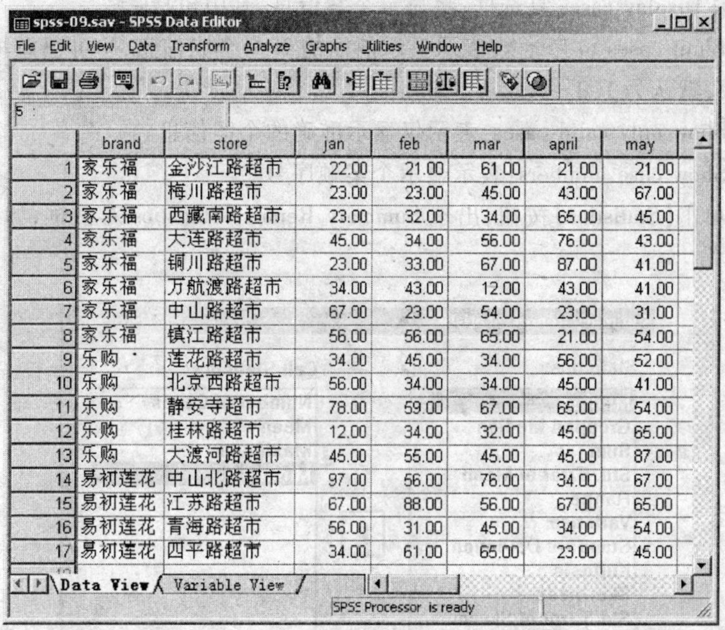

	brand	store	jan	feb	mar	april	may
1	家乐福	金沙江路超市	22.00	21.00	61.00	21.00	21.00
2	家乐福	梅川路超市	23.00	23.00	45.00	43.00	67.00
3	家乐福	西藏南路超市	23.00	32.00	34.00	65.00	45.00
4	家乐福	大连路超市	45.00	34.00	56.00	76.00	43.00
5	家乐福	铜川路超市	23.00	33.00	67.00	87.00	41.00
6	家乐福	万航渡路超市	34.00	43.00	12.00	43.00	41.00
7	家乐福	中山路超市	67.00	23.00	54.00	23.00	31.00
8	家乐福	镇江路超市	56.00	56.00	65.00	21.00	54.00
9	乐购	莲花路超市	34.00	45.00	34.00	56.00	52.00
10	乐购	北京西路超市	56.00	34.00	34.00	45.00	41.00
11	乐购	静安寺超市	78.00	59.00	67.00	65.00	54.00
12	乐购	桂林路超市	12.00	34.00	32.00	45.00	65.00
13	乐购	大渡河路超市	45.00	55.00	45.00	45.00	87.00
14	易初莲花	中山北路超市	97.00	56.00	76.00	34.00	67.00
15	易初莲花	江苏路超市	67.00	88.00	56.00	67.00	65.00
16	易初莲花	青海路超市	56.00	31.00	45.00	34.00	54.00
17	易初莲花	四平路超市	34.00	61.00	65.00	23.00	45.00

图 10-42　不同品牌部分分店上半年销售情况

[mar]】、【4 月[april]】、【5 月[may]】、【6 月[june]】，通过 ▶ 移入右边框 Variables 中，把【不同品牌的连锁店[brand]】移入右边框 Grouping Variable(s) 中，如图 10-43 所示：

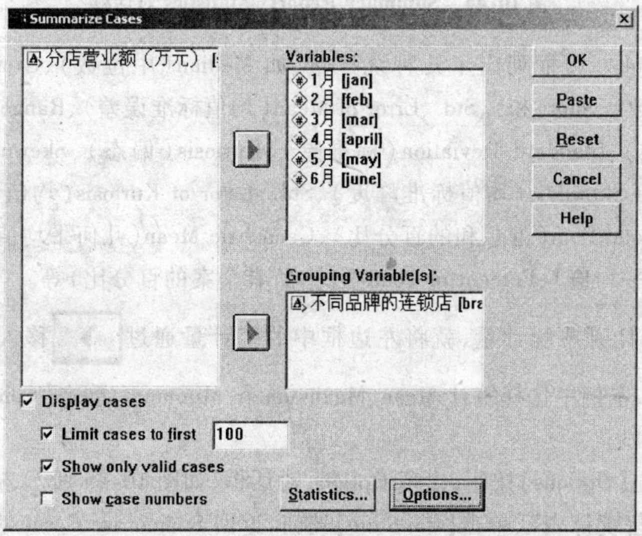

图 10-43　Summaries Cases 对话框

选中 Display cases 复选框,将显示个案信息,其中包括:

◇ Limit cases to first N:表示显示前面的 N 个个案信息,N 可任意填入大于 0 的整数,默认为 100。

◇ Show only valid cases:表示仅显示准确的个案信息。

◇ Show case numbers:表示显示个案顺序号。

③ 单击【Statistics】按钮,出现 Summary Report: Statistics 对话框,如图 10-44 所示:

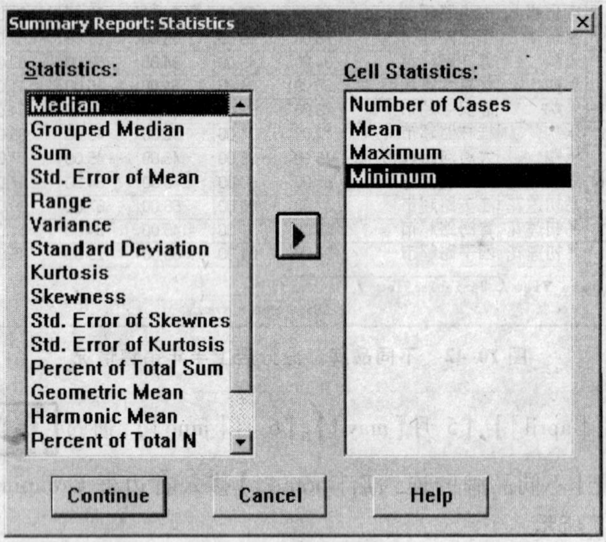

图 10-44 Summary Report: Statistics 对话框

图 10-44 左边框列出了几种统计量,如 Median(中位数)、Grouped Median(分组中位数)、Sum(和)、Std. Error of Mean(均值标准误差)、Range(极差)、Variance(方差)、Standard Deviation(标准差)、Kurtosis(偏态)、Skewness(峰度)、Std. Error of Skewness(均值标准峰度)、Std. Error of Kurtosis(均值标准偏态)、Percent of Total Sum(占总和的百分比)、Geometric Mean(几何平均值)、Harmonic Mean(调和平均值)、Percent of Total N(占所有个案的百分比)等。

需要统计哪些统计量,就将左边框中的统计量通过  移入右边框 Cell Statistics 中,本例中选择统计 Mean、Maximum 和 Minimum,单击【Continue】按钮,返回图 10-43。

④ 单击【Options】按钮,出现 Options 对话框,如图 10-45 所示,在 Caption 框中输入“销售统计表”,单击【Continue】按钮,返回 Summarize Cases 对话框。

⑤ 单击【OK】按钮,生成个案简明统计报表,如图 10-46 所示,并【Save As】

为文件 Output-09. spo。

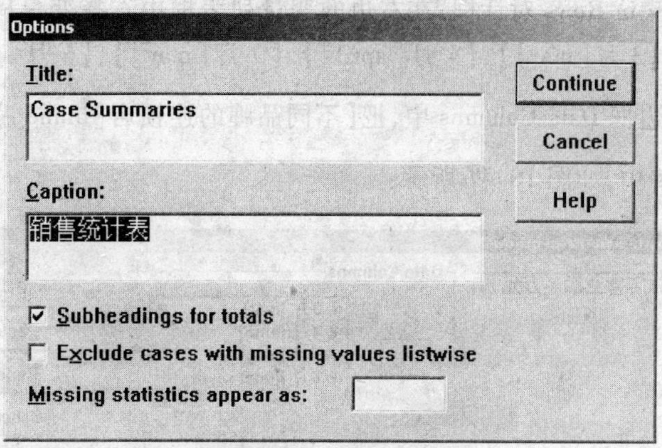

图 10-45　Options 对话框

Case Summaries[a]

				1月	2月	3月	4月	5月	6月
不同品牌的连锁店	家乐福	1		22.00	21.00	61.00	21.00	21.00	33.00
		2		23.00	23.00	45.00	43.00	67.00	21.00
		3		23.00	32.00	34.00	65.00	45.00	23.00
		4		45.00	34.00	56.00	76.00	43.00	45.00
		5		23.00	33.00	67.00	87.00	41.00	12.00
		6		34.00	43.00	12.00	43.00	41.00	67.00
		7		67.00	23.00	54.00	23.00	31.00	34.00
		8		56.00	56.00	65.00	21.00	54.00	23.00
		Total	N	8	8	8	8	8	8
			Mean	36.6250	33.1250	49.2500	47.3750	42.8750	32.2500
			Maximum	67.00	56.00	67.00	87.00	67.00	67.00
			Minimum	22.00	21.00	12.00	21.00	21.00	12.00
	乐购	1		34.00	45.00	34.00	56.00	52.00	54.00
		2		56.00	34.00	34.00	45.00	41.00	21.00
		3		78.00	59.00	67.00	65.00	54.00	45.00
		4		12.00	34.00	32.00	45.00	65.00	76.00
		5		45.00	55.00	45.00	45.00	87.00	34.00
		Total	N	5	5	5	5	5	5
			Mean	45.0000	45.4000	42.4000	51.2000	59.8000	46.0000
			Maximum	78.00	59.00	67.00	65.00	87.00	76.00
			Minimum	12.00	34.00	32.00	45.00	41.00	21.00
	易初莲花	1		97.00	56.00	76.00	34.00	67.00	26.00
		2		67.00	88.00	56.00	67.00	65.00	56.00
		3		56.00	31.00	45.00	34.00	54.00	56.00

图 10-46　个案简明统计报表部分结果

结果分析：

该报表中显示了每个品牌每个被抽超市每个月的销售情况，以及该品牌被抽超市每个月销售额的平均值、最大值和最小值；下方还显示了所有品牌所有被抽超市每个月的销售情况，以及所有被抽超市每个月销售的平均值、最大值和最小值。同时，各品牌、各分店个案均按照首字母顺序排列。

如果要生成行统计报表，则：

① 选择【Analyze】|【Reports】|【Report Summaries in Rows】命令，弹出 Report：Summaries in Rows 对话框，在右边的变量列表框中选择变量【1 月［jan］】、【2 月［feb］】、【3 月［mar］】、【4 月［april］】、【5 月［may］】、【6 月［june］】，通过  移入右边框 Data Columns 中，把【不同品牌的连锁店［brand］】移入右边框 Break Columns 中，如图 10-47 所示：

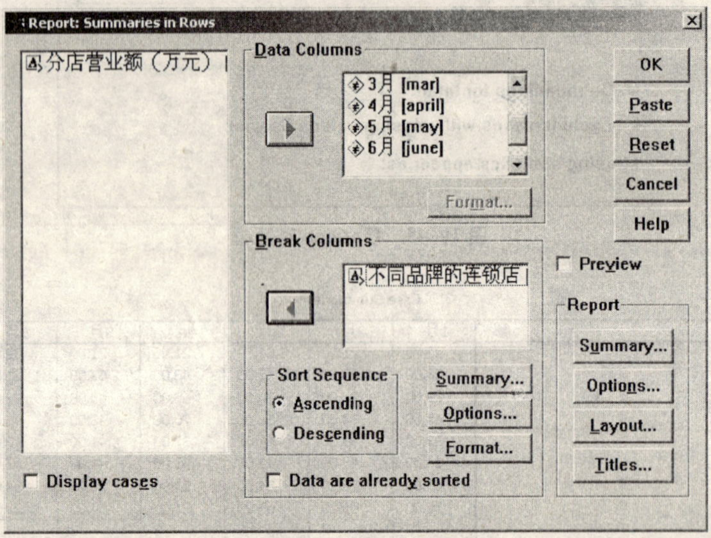

图 10-47　Report：Summaries in Rows 对话框

在 Sort Sequence 框中选择排列顺序，Ascending 为升序，Descending 为降序，选中 Data are already sorted 复选框，表示数据文件已经排序，这样 SPSS 将不再对数据进行排序，可以减少数据处理时间；选中 Display cases 复选框，表示将输出每个个案的数据结果。

② 单击 Data Columns 框中的任何一个变量，此时下面的【Format】按钮变亮，单击该按钮，出现“Report：Data Columns for 变量”对话框，可在 Column Title 框中输入该列的标题。单击【Continue】按钮返回图 10-47。

③ 单击 Break Columns 框中【不同品牌的连锁店［brand］】变量，此时下面的【Summary】、【Options】、【Format】按钮变亮，单击这些按钮，可分别对输出的统计量进行限定。

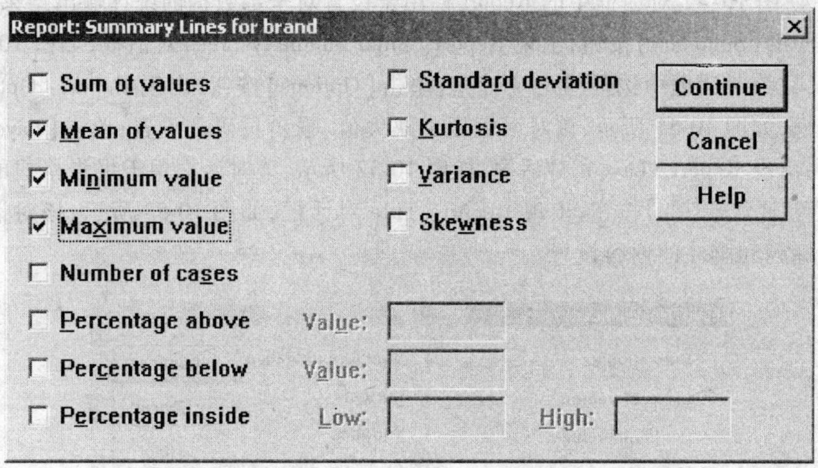

图 10-48　Report: Summary Lines for brand 对话框

在图 10-48 中选择 Mean of Values、Minimum Value、Maximum Value 复选框，输出均值、最大值、最小值，单击【Continue】按钮，返回图 10-47。

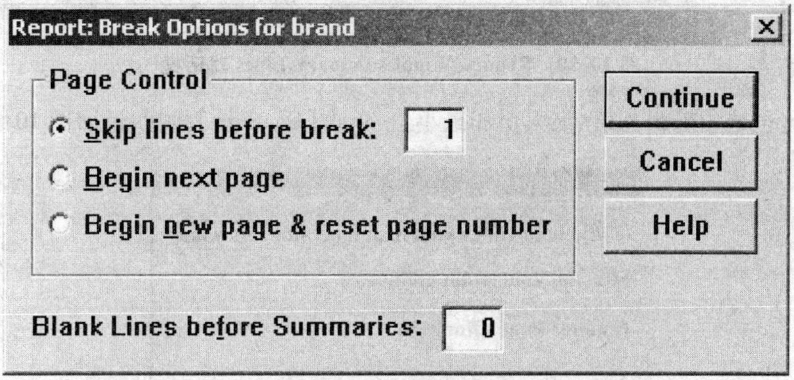

图 10-49　Report:Break Options for Brand 对话框

图 10-49 对话框用于控制输出页面，其中：

◇ Skip lines before break：N，表示行间距数值，最多为 20 行。

◇ Begin next page：表示在新的一页开始下一个分组变量输出。

◇ Begin new page & reset page number：在新的一页开始下一个分组变量输出，并重新设置下一个页面页码。

◇ Blank Lines before Summaries：N，表示分组标签和报告内容之间的间距，最多为 20 行。

单击【Continue】按钮，返回图 10-47。

④ 图 10-47 对话框中的 Report 栏用于设置对全部数据的统计输出结果，单击其中的【Summary】按钮，出现 Report：Final Summary Lines 对话框，如图 10-50 所示，在该对话框中选择输出统计量；单击【Options】按钮，出现 Report：Options 对话框，如图 10-51 所示，该对话框用于缺失值、输出页码的设置；单击【Layout】按钮，出现 Report：Layout 对话框，如图 10-52 所示，该对话框用于报告格式的布局设置；单击【Title】按钮，出现 Report：Title 对话框，如图 10-53 所示，该对话框用于标题和脚注的内容设置。

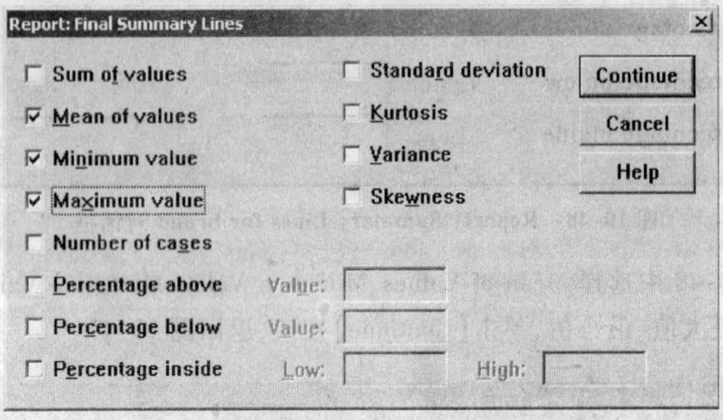

图 10-50 Report：Final summary Lines 对话框

这里选中输出均值、最大值和最小值，单击【Continue】按钮，返回图 10-47。

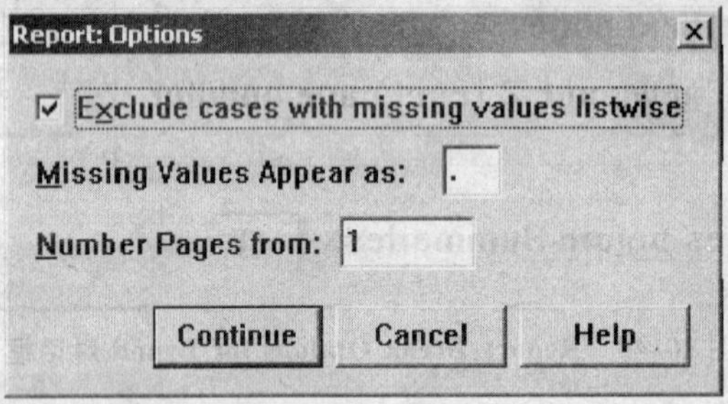

图 10-51 Report：Options 对话框

其中：

◇ Exclude cases with missing values listwise，表示剔除任何带有缺失值的个案。

◇ Missing Values Appear as：参数框中输入代表缺失值的符号，这个符号只能是一个字符。

◇ Number Pages from：文本框用于输入第一页输出报告的页码值。

这里选中 Exclude cases with missing values listwise 复选框，单击【Continue】按钮，返回图 10-47。

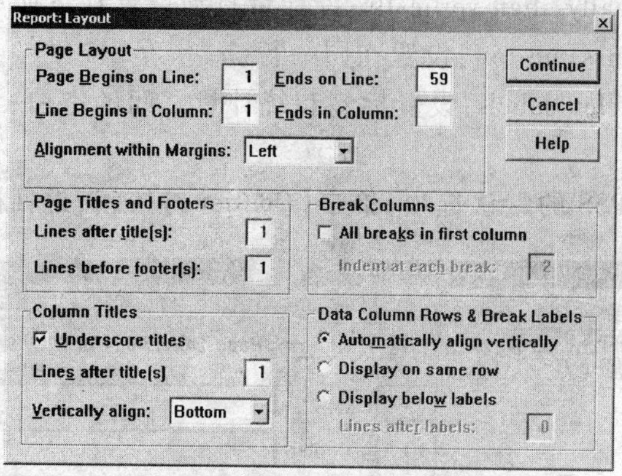

图 10-52　Report：Layout 对话框

Page Layout 是布局框，其中：

◇ Page Begins on Line：N Ends on Line：M，表示每一页从第 N 行开始，到第 M 行结束，这里默认从第一行开始，到第 59 行结束。

◇ Line Begins in Column：N Ends on Column：M，表示每行开始于页面的第 N 列，结束于第 M 列，这里默认从第一列开始，列没有限制。

◇ Alignment within Margins：列表框中用于设置报告内容的对齐方式。

Page Titles and Footers 用于设置页面的标题、脚注与内容的距离，其中：

◇ Lines after title(s)：N，设置标题和报告内容之间的距离，默认为一行。

◇ Lines before footer(s)：N，设置内容和脚注之间的距离，默认为一行。

Break Columns 框用于控制分组变量的显示位置，其中：

◇ 选中 All breaks in first column 复选框，表示所有分类变量均显示在第一列。

◇ 在 Indent at each break 框中设置不同分类变量的缩进位置，默认为两个空格。

Column Titles 框用于选择列标题输出显示，其中：

◇ 选中 Underscore titles 复选框，表示在列标题中加下划线。

◇ Lines after title(s)：N，用于确定列标题栏下的空白行数目，默认为一行。

◇ Vertically align：列表框用于设置列标题相互对齐方式，顶部或底部对齐。

Data Column Rows & Break Labels 框用于设置分组变量的标签与下一行之间的距离，其中：

◇ Automatically align vertically：统计量自动设置在下面。

◇ Display on same row：设置在同一行。

◇ Display below labels：设置标签和统计量之间的空白，参数框中可设置空白的行数。

这里采用 SPSS 的默认选项，单击【Continue】按钮，返回图 10-47。

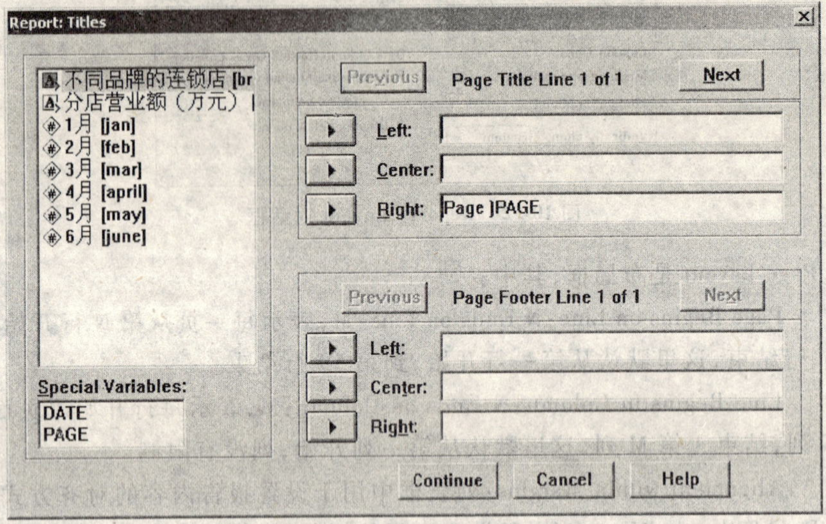

图 10-53　Report：Titles 对话框

图 10-53 中，Page Title line 1 of 1 中进行标题设置，可以通过单击【Previous】和【Next】按钮分别实现从左边的变量列表框中选择变量，使之成为标题的变量，进入不同框表示不同的对齐方式。

Page Footer line 1 of 1 中进行脚注设置，可以通过单击【Previous】和【Next】按钮分别实现从左边的变量列表框中选择变量，使之成为脚注的变量，与上面的标题设置类似。

单击【Continue】按钮，返回图 10-47。

⑤ 单击【OK】按钮，生成行形式报表，如图 10-54 所示，并【Save As】为文件 Output-10. spo。

Report

□

Page 1

不同品牌的连锁店	1月	2月	3月	4月	5月	6月
家乐福						
Mean	36.63	33.13	49.25	47.38	42.88	32.25
Minimum	22.00	21.00	12.00	21.00	21.00	12.00
Maximum	67.00	56.00	67.00	87.00	67.00	67.00
乐购						
Mean	45.00	45.40	42.40	51.20	59.80	46.00
Minimum	12.00	34.00	32.00	45.00	41.00	21.00
Maximum	78.00	59.00	67.00	65.00	87.00	76.00
易初莲花						
Mean	63.50	59.00	60.50	39.50	57.75	43.50
Minimum	34.00	31.00	45.00	23.00	45.00	26.00
Maximum	97.00	88.00	76.00	67.00	67.00	56.00
Grand Total						
Mean	45.41	42.82	49.88	46.65	51.35	38.94
Minimum	12.00	21.00	12.00	21.00	21.00	12.00
Maximum	97.00	88.00	76.00	87.00	87.00	76.00

□

图 10-54 行形式报表

结果分析：

图 10-54 中显示了以品牌为分隔变量，分别统计三个品牌连锁店被抽分店每个月销售额的均值、最大值和最小值，以及所有被抽分店每个月销售额的均值、最大值和最小值。

如果要统计列形式报表，参照行形式报表的操作步骤，选择【Analyze】|【Reports】|【Report Summaries in Columns】命令，进行相应的设置，可得出如图 10-55 所示的列形式报表，同时【Save】到文件 Output-10. spo 中。

Report

□

Page 1

不同品牌的连锁店	1月 mean	2月 Mean	3月 Mean	4月 Mean	5月 Mean	6月 Mean	Total
家乐福	36.63	33.13	49.25	47.38	42.88	32.25	241.50
乐购	45.00	45.40	42.40	51.20	59.80	46.00	289.80
易初莲花	63.50	59.00	60.50	39.50	57.75	43.50	323.75
Grand Total	45.41	42.82	49.88	46.65	51.35	38.94	275.06

□

图 10-55 列形式报表

结果分析：

图 10-55 是以列为单位，计算每个品牌每个月销售额均值的输出结果。Total 列中还输出了上半年 6 个月销售额的平均值之和。

10.3 SPSS 在推断统计中的应用

第 9 章我们已经介绍了推断统计的相关理论，并使用了 Excel 的方法分析了一些案例。SPSS 同样也能进行推断统计，如可通过【Analyze】|【Compare Means】中的子菜单项进行均值比较和 *T* 检验，包括【Means】分组计算指定变量的描述统计量，【One-Samples *T* Test】单一样本 *T* 检验，【Independent-Samples *T* Test】独立样本 *T* 检验，【Paired-Samples *T* Test】配对样本 *T* 检验，【One-Way ANOVA】单因素方差分析；再如，可通过【Analyze】|【Nonparametric Tests】中的子菜单项进行假设检验，包括【Chi-Square】卡方检验(χ^2)，【Binomial】二项分布检验，【Runs】游程检验，【1-Sample K-S】单样本 K-S 检验，【2 Independent Samples】两独立样本假设检验，【K Independent Samples】多独立样本假设检验，【2 Related Samples】两配对样本假设检验，【K Related Samples】多配对样本假设检验。

下文择独立样本 *T* 检验和卡方检验分别说明参数估计和假设检验的用法。

10.3.1 独立样本 *T* 检验

1. 统计理论

独立样本 *T* 检验的研究目的是了解两个没有任何关联的独立样本之间是否存在显著差异。这个检验的前提为：(1) 两个样本相互独立，即从一个总体中抽取一批样本对从另一个总体中抽取一批样本没有任何影响，两组样本个案数目可以不同，个案顺序可以随意调整；(2) 样本来自的两个总体应该服从正态分布。

例如，从北京大学和复旦大学分别随机抽取若干个教师，分析他们的年收入是否存在显著差异。这个问题就是一个两独立样本的 *T* 检验问题，它满足检验的前提条件。首先，北京大学的教师和复旦大学的教师这两个总体是独立的，分别在两个学校中抽样，不会相互影响，且两个学校中抽取的教师人数可以不同。其次，教师年收入可以认为服从正态分布。

两独立样本 *T* 检验的零假设 H_0 为两总体均值之间不存在显著差异。

在具体的计算中，首先利用 *F* 检验判断两总体的方差是否相同，然后根据 *F* 检验的结果，确定 *T* 统计量和自由度计算公式，进而对 *T* 检验的结论作出判断。

(1) 判断两个总体的方差是否相同

SPSS 采用 Levene *F* 方法检验两总体方差是否相同。首先计算两个样本的均值，计算每个样本和本组样本均值的差，并对差取绝对值，得到两组绝对值差值序列。然后利用单因素方差分析方法，判断这两组绝对差值序列之间是否存在显著差异，即判断平均离差是否存在显著差异，从而间接判断两组方差是否存在显著差异。在统计过程中，SPSS 将自动计算 F 统计量，并根据 F 分布表给出统计量对应的相伴概率和显著性水平 a 进行比较，从而判断方差是否相同。

（2）根据（1）的结果，确定 T 统计量和自由度计算公式

① 两总体方差未知且相同情况下，T 统计量计算公式为：

$$t = \frac{\bar{x}_1 - \bar{x}_2}{\sqrt{S_p^2/n_1 + S_p^2/n_2}}$$

其中：

$$S_p^2 = \frac{(n_1 - 1)S_1^2 + (n_2 - 1)S_2^2}{n_1 + n_2 - 1}$$

这里，T 统计量服从 $n_1 + n_2 - 2$ 个自由度的 T 分布。

② 两总体方差未知且不同情况下，T 统计量计算公式为：

$$t = \frac{\bar{x}_1 - \bar{x}_2}{\sqrt{S_1^2/n_1 + S_1^2/n_2}}$$

T 统计仍然服从 T 分布，但自由度采用修正的自由度：

$$f = \frac{\frac{S_1^2}{n_1} + \frac{S_2^2}{n_2}}{\frac{\left(\frac{S_1^2}{n_1}\right)^2}{n_1} + \frac{\left(\frac{S_2^2}{n_2}\right)^2}{n_2}}$$

从两种情况下的 T 统计量计算公式可以看出，如果待检验的样本均值差异较小，t 值较小，则说明两个样本的均值不存在显著差异；相反，t 值较大，说明两样本的均值存在显著差异。

在 SPSS 中，将会根据计算的 t 值和 T 分布表给出相应的相伴概率值。如果相伴概率值小于或等于显著性水平 a，则拒绝 H_0，认为两总体均值之间存在显著差异；相反，如果相伴概率值大于显著性水平 a，则不拒绝 H_0，可以认为两总体均值之间不存在显著差异。

2. 范例解析

例题 10-6　打开示例文件 spss-11. sav，表中数据是从北京大学和复旦大学随机抽取的 16 名教师的年收入，分析他们之间是否存在显著性差异。

主要操作步骤：

① 打开示例文件 spss-11. sav，如图 10-56 所示。

② 选择【Analyze】|【Compare Means】|【Independent-Samples T Test】命令，在

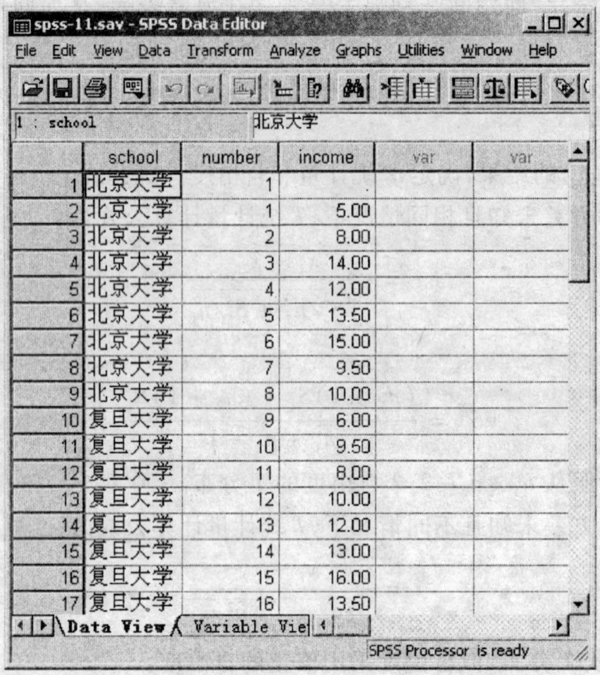

图 10-56　北大和复旦两个学校随机抽取的教师年收入表

弹出的 Independent-Samples T Test 对话框中，从对话框左边的变量列表中选择变量【抽取教师的年收入(万元)[income]】，通过  移入 Test Variable(s) 框中，把变量【学校[school]】移入 Grouping Variable 框中，如图 10-57 所示：

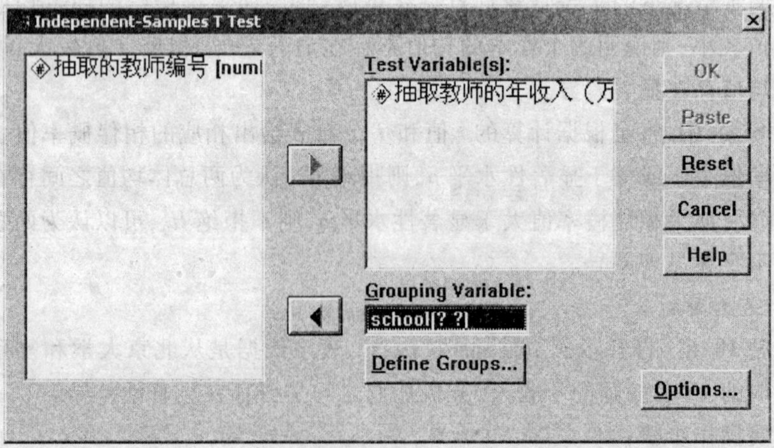

图 10-57　Independent-Samples T Test 对话框

$$Q=\sum_{i=1}^{k}\frac{(O_i-E_i)^2}{E_i},$$

其中，O_i 表示观察频数；E_i 表示期望频数或理论频数。

可见，Q 值越大，表示观察频数和理论频数越不接近；Q 值越小，表示观察频数和理论频数越接近。SPSS 将自动计算 Q 统计量，由于 Q 统计量服从 $k-1$ 个自由度的 χ^2 分布，因此 SPSS 将根据 χ^2 分布表给出 Q 统计量所对应的相伴概率值。

如果相伴概率小于或等于用户显著性水平 a，则应拒绝零假设 H_0，认为样本来自的总体分布形态与期望分布或理论分布存在显著差异；如果相伴概率值大于显著性水平，则不能拒绝零假设 H_0，认为样本来自的总体分布形态与期望分布或理论分布不存在显著差异。

因此，总体分布的卡方检验是一种吻合性检验，比较适用于一个因素的多项分类数据分析。总体分布的卡方检验的数据是实际收集到的样本数据，而非频数数据。

2. *范例解析*

例题 10-6　打开示例文件 spss-12. sav，表中数据是 2005 年人均 GDP 前五的省市（上海、北京、天津、浙江、江苏，分别标为数值 1，2，3，4，5）证券 A 股总开户人数排名，该排名是选取截至 2005 年 12 月 31 日沪深 A 股总开户人数按省、直辖市进行统计并从高到低排序所得的数据。请检验该数据是否满足 1∶3∶6∶5∶4 的假设分布。

主要操作步骤：

打开示例文件 spss-12. sav，如图 10-61 所示：

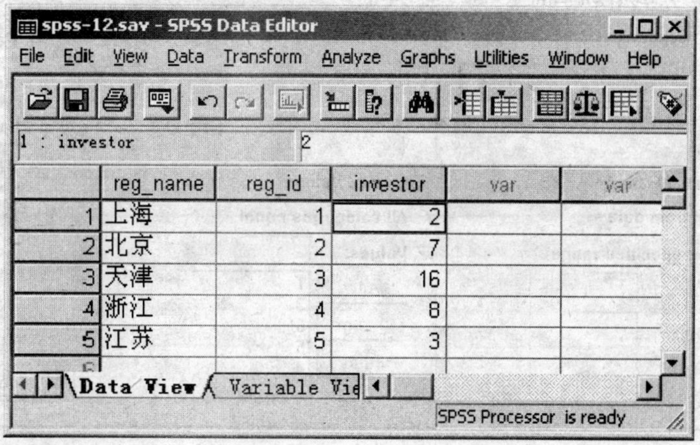

图 10-61　人均 GDP 排名前五的省、直辖市 A 股总开户人数排名

② 单击【Data】|【Weight Cases】命令，弹出如图 10-62 所示的 Weight Cases 对话框，选中【A 股开户总人数排名[investor]】变量，通过移入右边的 Frequency Variable 对话框中，使之为权数，再单击【OK】按钮，返回到数据编辑窗口中。

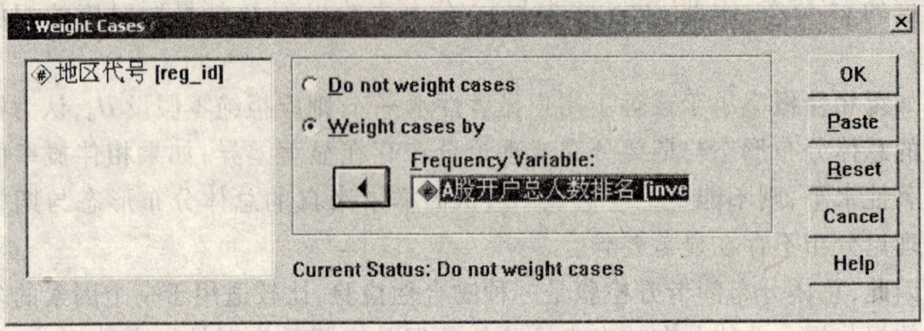

图 10-62 Weight Cases 对话框

注意：这里的变量【地区名[reg_name]】为 String 类型，不能导入 Weight Cases 变量列表框，在 Chi-Square Test 分析中也不能导入。

③ 选择【Analyze】|【Nonparametric Tests】命令，弹出 Chi-Square Test 对话框，如图 10-63 所示，要对人均 GDP 排名前五的地区进行分布分析，故在对话框左边变量列表中选择【地区代号[reg_id]】变量，通过移入右边的 Test Variable List 框中。

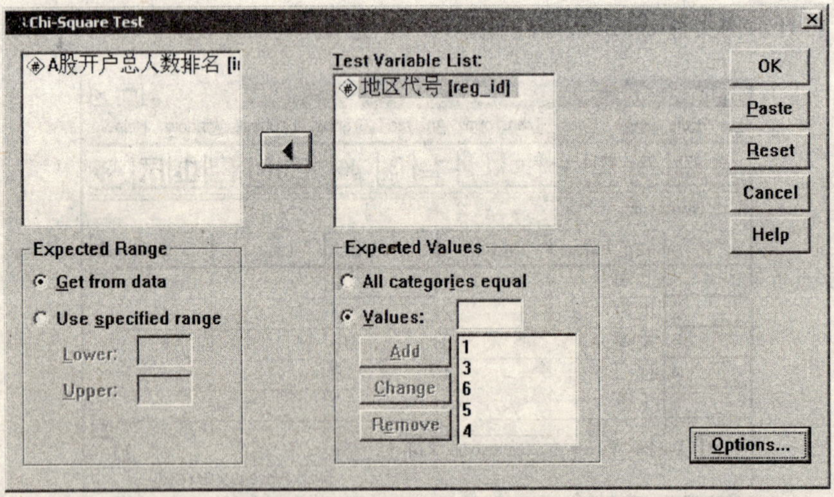

图 10-63 Chi-Square Test 对话框

Expected Range 框中可以确定待检验的样本的取值范围，其中：

◇ Get from data：表示所有观察数据都参与检验；

◇ Use specified range：表示用户自定义一个取值范围，只有在这个范围内的数据才参与检验。

Expected Values 框中给出期望分布的频数，其中：

◇ All categories equal：表示所有分组的期望频率都相同，即期望分布为均匀分布。

◇ Values：要求输入期望分布的频率数，通过单击【Add】、【Change】、【Remove】按钮对期望分布进行操作。

这里所输入的期望分布频率数目必须和观察的地区数对应，因此需要输入 5 个期望频率数。如果输入的数目和观察的地区数不对应，则 SPSS 不会进行卡方检验，结果会显示“Chi-Square Test Cannon be performed”。

④ 单击图 10-63 中的【Options】按钮，打开 Chi-Square Test：Options 对话框，如图 10-64 所示：

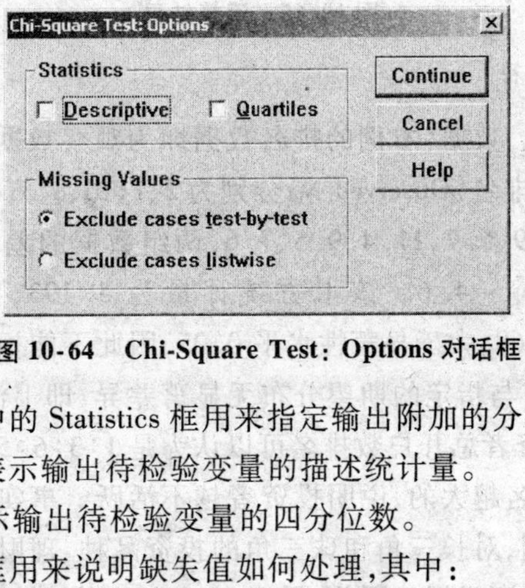

图 10-64　Chi-Square Test：Options 对话框

Options 对话框中的 Statistics 框用来指定输出附加的分析结果，其中：

◇ Descriptive：表示输出待检验变量的描述统计量。

◇ Quartiles：表示输出待检验变量的四分位数。

Missing Values 框用来说明缺失值如何处理，其中：

◇ Exclude cases test-by-test（默认值）：表示当分析计算涉及到含有缺失值时，则去掉在该变量上是缺失值的个案。

◇ Exclude cases listwise：表示去除所有含缺失值的个案后再进行分析。

这里选择默认值。单击【Continue】按钮，返回到图 10-63。

⑤ 单击【OK】按钮，SPSS 运算出如图 10-65 所示的结果，并【Save As】为文件 Output-12. spo。

Chi-Square Test

Frequencies

地区代号

	Observed N	Expected N	Residual
1	2	1.9	.1
2	7	5.7	1.3
3	16	11.4	4.6
4	8	9.5	-1.5
5	3	7.6	-4.6
Total	36		

Test Statistics

	地区代号
Chi-Square[a]	5.193
df	4
Asymp. Sig.	.268

a. 1 cells (20.0%) have expected frequencies less than 5. The minimum expected cell frequency is 1.9.

图 10-65 运算结果

结果分析：

从图 10-65 可见，数据（本例的排名数据即为观察数据）中，人均 GDP 前五的省、直辖市的观察排名（Observed N）分别为 2、7、16、8、3，它们的期望排名（Expected N）分别为 1.9、5.7、11.4、9.5、7.6，两组数据的差值（Residual）分别为 0.1、1.3、4.6、-1.5、-4.6。该卡方统计量为 5.193，对应的相伴概率值（Asymp. Sig.）为 0.268，大于显著性水平 0.05，因此不能拒绝零假设，可以认为样本来自的总体分布与指定的期望分布无显著差异，即上海、北京、天津、浙江、江苏的证券 A 股投资者总开户数排名可以认为是 1:3:6:5:4。排名越小的，说明投资者越活跃；排名越大的，说明投资者越不活跃。事实上，中国两大交易所分别位于上海和深圳，对长三角和珠三角的投资品种、理财意识有显著影响，也带动了当地居民的投资习惯。因此，尽管 2005 年人均 GDP 排名前五的省、直辖市没有包括广东省，但是并不代表着该地的投资者不活跃。故而可以这样认为，各地的股民情况不一定与当地的经济发展水平完全吻合。关于这一点，读者可以将示例中的假设分布改为 1:2:3:4:5 来验证。

10.4 几种典型分析

SPSS 提供了很多统计分析方法，如方差分析、相关分析、回归分析、主成分分析、因子分析、聚类分析、时间序列分析、判别分析、寿命表等，在此仅对相关与回归分析、主成分与因子分析的应用进行介绍。

10.4.1　相关与回归分析

通过第 9 章,我们了解到,回归分析与相关分析关系紧密,都是用来描述相关关系的统计分析方法。下面援引 9.4.2 节的示例,通过 SPSS 分析 x 与 y 的相关系数、一元线性回归方程。

1. 相关分析

(1) 统计理论

相关分析概念和计算公式已经在 9.4.2 节中加以说明。SPSS 提供了二元变量相关分析(Bivariate)、偏相关分析(Partial)和距离分析(Distances)三种不同的相关分析方法。其中,二元变量相关分析又分为二元定距和二元定序两种。在实际应用中,可根据研究的目的、变量的类型等的不同,采用相对应的相关分析方法。

二元定距变量的相关分析是指通过计算定距变量间两两相关的相关系数,对两个或两个以上定距变量之间两两相关的程度进行分析。定距变量又称为间隔变量(Interval),它的取值之间可以比较大小,可以用加减法计算出差异的大小。例如,"年龄"变量、"收入"变量、"成绩"变量等都是典型的定距变量。SPSS 中使用 Pearson(皮尔逊)简单相关系数来衡量定距变量之间的线性关系。例如,衡量国民收入和居民存款、身高和体重、高考成绩和录取大学等变量之间的线性相关关系。定序变量又称为有序变量(Ordinal)、顺序变量,其取值大小可表示观测对象的某种顺序关系(等级、方位或大小等),也是基于"质"因素的变量。例如,"最高学历"变量的取值是:1-小学及以下,2-初中,3-高中、中专、技校,4-大学专科,5-大学本科,6-研究生以上。从小到大的取值能够代表学历由低到高。Spearman 和 Kendall's tua-b 等级相关系数用以衡量定序变量间的线性相关关系,使用的是假设检验的方法。二元定距变量和二元定序变量相关分析方法在 SPSS 中都是通过【Analyze】|【Correlate】|【Bivariate】命令进行分析的,只是在选择 Correlation Coefficients 时需要以实际案例为根据。

二元变量的相关分析在一些情况下无法较为真实准确地反映事物之间的相关关系。此时,单纯计算简单相关系数,显然不能准确反映事物之间的相关关系,而是需要在剔除其他相关因素影响的条件下计算相关系数,这就需要用偏相关分析。偏相关分析是指当两个变量同时与第三个变量相关时,将第三个变量的影响剔除,只分析另外两个变量之间相关程度的过程,其工具是偏相关系数 r12,3。偏相关分析方法在 SPSS 中通过【Analyze】|【Correlate】|【Partial】命令进入 Partial Correlations 对话框,在此对话框中设置 Variable 和 Controlling for 变量,然后在 Test of Significance 框中选择 SPSS 默认的双侧(Two-tailed)检验,在 Options 对话框中选择 Zero-order correlations 统计方式,并设置缺失值的处理方式,这样就可以得到相应的分析结果。

距离相关是对观测量之间或变量之间相似或不相似程度的一种测量。距离相关分析可用于同一变量内部各个取值之间,以考察其相互接近程度;也可用于变量之间,以考察预测值对实际值的拟合优度。距离相关分析的结果可用于其他分析过程,如因子分析、聚类分析等,有助于分析复杂的数据集合。根据统计量不同,可将距离相关分析分为相似性测量和不相似性测量两种,相似性测量是通过计算 Pearson 相关系数或 Cosine 相关来表示;不相似性测量是通过计算样本之间或变量之间的距离来表示。距离相关分析根据分析对象不同,又可分为样本间分析和变量间分析。距离相关分析方法在 SPSS 中通过【Analyze】|【Correlate】|【Distances】命令进入 Distances 对话框,然后在此对话框中选择计算距离的类型是个案间计算还是变量间计算;选择测量的方式是相似性测量还是不相似性测量。

(2) 范例解析

例题 10-7 打开示例文件 ex5. xls,文件中描述的是钢液含炭量 x 和精炼时间 y 的关系,用 SPSS 求解 x 和 y 的相关系数。

主要操作步骤:

① 打开 SPSS 软件,将示例文件 ex5. xls 导入到 SPSS 软件中,如图 10-66 所示,并【Save】为文件 spss-13. sav。

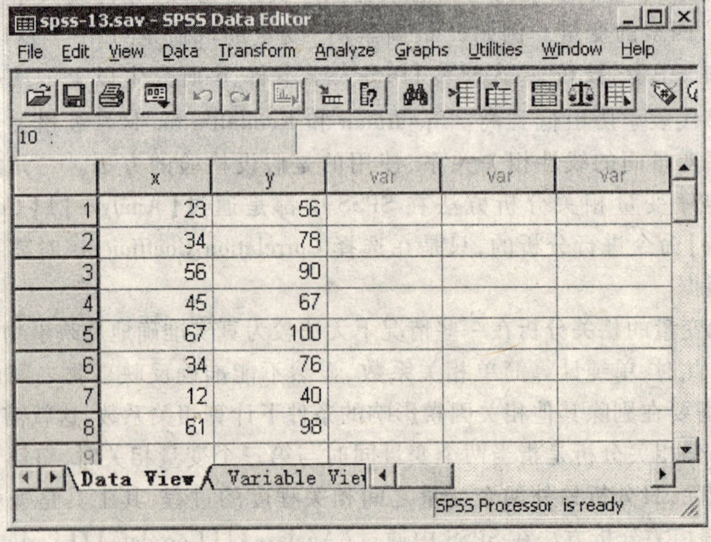

图 10-66 钢液含炭量 x 和精炼时间 y 的数据文件

② 解题分析，找出应该使用哪种相关分析方法。从题目可知，钢液含炭量 x 和精炼时间 y 牵涉到 2 个变量，存在着一种关系，而没有牵涉到第三个变量，因此不是偏相关关系；同时，钢液含炭量 x 和精炼时间 y 这两个变量之间是相互独立的，没有相似性和不相似性这样的特征可言，因此也排除了距离相关关系，那么剩下的就是二元变量的定距或者定序关系，按照定距变量和定序变量的定义，结合该例，我们知道，这里 x 与 y 不是基于“质”因素的变量，其数值可以比较大小，可以用加减法计算出差异的大小，属于二元定距变量。因此，在使用 SPSS 进行分析时，选择【Correlate】|【Bivariate】命令，同时在相关系数的类型框 Correlation Coefficients 中，选择 Pearson 关系。

③ 选择【Analyze】|【Correlate】|【Bivariate】命令，得到 Bivariate Correlations 对话框，将左边框中的变量【x】、【y】通过  移入右边 Variables 框中，如图 10-67 所示：

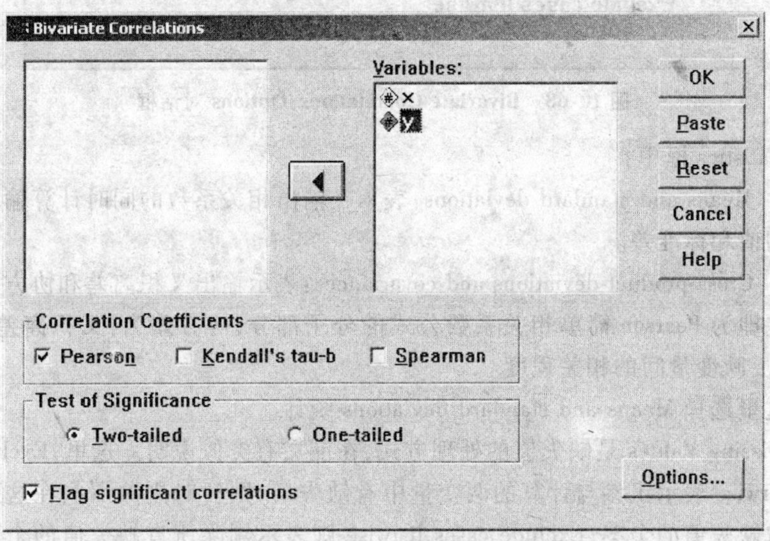

图 10-67　Bivariate Correlations 对话框

根据前面的解题分析，在 Correlation Coefficients 框中选择 Pearson；在 Test of Significance 框中选择相关系数的双侧（Two-tailed）检验。双侧检验可以检验两个变量之间的相关取向，即可以知道从结果得知是正相关还是负相关。如果在运算前已经知道两个相关取向，则可以直接选用单侧检验（One-tailed）。

这里选中 Flag significant correlations，表示相关分析结果中将不显示统计检验的相伴概率，而以星号（＊）表示。一个星号表示当用户指定的显著性水平为 0.05 时，统计检验的相伴概率值小于等于 0.05，即总体无显著性相关的可能性小于等于0.05;两个星号表示当用户指定的显著性水平为0.01时,统计检验的相伴概率值小于等于0.01,即总体无显著性相关的可能性小于等于0.01。显然,两个星号比一个星号的检验更精确。

④ 单击【Options】按钮,得到 Bivariate Correlations: Options 对话框,如图10-68所示:

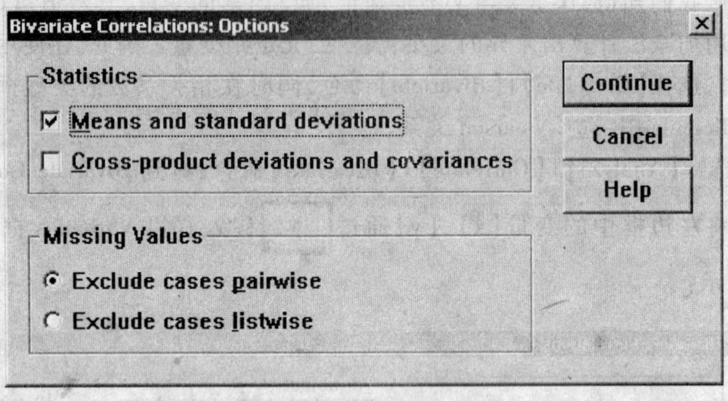

图 10-68 Bivariate Correlations:Options 对话框

Statistics 框中:

◇ Means and standard deviations:表示在输出相关系数的同时计算输出变量的平均值和标准差。

◇ Cross-product deviations and covariances:表示输出叉积离差和协方差。叉积离差即为 Pearson 简单相关系数公式的分子部分;协方差为:叉积离差/($n-1$),也反映变量间的相关程度。

这里选择 Means and standard deviations 统计。

Missing Values 是缺失值的处理方式,在前文有类似说明。这里,Exclude cases pairwise 表示正参与计算的两变量中有缺失值,则暂时剔除那些在这两个变量上取缺失值的个案;Exclude cases listwise 则表示剔除所有缺失值的个案后再计算。本例选择前者。

单击【Continue】按钮,返回10-67所示的对话框。

⑤ 单击【OK】按钮,得到计算结果,如图10-69所示,并【Save As】为文件 Output-13.spo。

Correlations

Descriptive Statistics

	Mean	Std. Deviation	N
X	41.50	19.191	8
Y	75.63	20.825	8

Correlations

		X	Y
X	Pearson Correlation	1	.940**
	Sig. (2-tailed)	.	.001
	N	8	8
Y	Pearson Correlation	.940**	1
	Sig. (2-tailed)	.001	.
	N	8	8

**. Correlation is significant at the 0.01 level

图 10-69　运行结果

结果分析：

图 10-69 显示，变量 x、y 各有 8 个数据，它们的均值分别为 41.50 和 75.63，标准差分别为 19.191 和 20.825。变量 x、y 的相关系数以矩阵的方式显示在第二个表格中，其相关系数为 0.940；在这个数据的旁边有两个星号，表示指定的显著性水平为 0.01 时，统计检验的相伴概率小于等于 0.01（表格中的显示为 0.001），即变量 x、y 显著相关，且为正相关。我们在 9.4.2 例题 9-13 中得出 x 和 y 的相关系数是 0.939918，基本上等于 0.940，可见，使用 SPSS 软件和 Excel 软件得到的结果基本一致。

2. 回归分析

(1) 统计理论

根据变量的个数、类型以及变量间的相关关系，回归分析可分为一元线性回归分析、多元线性回归分析、非线性回归分析、曲线估计、时间序列的曲线估计、含虚拟自变量的回归分析和逻辑回归分析等类型。这些不同类型的回归分析在 SPSS 软件中通过【Analyze】|【Regression】中的【Linear】命令或【Curve Estimation】命令来实现。在此不对每一个回归分析进行理论介绍，仅通过例题 10-7 来计算变量 x 和 y 的一元线性回归方程。

(2) 范例解析

例题 10-8　打开例题 10-7 得到的文件 spss-13. sav，求解钢液含炭量 x 和精炼时间 y 的一元线性回归方程。

主要操作步骤：

① 打开文件 spss-13. sav，选择【Analyze】|【Regression】|【Linear】命令，弹出如图 10-70 所示的 Linear Regression 对话框，在对话框左边的变量列表中单击变量【y】，通过 ▶ 移入右边 Dependent 框中，表示因变量；单击变量【x】，移入右

边 Independent(s)框中，表示自变量。

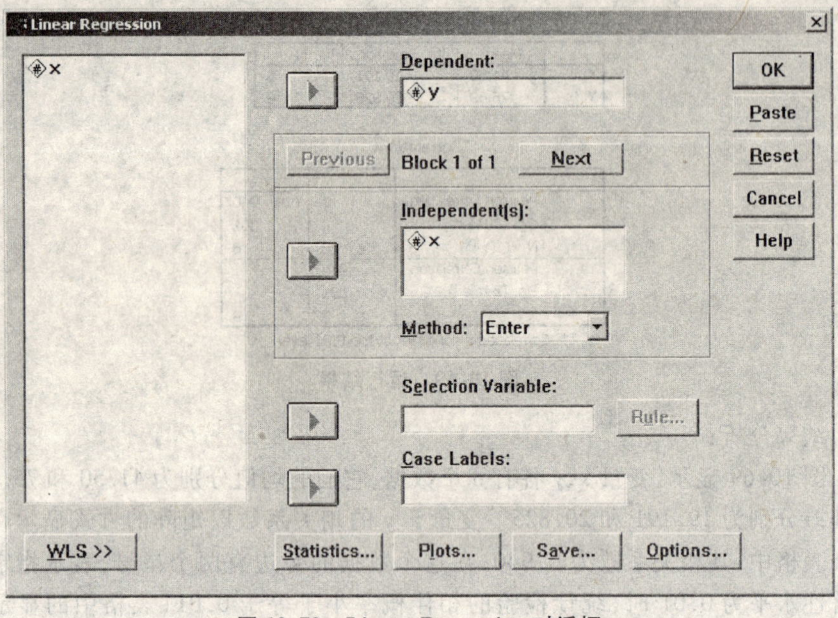

图 10-70　**Linear Regression 对话框**

这里由于只有两个变量，是一元关系，因此在 Independent(s)中只移入了一个变量；如果是多元关系，有多个自变量，那么可以通过【Previous】(前一个)和【Next】(后一个)按钮进行选择，将它们放在不同的块(Block)中。这种块设置便于进行探索性回归分析。例如，SPSS 先从当前块开始，提取因变量和当前自变量的回归方程进行拟合，然后自动提取下一块中的自变量，在上一个回归方程的基础上再次进行拟合，直到结束。

在 Method 框中可以选择多元线性回归分析的自变量筛选方法，有如下选择：

◇ Enter(默认值)：强行进入法，表示所选自变量全部进入回归模型。

◇ Remove：消去法，表示建立回归方程时，根据设定的条件从回归方程中剔除部分自变量。

◇ Backward：向后剔除法，根据在 Option 对话框中所设定的判据，先建立全模型，然后根据设置的判据，每次剔除一个使方差分析中的 F 值最小的自变量，直到回归方程中不再含有不符合判据的自变量为止。

◇ Forward：向前选择法，根据在 Option 对话框中所设定的判据，从无自变量开始，在拟合过程中，对被选择的自变量进行方差分析，每次加入一个 F 值最大的变量，直至所有符合判据的变量都进入模型为止(第一个引入模型的自变量应该与因变量间相关系数的绝对值最大)。

◇ Stepwise:逐步进入法,它是向前选择变量法和向后剔除变量法的结合。根据在 Option 对话框中所设定的判据,首先根据方差分析结果选择符合判据的自变量且与因变量相关程度最高的进入回归方程。根据向前选择变量法进入自变量,然后根据向后剔除法,将模型中 F 值最小的且符合剔除判据的变量剔除出模型,重复进行直到回归方程中的自变量均符合进入模型的判据,模型外的自变量都不符合进入模型的判据为止。

Selection Variable 框表示挑选满足一定条件的样本数据进行线性回归分析。

Case Labels 框表示作图时,以哪个变量作各样本数据点的标志变量。

WSL 选项表示存在异方差时,利用加权最小二乘法替代普通最小二乘法估计回归模型参数。通过 WSL 可以设定一个变量作为权重变量。在实际问题中,如果无法自行确定权重变量,可以用 SPSS 的权重估计来实现。

② 单击【Statistics】按钮,弹出 Linear Regression: Statistics 对话框,如图 10-71 所示:

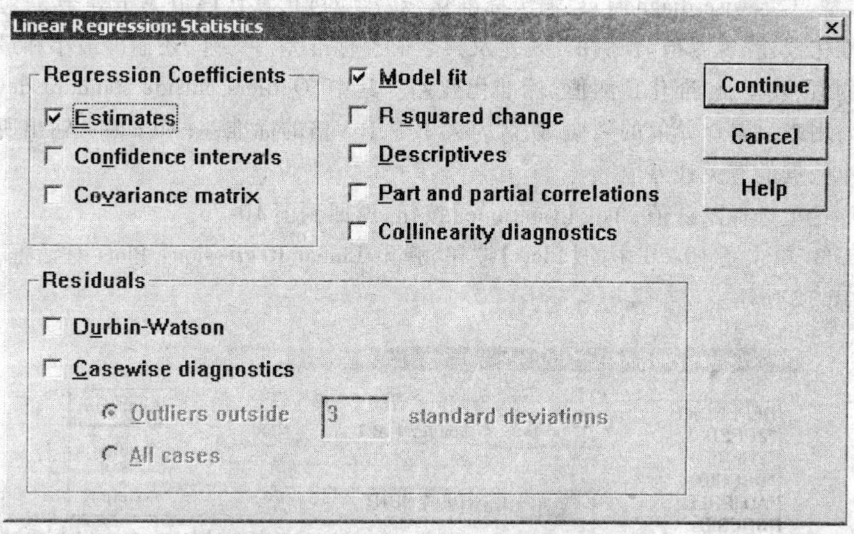

图 10-71　Linear Regression:Statistics 对话框

在 Regression Coefficients 框中:

◇ Estimates(默认值):输出与回归系数相关的统计量,如回归系数、回归系数的标准误差、标准回归系数、t 统计量和相应的相伴概率值(Sig.)、各自变量的容忍度等。其中,标准回归系数有助于判断多元回归方程中当各自变量的单位不统一时,哪个自变量对因变量的影响较大。

◇ Confidence intervals:输出每一个非标准化回归系数 95% 的可信区间。

◇ Covariance matrix:输出方程中各自变量间的相关系数矩阵和各变量的协

方差矩阵。

Model fit：是用来输出判定系数、调整的判定系数、回归方程的标准误差，F 检验的 ANOVA 方差分析表，这里为默认值。

R squared change：表示当回归方程中引入或剔除一个自变量后 R^2、F 值产生的变化量。

Descriptives：输出自变量和因变量的均值、标准差、相关系数矩阵及单侧检验概率。

Part and partial correlation：输出方程中各自变量与因变量之间的简单相关系数、偏相关系数与部分相关系数。

Collinearity diagnostics：多重共线性分析，输出各自变量的容限度、方差膨胀因子、最小容忍度、特征值、条件指标、方差比例等。

Residuals 框是有关残差分析的选择项，其中：

◇ Durbin-Watson：输出 Durbin-Watson 检验值。

◇ Casewise diagnostics：输出标准化残差绝对值，默认该值大于等于 3，包括标准化残差、观测值、预测值、残差及其均值和标准差。另外，还输出最小和最大预测值、残差、标准化预测值、标准化残差。其中，Outliers outside standard deviation：用来设置奇异值的判据，默认为大于等于 3 倍的标准差；All cases：输出所有样本数据的有关残差值。

这里选择默认值，单击【Continue】按钮，返回到图 10-70。

③ 单击图 10-70 中的【Plots】按钮，弹出 Linear Regression：Plots 对话框，如图 10-72 所示：

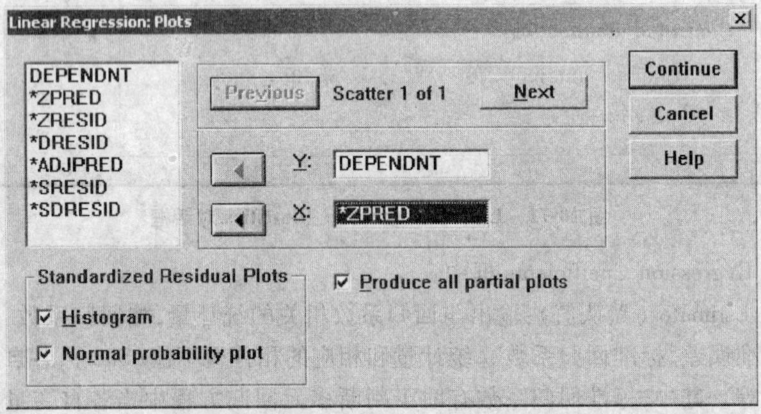

图 10-72 Linear Regression：Plots 对话框

该对话框是用来对残差序列进行图形分析，从而检验残差序列的正态性、随机性和是否存在异方差现象的。SPSS 默认不输出图形。

左边框是源变量框，选择 Dependent（因变量），使之移入 X 或 Y 轴变量框；再选择其他变量，使之移入 Y 或 X 轴变量框。可以作为轴变量的，除因变量外还有以下参数：ZPRED（标准化预测值）、ZRESID（标准化残差）、DRESID（剔除残差）、ADJPRED（修正后预测值）、SRESID（学生化残差）、SDRESID（学生化剔除残差）。

如果要输出多个变量分析图，可使用【Previous】和【Next】按钮进行筛选。

Standardized Residual Plots 中可选择使用直方图、正态概率图。

Histogram：输出带有正态曲线的标准化残差的直方图。

Normal probability plot：残差的正态概率图，检查残差的正态性。

Produce all partial plots：输出每一个自变量残差相对于因变量残差的散布图。

为了清晰地表现回归方程的拟合过程，检验残差序列的正态性、随机性和是否存在异方差现象，我们将 DEPENDENT 移入 Y 框，把 ZPRED 移入 X 框，同时选中 Histogram、Normal probability plot、Produce all partial plots 复选框，要求输出各图形。单击【Continue】按钮，返回到图 10-70。

④ 单击图 10-70 中的【Save】按钮，弹出 Linear Regression：Save 对话框，如图 10-73 所示，该对话框用来设置回归分析结果的保存方式，默认值不作任何选择。

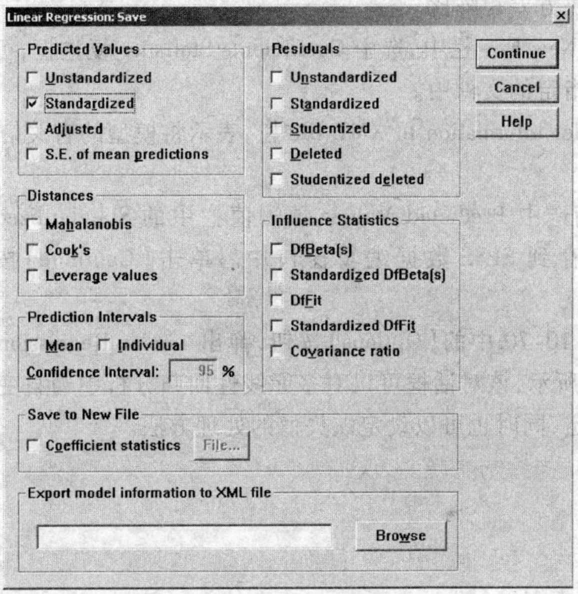

图 10-73　Linear Regression：Save 对话框

Predicted Values 预测值栏中：Unstandardized 保存非标准化预测值；Standardized 保存标准化预测值；Adjusted 保存调节预测值；S. E. of mean predictions 保存预测值的标注误差。

Distance 距离栏中：Mahalanobis 保存 Mahalanobis 距离；Cook's 保存 Cook 距离；Leverage values 保存中心点杠杆值。

Prediction Intervals 预测区间栏中：Mean 保存预测区间高低限的平均值；Individual 保存一个观测量上限与下限的预测区间；Confidence Interval 可确定置信区间，默认值为 95%。

Residuals 残差栏中：Unstandardized 保存非标准化残差；Standardized 保存标准化残差；Studentized 保存学生化残差；Deleted 保存剔除残差；Studentized deleted 保存学生剔除残差。

Influence Statistics 影响点的统计量栏中：

◇ DfBeta(s)：因排除一个特定的观测值所引起的回归系数的变化。一般情况下，该值如果大于 2，则被排除的观测值有可能是影响点。

◇ Standardized DfBeta(s)：标准化的 DfBeta 值。

◇ DfFit：因排除一个特定的观测值所引起的预测值的变化。

◇ Standardized DfFit：标准化的 DfFit 值。

◇ Covariance ratio：协方差比矩阵，剔除一个影响点预测量的协方差矩阵与全部观测量的协方差矩阵比。

在 Save to New File 栏中，选中 Coefficients Statistics 复选框，可将回归系数结果保存到一个指定的文件中。

Export model information to XML file 栏，表示将模型的有关信息输出到 XML 型文件中。

这里，我们选中 Predicted Values 预测值栏中的 Standardized 复选框，将标准化预测值保存到 SPSS 数据编辑窗口中。单击【Continue】按钮，返回到图 10-70。

⑤ 单击图 10-70 中的【Options】按钮，弹出 Linear Regression：Options 对话框，如图 10-74 所示，该对话框可以对多元线性回归分析中与自变量的筛选有关的参数进行设定，同时也可以设定缺失值的处理方法。

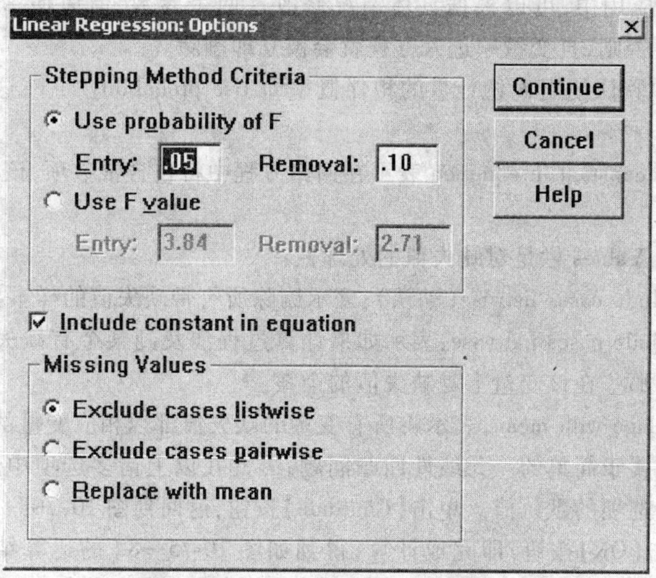

图 10-74　Linear Regression：Options 对话框

Stepping Method Criteria 栏，用于设定与多元线性回归分析中自变量的筛选有关的参数：

◇ Use probability of F：以回归系数显著性检验中各自变量的 F 统计量的相伴概率作为自变量是否引入模型或者从模型剔除的标准。在 SPSS 中，默认：

➤ Entry：0.05，表示当一个自变量的 F 统计量的相伴概率值 Sig. ≤0.05 时，应拒绝 H_0，认为该变量对因变量的影响是显著的，应被引入回归方程中。

➤ Removal：0.10，表示当一个自变量的 F 统计量的相伴概率值 Sig. ≥0.10 时，不能拒绝 H_0，认为该变量对因变量的影响是不显著的，应从回归方程中剔除。

在实际应用中，可以根据具体情况修改这两个参数，但应使 Entry 值小于 Removal 值，否则，自变量一进入方程就会被立即剔除。

◇ Use F Value：表示回归系数显著性检验中的各自变量的 F 统计量作为自变量进入模型或从模型剔除的标准。其中默认：

➤ Entry：3.84，表示当一个变量的 F 值≥3.84 时，该变量被选入模型中。

➤ Removal：2.71，表示当一个变量的 F 值≤2.71 时，该变量从模型中剔除。

在实际应用中，可以根据具体情况修改这两个参数，但应使 Entry 值大于 Removal 值，否则，自变量一进入方程就会被立即剔除。

SPSS 中默认使用 *F* 统计量的相伴概率即 Use probability of F，这里，我们使用默认值。

Include constant in equation 表示在回归方程中将包含常数项，该项为默认选项。

Missing Values 栏是对缺失值的处理栏：

◇ Exclude cases listwise(默认)：表示删除所有带缺失值的样本数据。

◇ Exclude cases pairwise：表示如果计算过程涉及到某个有缺失值的变量，则暂时删除那些在该变量上是缺失值的个案。

◇ Replace with mean：表示将所有变量的缺失值都以相应变量的均值代替。

本例题属于简单的一元线性回归问题，因此在以上诸多选项中选择了默认的选项和各选项的默认值。单击【Continue】按钮，返回到图 10-70。

⑥ 单击【OK】按钮，即完成计算，得到如图 10-75—82 的运算结果，并将输出文件【Save】为 Output-14. spo；同时，在 SPSS 数据编辑窗口中增加新的一列 zpr_1 变量，将该文件【Save As】为 spss-14. sav。

结果分析：

Regression

Variables Entered/Removed[b]

Model	Variables Entered	Variables Removed	Method
1	X[a]	.	Enter

a. All requested variables entered.

b. Dependent Variable: Y

图 10-75 运算结果 1

该图输出的是被引入或从回归方程中被剔除的各变量。这部分结果说明，在对编号为 1 的模型(Model 1)进行线性回归分析时所采用的方法是全部引入法：Enter。

Model Summary[b]

Model	R	R Square	Adjusted R Square	Std. Error of the Estimate
1	.940[a]	.883	.864	7.679

a. Predictors: (Constant), X

b. Dependent Variable: Y

图 10-76 运算结果 2

该图输出的是常用统计量。由图可知：相关系数 R = 0.940，判定系数 R^2 = 0.883，调整的判定系数 $\overline{R}^2$ = 0.864，回归估计的标准误差 S = 7.679。这说明样本回归方程的代表性强。同时可见，通过回归分析得出的相关系数 R = 0.940，通过相关分析得出的相关系数 Pearson Correlation = 0.940。

ANOVA[b]

Model		Sum of Squares	df	Mean Square	F	Sig.
1	Regression	2682.029	1	2682.029	45.478	.001[a]
	Residual	353.846	6	58.974		
	Total	3035.875	7			

a. Predictors: (Constant), X

b. Dependent Variable: Y

图 10-77　运算结果 3

该图是方差分析表。从结果可见：统计量 F = 45.478，相伴概率值 Sig. = 0.001，小于 0.05，说明自变量 x 与因变量 y 之间确有线性回归关系。另外，Sum of Squares 一栏中分别代表回归平方和（2682.029）、残差平方和（353.846）以及总平方和（3035.875），df 为自由度。

Coefficients[a]

Model		Unstandardized Coefficients		Standardized Coefficients	t	Sig.
		B	Std. Error	Beta		
1	(Constant)	33.296	6.839		4.869	.003
	X	1.020	.151	.940	6.744	.001

a. Dependent Variable: Y

图 10-78　运算结果 4

该图是回归系数分析表。其中，Unstandardized Coefficients 为非标准化系数，Standardized Coefficients 为标准化系数，t 为回归系数检验统计量，Sig. 为相伴概率值。同时可以看出估计值及其检验结果，常数项 $\hat{\beta}_0$ = 33.296，回归系数 $\hat{\beta}_1$ = 1.020，回归系数检验统计量 t = 6.744，相伴概率值 Sig. = 0.001，说明回归系数与 H_0 有显著差别，该回归方程有意义：$\hat{y} = 33.296 + 1.020x$，该方程与通过 Excel 软件分析得出的结果是一致的。

Residuals Statistics[a]

	Minimum	Maximum	Mean	Std. Deviation	N
Predicted Value	45.54	101.63	75.63	19.574	8
Residual	-12.19	10.02	.00	7.110	8
Std. Predicted Value	-1.537	1.329	.000	1.000	8
Std. Residual	-1.588	1.305	.000	.926	8

a. Dependent Variable: Y

图 10-79　运算结果 5

该图是残差统计表。表中显示了预测值、残差、标准化预测值、标准化残差的最大值、最小值、均值、标准差。

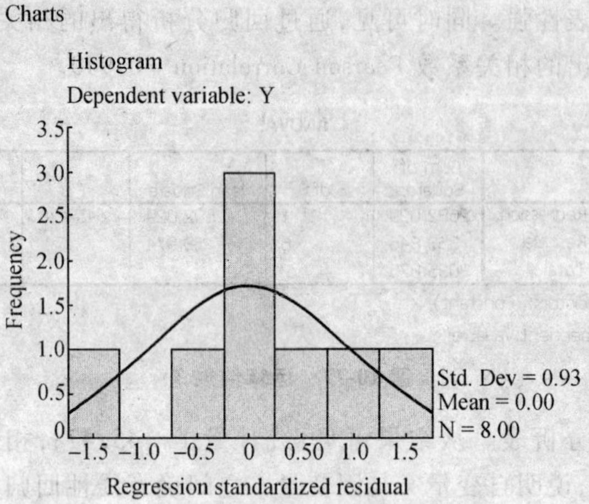

图 10-80 运算结果 6

该图是带有正态曲线的标准化残差的直方图。横轴是标准化残差，纵轴是变量 y 的频数。标准差为 0.93，均值为 0.00。

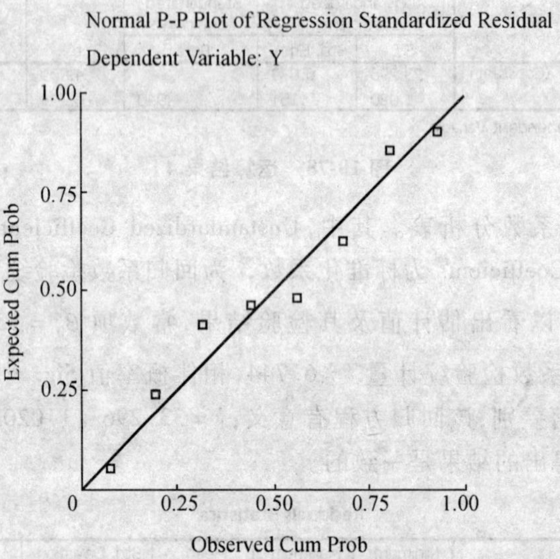

图 10-81 运算结果 7

该图是标准化残差的正态概率图，检查残差的正态性。横轴为观测累计概率，纵轴为期望累计概率。各散点的点大多落在接近直线的位置上，说明回归方程拟合得还可以，变量 x 与 y 的相关程度很高。

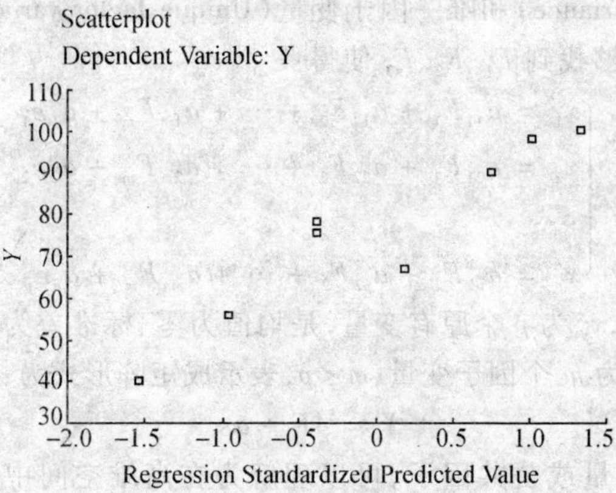

图 10-82　运算结果 8

该图为标准化期望值残差相对于变量 y 残差的散布图。

10.4.2　主成分与因子分析

1. 统计理论

SPSS 可以进行多种类型的主成分分析和因子分析。主成分分析是将多个指标化为少数几个指标的一种统计方法,目的在于通过重新组织数据,将各次观察中变化不大的变量当做常数处理而加以舍弃,从而降低所考虑问题中变量的维数;而因子分析则通过最多个数的不可观察的随机变量(即因子)来说明出现在可观察随机问题的分布中的相关模型,以便尽可能合理地解释包含在原始变量之间的相关性,并简化变量的维数和结构。SPSS 在进行因子分析时,可选择通过主成分分析的方法来提取因子,这也是最常用的方法。下面的介绍将以因子分析为主。

因子分析是用少数几个相互独立的因子来描述和反映原始资料许多指标或因素之间的联系的一种统计分析方法。其特点是:

(1) 因子变量的数量远少于原有的指标变量的数量,对因子变量的分析能够减少分析中的计算工作量。

(2) 因子变量不是对原有变量的取舍,而是根据原始变量的信息进行重新组构,它能反映原有变量的大部分信息。

(3) 因子变量之间不存在线性相关关系,对变量的分析比较方便。

(4) 因子变量的命名要求能综合反映某些原始变量的信息。

因子分析的出发点是用较少的相互独立的因子变量来代替原来变量的大部分信息,可以通过下面的数学模型来表示:基本上,因子分析是解释变量之间的协方差(Covariance)问题,由于所有受试者的反应变量均是属于共同因子变量

(Common factor variance)和唯一因子变量(Unique factor variance)的线性函数。例如,我们是否能够找到 F_1、F_2、F_3 使得:

$$\begin{cases} x_1 = a_{11}F_1 + a_{12}F_2 + \cdots + a_{1m}F_m + a_1\varepsilon_1 \\ x_2 = a_{21}F_1 + a_{22}F_2 + \cdots + a_{2m}F_m + a_2\varepsilon_2 \\ \cdots \\ x_p = a_{p1}F_1 + a_{p2}F_2 + \cdots + a_{pm}F_m + a_p\varepsilon_p \end{cases}$$

其中,$x_1,x_2,x_3,\cdots,x_p$ 为 p 个原有变量,是均值为零、标准差为 1 的标准化变量,$F_1,F_2,F_3,\cdots,F_m$ 为 m 个因子变量,$m<p$,表示成矩阵形式为:

$$X = AF + a\varepsilon$$

其中,F 为因子变量或公共因子,可以理解为在高维空间中互相垂直的 m 个坐标轴。A 为因子载荷矩阵,a_{ij}为因子载荷,是第 i 个原有变量在第 j 个因子变量上的负荷,即相对重要性。a_{ij}绝对值越大,则公共因子 F_j 和原有变量 x_i 的关系越强。如果把变量 x_i 看成 m 维因子空间中的一个向量,则 a_{ij}为 x_i 在坐标轴 F_j 上的投影,相当于多元回归中的标准回归系数。ε 为特殊因子,表示原有变量不能被因子变量所解释的部分,相当于多元回归分析中的残差部分。

因子分析的基本步骤为:(1) 确定待分析的原有若干变量是否适合于因子分析;(2) 构造因子变量;(3) 利用旋转使得因子变量更具有可解释性;(4) 计算因子变量的得分。

确定待分析的原有若干变量是否适合于因子分析有两种方法:第一种方法是先计算变量之间的相关系数矩阵,如果相关系数矩阵在进行统计检验中,大部分都小于 0.3 且未通过统计检验,那么这些变量不适合进行因子分析,否则适合。第二种方法是在因子分析过程中通过统计检验方法进行判断。统计检验方法包括 Bartlett Test of Sphercity、Anti-image correlation matrix 和 Kaiser-Meyer-Olkin 检验。这三个检验可在 Factor Analysis:Descriptives 对话框中的 Correlation Matrix 中选择。

Bartlett Test of Sphercity 检验的统计量是根据相关系数矩阵的行列式得到的,如果该值较大,且其对应的相伴概率值小于用户心中的显著性水平,那么应该拒绝零假设,认为相关系数不可能是单位阵,也即原始变量之间存在相关性,适合于做因子分析;相反,如果该统计量比较小,且其对应的相伴概率大于显著性水平,则不能拒绝零假设,认为相关系数矩阵可能是单位阵,不宜于做因子分析。

Anti-image correlation matrix 检验以变量的偏相关系数矩阵为出发点,将偏相关系数矩阵的每个元素取反,得到反映像相关矩阵。偏相关系数是在控制了其他变量对两变量影响的条件下计算出来的相关系数。如果变量间存在较多的重叠影响,那么偏相关系数就会较小。因此,如果反映像相关矩阵中有些元素的绝对值比较大,那么说明这些变量不适合于做因子分析。

Kaiser-Meyer-Olkin(简称 KMO)检验用于比较变量间简单相关和偏相关系数,其取值范围为[0,1]。KMO 的值越接近于 1,所有变量之间的简单相关系数平方和越大于偏相关系数平方和,越适合于做因子分析;反之,不适合。

KMO 的取值与是否适合做因子分析的一般标准为:(1) KMO >0.9:非常适合;(2) 0.8 < KMO <0.9:适合;(3) 0.7 < KMO <0.8:一般;(4) 0.6 < KMO < 0.7:不太适合;(5) KMO <0.5:不适合。

2. 范例解析

例题 10-9　下表 10-1 是对随机抽取的 16 个找工作不成功的失业人员进行的调查,调查的选项有 10 个,要求被调查者对每个选项按照非常不同意、不同意、不一定、同意、非常同意分别给分值 1、2、3、4、5。对调查数据进行因子分析,看是否能减少因子的维数。

表 10-1　失业人员找工作不成功原因调查表

原因	非常不同意	不同意	不一定	同意	非常同意
工资收入低(x1)					
劳动强度大(x2)					
不能发挥专业技能(x3)					
单位不签劳动合同(x4)					
单位不参加社会保险(x5)					
工作环境差(x6)					
工作时间长(x7)					
上班路程远(x8)					
领导没有亲和力(x9)					
工作不适应(x10)					

主要操作步骤:

(1) 将调查得到的数据录入 SPSS 数据编辑窗口,如图 10-83 所示,并将文件【Save】为 spss-15.sav。

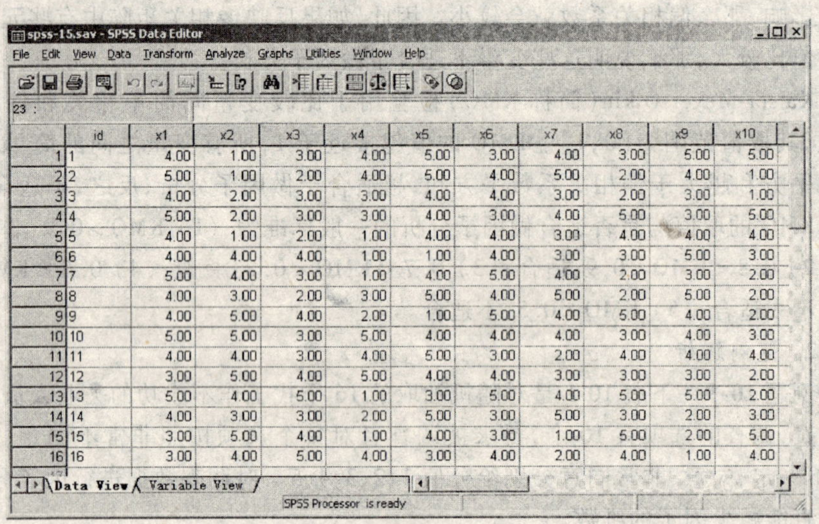

	id	x1	x2	x3	x4	x5	x6	x7	x8	x9	x10
1	1	4.00	1.00	3.00	4.00	5.00	3.00	4.00	3.00	5.00	5.00
2	2	5.00	1.00	2.00	4.00	5.00	4.00	5.00	2.00	4.00	1.00
3	3	4.00	2.00	3.00	3.00	4.00	4.00	3.00	2.00	3.00	1.00
4	4	5.00	2.00	3.00	3.00	4.00	3.00	4.00	5.00	3.00	5.00
5	5	4.00	1.00	2.00	1.00	4.00	4.00	3.00	4.00	4.00	4.00
6	6	4.00	4.00	4.00	1.00	1.00	4.00	3.00	3.00	5.00	3.00
7	7	5.00	4.00	3.00	1.00	4.00	5.00	4.00	2.00	3.00	2.00
8	8	4.00	3.00	2.00	3.00	5.00	4.00	5.00	2.00	5.00	2.00
9	9	4.00	5.00	4.00	2.00	1.00	5.00	4.00	5.00	4.00	2.00
10	10	5.00	5.00	3.00	5.00	4.00	4.00	4.00	3.00	4.00	3.00
11	11	4.00	4.00	3.00	4.00	5.00	3.00	2.00	4.00	4.00	4.00
12	12	3.00	5.00	4.00	5.00	4.00	4.00	3.00	3.00	3.00	2.00
13	13	5.00	4.00	5.00	1.00	3.00	5.00	4.00	5.00	5.00	2.00
14	14	4.00	3.00	3.00	2.00	5.00	3.00	5.00	3.00	2.00	3.00
15	15	3.00	5.00	4.00	1.00	4.00	3.00	1.00	5.00	2.00	5.00
16	16	3.00	4.00	5.00	4.00	3.00	4.00	2.00	4.00	1.00	4.00

图 10-83 调查后录入的数据

(2) 选择【Analyze】|【Data Reduction】|【Factor】命令，弹出 Factor Analysis 对话框，从对话框左边变量列表框中选择变量【工资收入低[x1]】至【工作不适应[x10]】，通过  移入右边的 Variables 框，如图 10-84 所示：

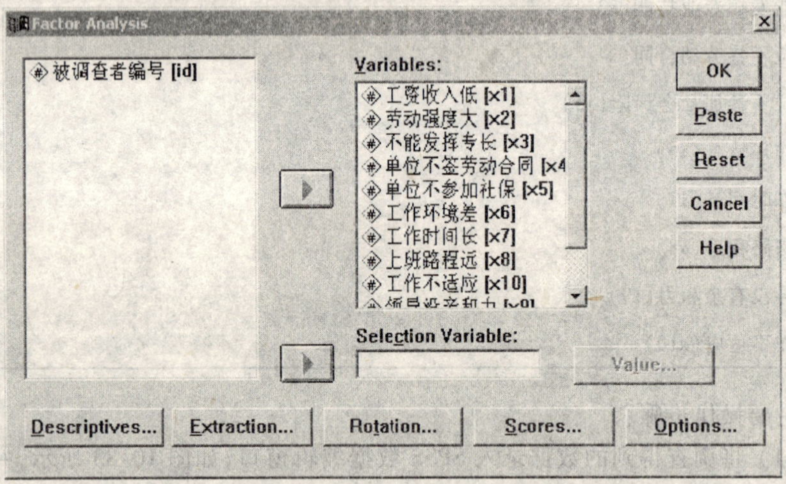

图 10-84 Factor Analysis 对话框

(3) 单击【Descriptives】按钮，弹出 Factor Analysis: Descriptives 对话框，如图 10-85 所示：

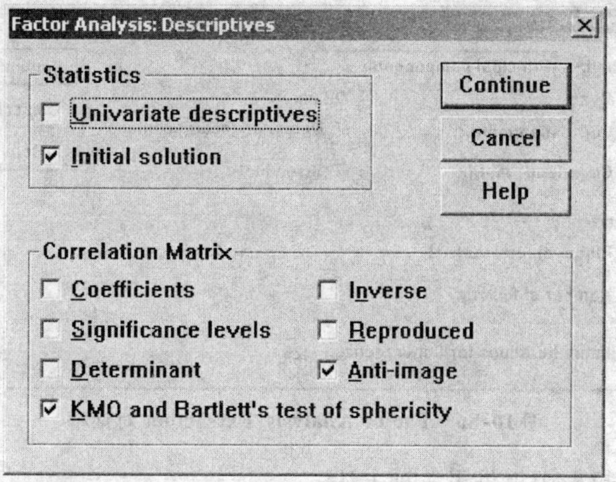

图 10-85　Factor Analysis:Descriptives 对话框

在 Statistics 框中选择 Initial solution，表示输出初始分析结果，输出的是因子提取前分析变量的公因子方差，是一个中间结果。对于因子分析模型来说，输出的是每个变量用其他变量作预测因子的载荷平方和。

Correlation Matrix 框中提供了几种检验变量是否适合做因子分析的检验方法，其中：

◇ Coefficients：要求计算相关系数矩阵。

◇ Significance levels：显著性水平，给出每个相关系数的单尾假设检验的水平。

◇ Determinant：相关系数矩阵的行列式。

◇ Inverse：相关系数矩阵的逆矩阵。

◇ Reproduced：再生相关阵，给出因子分析后的相关阵，还给出残差，即原始相关与再生相关之间的差值。

◇ Anti-image：反映像相关矩阵检验。反映像相关阵，包括偏相关系数的取反；反映像协方差阵，包括偏协方差的取反。一个好的因子中，除了对角线上系数较大外，其他元素应该比较小。

◇ KMO and Bartlett's test of sphericity：KMO 检验和巴特利特球形检验。KMO 检验变量间的偏相关是否很小，巴特利特球形检验相关阵是否为单位阵。

这里，选中 KMO and Bartlett's test of sphericity 和 Anti-image 复选框，单击【Continue】按钮，返回图 10-84。

(4) 单击图 10-84 中的【Extraction】按钮，弹出 Factor Analysis：Extraction 对话框，选择因子提取方法，如图 10-86 所示：

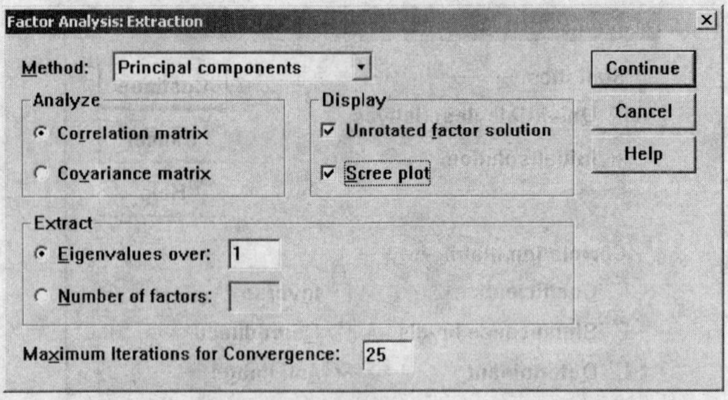

图 10-86 Factor Analysis:Extraction 对话框

Method 下拉框中提供了 7 种方法:

◇ Principal components:主成分分析法。该方法假定原变量是因子变量的线性组合。第一主成分有最大的方差,后续成分,其可解释的方差越来越少。这是使用最多的因子提取方法,本例也使用这种方法。

◇ Unweighted least squares:未加权最小平方法。该方法使得观测的和再生的相关矩阵之差的平方和最小,不计对角元素。

◇ Generalized least squares:综合最小平方法,用变量的倒数值加权,使得观测的和再生的相关矩阵之差的平方和最小。

◇ Maximum likelihood:极大似然估计法,此方法不要求多元正态分布。

◇ Principal axis factoring:主轴因子法,使用多元相关的平方作为对公因子方差的初始估计。初始估计公因子方差时多元相关系数的平方置于对角线上。这些因子载荷用于估计新公因子方差,替换对角线上的前一次公因子方差估计。这样的迭代持续到,公因子方差的变化满足提取因子的收敛判据。

◇ Alpha factoring:α 因子法。

◇ Image factoring:映像因子提取法,也称多元回归法。

Analyze 框用于指定因子个数的标准,其中:

◇ Correlation matrix:表示依据相关系数矩阵。

◇ Covariance matrix:表示依据协方差矩阵。

Extract 框用于指定因子个数的标准,其中:

◇ Eigenvalues over:N,表示该选项后面可以输入一个特征值,SPSS 将提取特征值大于该值的因子,SPSS 默认为 1。这是 SPSS 默认的方法。

◇ Number of factors:表示该选项后面可以输入要提取因子的个数。SPSS 将提取指定个数的因子。理论上有多少个变量,就可以有多少个因子,因此输入的数值应该介于 0 和分析变量数之间的整数。

Display 框用于选择输出那些与因子提取有关的信息，其中：

◇ Unrotated factor solution：输出未经过旋转的因子载荷矩阵。

◇ Scree plot：输出因子与其特征值的碎石图，按特征值大小排列，有助于确定保留多少个因子。

◇ Maximum iterations for convergence：用于指定因子分析收敛的最大迭代次数，系统默认的最大迭代次数为 25。

这里，选用 Principal components 方法，选择相关系数矩阵作为提取因子变量的依据，选中 Unrotated factor solution 和 Scree plot 项，输出未经过旋转的因子载荷矩阵和因子与其特征值的碎石图；选择 Eigenvalues over 项，在该选项后面可以输入 1，指定提取特征值大于 1 的因子。单击【Continue】按钮，返回图 10-84。

(5) 单击图 10-84 中的【Rotation】按钮，弹出 Factor Analysis：Rotation 对话框，如图 10-87 所示：

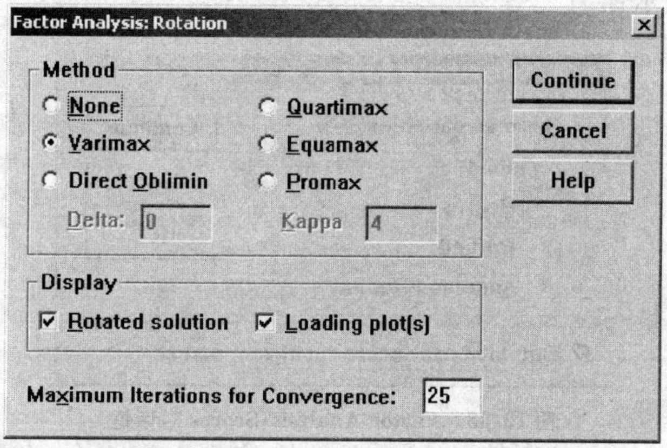

图 10-87　Factor Analysis：Rotation 对话框

该对话框用于选择因子载荷矩阵的旋转方法。旋转的目的是简化结构，有利于解释因子。SPSS 默认不进行旋转(None)。

Method 框用于选择因子旋转方法，其中：

◇ None：不作因子旋转。

◇ Varimax：方差极大化旋转，又称正交旋转。它使得每个因子上的具有最高载荷的变量数目最小，因此可以简化对因子的解释。

◇ Direct Oblimin：直接斜交旋转，指定该项，可以在下面的矩形框中输入 Delta 值，该值在 0—1 之间。0 值产生最高的相关系数。

◇ Quartimax：四分最大正交旋转，对变量作旋转，该旋转方式使得每个变量中需要解释的因子数最少。

◇ Equamax:平均正交旋转,是 Varimax 和 Quartimax 方法的结合,对变量和因子均作旋转。

◇ Promax:斜交旋转方法,允许因子间相关。它比直接斜交旋转更快,因此适用于大数据的因子分析。可以在下面的矩形框中输入 Kappa 值,该值默认为 4。

Display 框用于选择输出那些与因子旋转有关的信息,其中:

◇ Rotated solution:输出旋转后的因子载荷矩阵,对于正交旋转方法,显示旋转以后的因子矩阵模式和因子转换矩阵;对于斜交旋转,显示旋转以后的因子矩阵模式、因子结构矩阵和因子间的相关矩阵。

◇ Loading plot(s):输出载荷散点图。

这里,选中 Varimax、Rotated solution 和 Loading plot(s)复选框,单击【Continue】按钮,返回图 10-84。

(6) 单击图 10-84 中的【Scores】按钮,弹出 Factor Analysis:Scores 对话框,如图 10-88 所示:

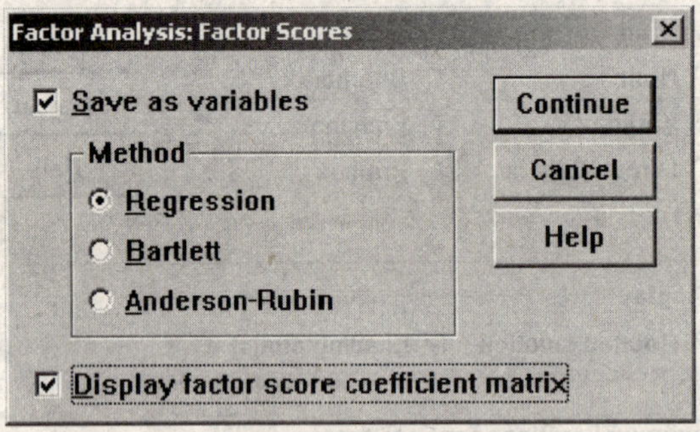

图 10-88 Factor Analysis:Scores 对话框

该对话框用来对因子得分进行设置,其中:

◇ Save as variables:将因子得分作为新变量保存在数据文件中。程序运行结束后,在数据编辑窗口中将显示出新变量。系统提供了三种估计因子得分系数的方法,可在 Method 框中进行选择:

◇ Regression:回归法。其因子得分均值为 0,方差等于估计因子得分与实际因子得分之间的多元相关的平方。

◇ Bartlett:巴特立特法。因子得分均值为 0,超出变量范围的各因子平方和被最小化。

◇ Anderson-Rubin:因子得分均值为 0,标准差为 1,彼此不相关。

这里选中 Save as variables 和 Regression 复选框,同时,选中 Display factor score coefficient matrix 复选框,表示输出时显示因子得分系数矩阵。单击【Continue】按钮，返回图 10-84。

(7) 单击图 10-84 中的【Options】按钮，弹出 Factor Analysis：Options 对话框，如图 10-89 所示：

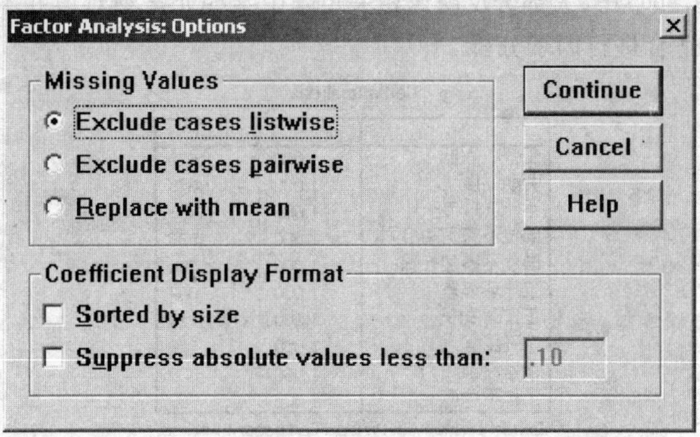

图 10-89　Factor Analysis：Options 对话框

该对话框可以指定输出其他因子分析的结果，并选择缺失值的处理方式。这里选中 Exclude cases listwise 复选框，表示去除所有含缺失值的个案后再进行分析。Coefficient Display Format 框中，Sorted by size 表示按照 Loading 载荷量从大到小进行排序；Suppress absolute values less then：N，表示不显示 | Loading 载荷量 | ≤0.10 的变量。这里不选中这两个复选框。单击【Continue】按钮，返回图 10-84。

(8) 单击【OK】按钮，运行计算，得到如图 10-90—99 的运算结果，并【Save as】为文件 Output-15. spo，同时，spss-15. sav 数据编辑窗口中增加了三列新变量 fac1_1、fac2_1、fac3_1，并【Save as】为文件 spss-16. sav。

结果分析：

Factor Analysis

KMO and Bartlett's Test

Kaiser-Meyer-Olkin Measure of Sampling Adequacy.		.719
Bartlett's Test of Sphericity	Approx. Chi-Square	55.327
	df	45
	Sig.	.139

图 10-90　运算结果 1

图 10-90 是 KMO 检验和 Bartlett 球度检验的结果，其中，KMO = 0.719，根据

统计理论中给出的 KMO 标准,取值在 0.7—0.8 之间,可以做因子分析。Bartlett 球度检验中统计量为 55.327,相伴概率为 0.139,该统计量超过了 50,相伴概率也不太小,可以考虑做因子分析。同时,Anti-image Matrices 统计图(运算结果 2,见 Output-15.spo)中,大部分反映像相关矩阵中某些元素绝对值并不大,说明这些变量比较适合进行因子分析。

Communalities

	Initial	Extraction
工资收入低	1.000	.675
劳动强度大	1.000	.675
不能发挥专长	1.000	.783
单位不签劳动合同	1.000	.538
单位不参加社保	1.000	.784
工作环境差	1.000	.867
工作时间长	1.000	.714
上班路程远	1.000	.779
领导没亲和力	1.000	.520
工作不适应	1.000	.883

Extraction Method: Principal Component Analysis.

图 10-91　运算结果 3

图 10-91 是因子分析的初始结果。该表格中,(1) 第一列列出了 10 个原始变量名。(2) 第二列是根据因子分析初始解计算出的变量共同度。利用主成分分析方法得到 10 个特征值,它们是因子分析的初始解,可利用这 10 个初始解和对应的特征向量计算出因子载荷矩阵。由于每个原始变量的所有方差都能被因子变量解释,因此每个原始变量的共同度都为 1。(3) 第三列是根据因子分析最终解计算出的变量共同度。根据最终提取的特征值和对应的特征值向量计算出因子载荷矩阵。

由于因子变量个数少于原始变量个数,因此每个变量的共同度必然小于 1。例如,第一行中 0.675 表示 m 个因子变量共解释原变量"工资收入低"方差的 67.5%。从第三列可以看出,"领导没有亲和力"变量在因子分析后,能被 m 个因子变量解释的方差最少,仅为 52.0%。

Total Variance Explained

Component	Initial Eigenvalues			Extraction Sums of Squared Loadings			Rotation Sums of Squared Loadings		
	Total	% of Variance	Cumulative %	Total	% of Variance	Cumulative %	Total	% of Variance	Cumulative %
1	3.337	33.374	33.374	3.337	33.374	33.374	2.710	27.099	27.099
2	2.507	25.066	58.440	2.507	25.066	58.440	2.488	24.880	51.979
3	1.375	13.746	72.186	1.375	13.746	72.186	2.021	20.207	72.186
4	.807	8.067	80.253						
5	.637	6.371	86.624						
6	.413	4.128	90.753						
7	.309	3.094	93.847						
8	.247	2.475	96.322						
9	.222	2.217	98.538						
10	.146	1.462	100.000						

Extraction Method: Principal Component Analysis.

图 10-92　运算结果 4

这是因子分析后因子提取和因子旋转的结果。其中，Component 列和 Initial Eigenvalues 列（第 1—4 列）反映了因子分析初始解对原有变量总体的描述情况。（1）第 1 列是因子分析第 10 个初始解序号。（2）第 2 列是因子变量的方差贡献（特征值），它是衡量因子重要程度的指标。例如，第一行中特征值为 3.337，表示第一个因子描述了原有变量总方差 10 中的 3.337，后面因子描述的方差依次减少。（3）第 3 列是各因子变量的方差贡献率，表示该因子描述的方差占原有变量总方差的比例。它的值是第 2 列的特征值处于总方差 10 的结果。例如，33.374% 是 3.337 除以 10 的结果。（4）第 4 列是因子变量的累加方差贡献率，表示前个因子描述的总方差占原有变量的总方差的比例。（5）第 5—7 列是从初始解中按照一定标准（本例中标准是特征值大于 1）提取了 3 个公共因子后对原变量总体的描述情况。各列数据的含义和前面第 2—4 列相同。可见，提取了 3 个公共因子后，它们反映了原变量的大部分信息。（6）第 8—10 列是旋转以后得到的因子对原变量总体的刻画情况。各列的含义和第 5—7 列一样。

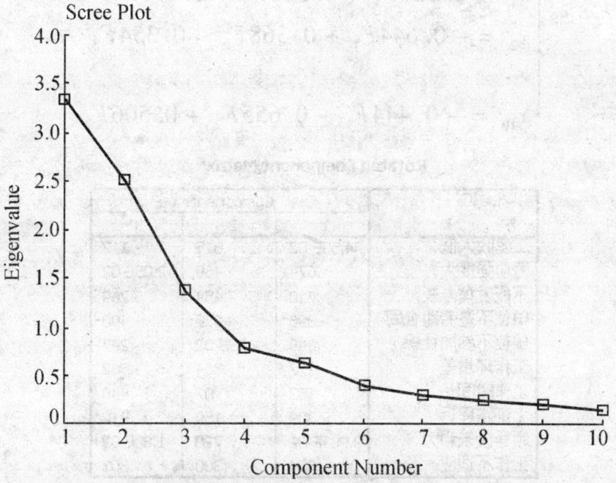

图 10-93　运算结果 5

这是公共因子碎石图。它的横坐标为公共因子数，纵坐标为公共因子的特征值。可见，前面 3—4 个公共因子，特征值变化非常明显，到第 4 个特征值以后，变化趋于平稳。这说明，提取 3—4 个公共因子可以对原变量的信息描述有显著作用。从图 10-92 的表格中也能得出这样的结果。

Component Matrix[a]

	Component		
	1	2	3
工资收入低	.627	.360	.390
劳动强度大	-.644	.368	-.354
不能发挥专长	-.810	.338	-.116
单位不签劳动合同	.216	-.397	-.578
单位不参加社保	.535	-.690	-.145
工作环境差	4.688E-02	.918	-.151
工作时间长	.789	.295	6.732E-02
上班路程远	-.705	1.110E-03	.531
领导没亲和力	.471	.368	.403
工作不适应	-.444	-.655	.506

Extraction Method: Principal Component Analysis.

a. 3 components extracted.

图 10-94　运算结果 6

这是最终的因子载荷矩阵 A，对应前面统计理论中因子分析的数学模型部分。可表示为：

$$X = AF + a\varepsilon$$

$$\begin{cases} x_1 = 0.627F_1 + 0.360F_2 + 0.390F_3 \\ x_2 = -0.644F_1 + 0.368F_2 - 0.354F_3 \\ \cdots \\ x_{10} = -0.444F_1 - 0.655F_2 + 0.506F_3 \end{cases}$$

Rotated Component Matrix[a]

	Component		
	1	2	3
工资收入低	-4.53E-02	.813	-.112
劳动强度大	.674	-.469	-2.05E-02
不能发挥专长	.710	-.454	.269
单位不签劳动合同	-.396	-.376	-.490
单位不参加社保	-.849	-4.39E-02	-.247
工作环境差	.777	.364	-.362
工作时间长	-.153	.702	-.446
上班路程远	.309	-.159	.812
领导没亲和力	3.983E-02	.720	-1.88E-02
工作不适应	-.384	-.300	.803

Extraction Method: Principal Component Analysis.
Rotation Method: Varimax with Kaiser Normalization.

a. Rotation converged in 19 iterations.

图 10-95　运算结果 7

该表格是按照前面设定的方差极大法对因子载荷矩阵旋转后的结果。未经过旋转的载荷矩阵中，因子变量在许多变量上都有较高的载荷（见图 10-94），但是变量的含义还比较模糊，经过旋转以后，因子变量的含义略加清楚。第一个因子基本上反映了劳动强度大、不能发挥专长、工作环境差；第二个因子基本上反映了工资收入低、工作时间长、领导没亲和力；第三个因子基本上反映了上班路程远、工作不适应。

Component Transformation Matrix

Component	1	2	3
1	-.506	.668	-.545
2	.857	.458	-.235
3	-.093	.586	.805

Extraction Method: Principal Component Analysis.
Rotation Method: Varimax with Kaiser Normalization.

图 10-96　运算结果 8

这是因子转换矩阵,表明因子提取的方法是主成分分析,旋转的方法是方差极大法。

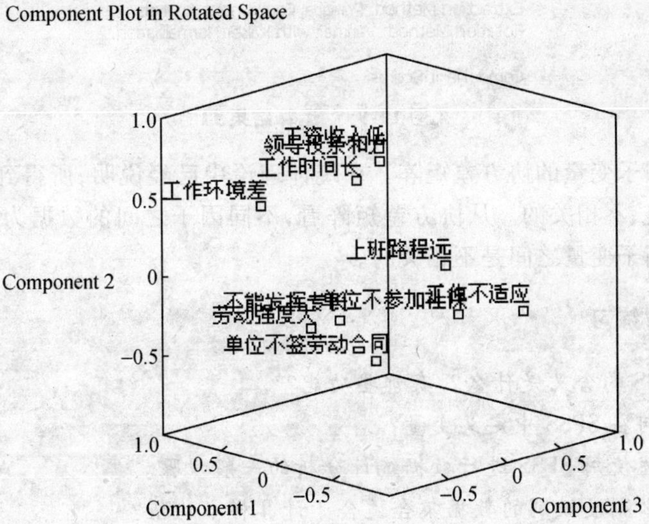

图 10-97　运算结果 9

这是 3 个因子的三维因子载荷散点图。以 3 个因子为坐标,给出各原始变量在该坐标中的载荷散点图。该图是旋转后因子载荷矩阵的图形化表示方式。如果因子载荷矩阵比较复杂,则通过该图较容易解释。

Component Score Coefficient Matrix

	Component		
	1	2	3
工资收入低	.002	.358	.092
劳动强度大	.248	-.213	-.137
不能发挥专长	.246	-.150	.033
单位不签劳动合同	-.129	-.276	-.337
单位不参加社保	-.307	-.081	-.108
工作环境差	.317	.113	-.182
工作时间长	-.023	.241	-.117
上班路程远	.071	.086	.426
领导没亲和力	.027	.333	.125
工作不适应	-.191	.007	.430

Extraction Method: Principal Component Analysis.
Rotation Method: Varimax with Kaiser Normalization.
Component Scores.

图 10-98　运算结果 10

这是因子得分矩阵,是根据回归算法计算出来的因子得分函数的系数。根据这个表格可以得到下面的因子得分系数:

$$\begin{cases} F_1 = 0.002x_1 + 0.248x_2 + \cdots - 0.191x_{10} \\ F_2 = 0.358x_1 - 0.213x_2 + \cdots + 0.007x_{10} \\ F_3 = 0.092x_1 - 0.137x_2 + \cdots + 0.430x_{10} \end{cases}$$

Component Score Covariance Matrix

Component	1	2	3
1	1.000	.000	.000
2	.000	1.000	.000
3	.000	.000	1.000

Extraction Method: Principal Component Analysis.
Rotation Method: Varimax with Kaiser Normalization.

Component Scores.

图 10-99 运算结果 11

这是因子变量的协方差矩阵。在统计理论中已经说明,所得到的因子变量应该是正交、不相关的。从协方差矩阵看,不同因子之间的数据为 0,因而也证实了 3 个因子变量之间是不相关的。

思考与练习

1. SPSS 的含义是什么?有哪些功能?

2. 如何在 SPSS 中定义变量?

3. 简述使用 SPSS 进行数据统计分析的一般步骤。

4. 什么测度级别的数据集合适合于计算样本均值?

5. 什么是数据分布的偏态?SPSS 是如何规定数据集合的负偏态、零偏态、正偏态的?

6. 什么是数据分布的峰度?SPSS 是如何规定数据集合的负峰度、零峰度、正峰度的?

7. 已知一组 Excel 数据,如下表,表示苏、鲁、浙、粤四省的产业结构,将其转化为 SPSS 数据文件(注意变量标签的设定),并计算 1995 年和 2001 年四省的服务业集中趋势(均值、中位数、众数)。

(单位:%)

	1995 年			2001 年		
	农业	工业	服务业	农业	工业	服务业
江苏	18.4	48.9	32.7	12.4	46.8	40.8
山东	22.2	43.5	34.3	15.6	47.6	36.8
浙江	16.4	49.8	33.8	11.5	48.6	39.9
广东	18.2	48.5	33.3	10.5	46.9	42.6

8. 从中国城市中随机抽取一些家庭进行子女数目的调查，结果如下表，请用 SPSS 计算子女数的样本均值、中位数、众数、四分位数、方差和标准差。

被抽取的家庭数目	25	35	85	56	15	6	2	3	1
孩子数目	0	1	2	3	4	5	6	7	8

9. 某样本集合的均值是50，标准差是4.0，求下列每个样本观察值 x 的标准化值 z：

(1) $x=54$；(2) $x=50$；(3) $x=59$；(4) $x=45$。

10. 用两种激励方法(A、B)对不同学校的两个班级的学生进行激励，每个班级有7个人，测得激励后业绩增长(%)如下表，问两种激励方法的平均激励效果有无明显差异？

激励法 A	16.10	17.00	16.80	16.50	17.50	18.00	17.20
激励法 B	17.00	16.40	15.80	16.40	16.00	17.10	16.90

11. 一股评家对某股票在一周内的涨跌情况进行预测，涨标为3，平标为2，跌标为1，对交易日(周一到周五)预测的结果为3:3:1:2:3。一周后，再来观察这支股票的涨跌情况，实际情况是1:3:2:3:3，使用卡方检验判断该股评家预测的准确度。

12. 下表是调查到的不同年龄段居民人数及死亡人数，求解年龄与死亡率的回归关系。

年龄段	≤24	25—29	30—34	35—39	40—44	45—49	50—54	55—59	60—64	65—69	≥70
居民人数	1684982	1299774	1650175	1429730	969021	632463	599913	752860	639682	511306	740112
死亡人数	818	782	1242	1525	1487	1498	2363	4879	7162	9872	50963

13. 发达程度不同的10个国家的人均 GDP 和农业 GDP 占总 GDP 的比重数据如下表。选择适当的非线性曲线，计算它们之间的相关系数。

人均 GDP(美元)	560	920	1500	2160	2670	4250	5890	6960	7320	8150
农业 GDP 占总 GDP 的比重(%)	23	18	14	9	6	5.8	5.2	4.1	3.3	4.1

14. 下表是对2008年在北京举办奥运会的态度调查，共有12个问题，请组织相关人员进行调查，初步拟定至少50个被调查对象，并进行因子分析，找出最

少的公共因子。

被调查问题	非常不同意	不同意	不一定	同意	非常同意
奥运会将显著提高中国的国际声望,树立良好的国际形象(x1)					
作为中国公民,我为奥运会在中国召开感到自豪 (x2)					
在国家财政十分困难的情况下不该举办奥运会(x3)					
只要能开好奥运会,即使影响我的生活、工作秩序也没关系(x4)					
奥运会有利于振奋民族精神,激发爱国主义热情(x5)					
奥运会的召开能为我国带来可观的经济效益(x6)					
花这么多钱办奥运会,不如把钱用于改善人民的生活(x7)					
我们举办奥运会,充分显示了社会主义制度的优越性(x8)					
奥运会的宣传声势虽大,但有些铺张浪费(x9)					
我对奥运会后经济形势的发展感到忧虑(x10)					
奥运会向老百姓集资,增加了人民负担(x11)					
奥运会将能呈现我国安定团结和改革开放的重大成就(x12)					

第 11 章　其他数据处理和统计分析软件

11.1　SAS 的简介

SAS 是美国使用最为广泛的三大著名统计分析软件(SAS,SPSS 和 SYSTAT)之一,是目前国际上最为流行的一种大型统计分析系统,被誉为统计分析的标准软件。

SAS 为“Statistical Analysis System”的缩写,意为统计分析系统。它于 1966 年开始研制,1976 年由美国 SAS 软件研究所实现商品化。1985 年推出 SAS PC 微机版本,1987 年推出 DOS 下的 SAS6.03 版,之后又推出 6.04 版。以后的版本均可在 WINDOWS 下运行,目前最高版本为 SAS6.12 版。SAS 集数据存取、管理、分析和展现于一体,为不同的应用领域提供了卓越的数据处理功能。它独特的“多硬件厂商结构”(MVA)支持多种硬件平台,在大、中、小与微型计算机和多种操作系统(如 UNIX、MVS WINDOWS 和 DOS 等)下皆可运行。SAS 采用模块式设计,用户可根据需要选择不同的模块组合。它适用于具有不同水平与经验的用户,初学者可以较快掌握其基本操作,熟练者可应用其完成各种复杂的数据处理。

目前,SAS 已在全球一百多个国家和地区拥有两万九千多个客户群,直接用户超过三百万人。在我国,国家信息中心、国家统计局、卫生部、中国科学院等都是 SAS 系统的大用户。SAS 已被广泛应用于政府行政管理、科研、教育、生产和金融等不同领域,并且发挥着愈来愈重要的作用。

11.1.1　SAS 的设计思想

SAS 的设计思想是为统计学家和科学工作者提供这样的一个工具,利用它可以完成包括从简单的描述性系统到复杂的多变数分析的各种运算,从而使人们从繁重的计算任务中解脱出来,有更多的时间和精力用于分析和解释计算的结果,而不必为如何获得这些结果花费过多的时间和精力。

11.1.2　SAS 的功能

SAS 是数据管理和分析软件包,能够完成各种统计分析、矩阵运算和绘图等。

SAS 的各项功能由功能模块完成。其中,BASA 模块为必需模块,其他模块可任选。供选择的模块包括统计(STAS)、矩阵运算(IML)、绘图(GRAPH)和全屏幕操作(FSP)等二十余个。

基础模块(BASE)具有以下功能:进行数据存储、调入、追加、拷贝和文件处理;编写报告,打印图表;进行数据排序、分类等操作;完成一些基本统计数计算(如平均数和相关系数);与一些软件包(dBASE,LOTUS 等)及大型机进行数据交换和通讯。BASE 模块为 SAS 系统的核心模块。

统计模块(STAT)提供一些高度可靠、完整的统计分析过程,主要有方差分析(包括一元、多元的单因素及多因素实验设计的方差分析),线性相关和回归分析(包括聚类分析、主成分分析、因子分析、典范相关分析)以及非参数测验等,共计 26 个过程。每个过程还提供多种不同算法和选项,从而 SAS 系统成为一个全面、细致、科学的统计分析方法集。STAT 模块为 SAS 系统的核心和精华。

矩阵运算模块(IML)是一种交互式矩阵语言,可直接进行矩阵运算(加法、乘法、求逆,计算特征值和特征向量等),适用于高级统计、工程运算和数学分析。

绘图模块(GRAPH)能在微机的绘图设备上绘制图形,可制作三维图形、地图和幻灯等。

全屏幕操作模块(FSP)为一交互式全屏幕软件,利用它可以建立、修改和浏览 SAS 数据集中的观察值,定义用户屏幕等。

11.1.3 SAS 的特点

SAS 把数据存取、管理、分析和展现有机地融为一体。主要特点如下:

1. 功能强大,统计方法齐、全、新

SAS 提供了从基本统计数的计算到各种试验设计的方差分析、相关回归分析以及多变数分析的多种统计分析过程,几乎囊括了所有最新分析方法,其分析技术先进、可靠。分析方法的实现通过过程调用完成。许多过程同时提供了多种算法和选项。例如,方差分析中的多重比较提供了包括 LSD、DUNCAN、TUKEY 测验在内的十余种方法;回归分析提供了九种自变量选择的方法(如 STEPWISE、BACKWARD、FORWARD、RSQUARE 等)。回归模型中可以选择是否包括截距,还可以事先指定一些包括在模型中的自变量字组(SUBSET)等。对于中间计算结果,可以全部输出、不输出或选择输出,也可存储到文件中供后续分析过程调用。

2. 使用简便,操作灵活

SAS 以一个通用的数据(DATA)步产生数据集,然后以不同的过程调用完成各种数据分析。其编程语句简洁、短小,通常只需很短的几句语句即可完成一些复杂的运算,得到满意的结果。结果输出以简明的英文给出提示,统计术语规范易懂,只需具有初步英语和统计基础即可。使用者只要告诉 SAS“做什么”,而不必告诉其“怎么做”。同时,SAS 的设计,使得任何 SAS 能够“猜”出的东西,用户都不必告诉它(即无需设定),并且能自动修正一些小的错误(例如,将 DATA 语句的 DATA 拼写成 DATE,SAS 将假设为 DATA 继续运行,仅在 LOG 中给出注释说明)。对运行时的错误,它会尽可能地给出错误原因及改正方法。因而 SAS 将统计的科学、严谨和准确与便于使用者有机地结合起来,极大地方便了使用者。

3. 提供联机帮助功能

使用过程中按下功能键 F1,可随时获得帮助信息,得到简明的操作指导。

11.2　LISREL 的简介

在过去的 30 年内,LISREL 模型、方法和软件已经变成结构方程模型(SEM)的代名词。SEM 允许处于社会科学、管理科学、行为科学、生物学、教育学和其他领域的研究者以经验来评估他们的理论。这些理论通常能够结合外显变量和潜变量(无法直接观察的变量)以公式来表示出模型,如果数据是作为理论模型的观察变量来收集的,那么 LISREL 程序就能够结合这些数据拟合出模型。

不过目前,LISREL 软件已经不仅仅限于 SEM,最新版本的 LISREL8.8 包含了下列统计应用程序:

(1) LISREL:用于结构方程建模;

(2) PRELIS:用于数据处理和基本统计分析;

(3) MULTILEV:用于分层线性和非线性建模;

(4) SURVEYGLIM:用于广义线性建模;

(5) CATFIRM:用于类别响应变量的 formative inference-based 递归建模(FIRM);

(6) CONFIRM:用于连续响应变量的 formative inference-based 递归建模(FIRM);

(7) MAPGLIM:用于多层数据的广义线性建模。

其中,PRELIS 与基本的统计分析处理最为相关,主要用于构建结构模型之前,对数据进行前期处理和初步分析。PRELIS 的主要用途包括:

(1) 将其他格式的数据文件(如 SAS、SPSS、Excel 等)读入并存储为 PRELIS 数据文件;

(2) 将 PRELIS(*.psf)数据输出为其他软件可读的相应格式;

(3) 对 PRELIS 数据进行处理(定义变量类型、处理缺失值、数据筛选、生成子数据集等)；

(4) 回归模型分析及初步的因子分析等；

(5) 计算矩阵(协方差矩阵,多项相关系数以及渐近协方差矩阵等)；

(6) 可以用图表直观地表现数据的状况。

11.3　SARP 的简介

80 年代末,为了克服统计软件多、乱现象,减轻基层工作人员负担,提高统计报表处理水平,国家统计局计算中心组织专项课题组,研制开发了一套"通用统计报表数据处理软件 SARP(Statistical Annual Report Processing)"。多年来,国家统计局计算中心对该系统软件多次进行改造、完善、升级,使 SARP 在功能、效率、稳定性上,都有了明显提高。无论是哪个专业的报表,无论是普通统计表还是问卷调查表,无论报表上是数字型还是字符型信息,都可以利用 SARP 系统软件进行处理。

此外,由于 SARP 是根据统计业务流程,兼顾统计业务人员习惯而设计的通用系统软件,故而它的使用比较简单,只须经过简短的培训,就可以轻松地利用它来完成日常的报表处理工作。SARP 由数据录入、数据编辑、报表处理等部分组成,是常规调查数据处理和普查数据处理的工具软件。SARP 系统是在统计年、定报处理系统的基础上,借鉴了其他统计数据处理系统的优点,加以改造、完善的。它规范了数据处理的业务流程,扩大了数据处理的范围,提高了数据处理的速度。

SARP 系统具有以下主要功能:

1. 专业环境

SARP 系统的使用采用构建处理环境的方法。用户在正确安装 SARP 系统后,即可使用。当用户准备进行某一种调查问卷的处理或进行某一类相关调查表的处理时,需要为该处理过程建立处理环境。处理环境以专业的方式建立,并记录在 SARP 系统中。

2. 指标词典

指标词典包括所创建的调查对象或调查专业的所有指标,其主要目的是作为数据录入的汉字提示和报表输出的汉字。此外,随着统计制度的改革,统计指标也会相应地发生变化。因此,独立的指标词典有利于程序的使用及维护。指标词典库分专业建立,是该专业各表使用的公共信息库。指标词典库包含该专业所有用到的指标,其表述格式简单,只有指标代码、指标名称、计量单位。用户在进行报表创建前、制表输出前应首先建立指标词典库。

3．报表

报表是SARP系统的主要处理对象。SARP系统中所有的数据处理工作都是围绕报表来完成的。按照报表存放的数据类型，报表分为单记录报表和多记录报表，即定长表和不定长表，其中，定长表又分为单位字典表和其他数据表。SARP系统中，数据表按单位字典表、定长表、不定长表划分。单位字典表是SARP系统的核心，所有的数据处理将围绕单位字典表进行。按照报表存放的数据内容，数据报表分为基层报表和综合报表，其中，基层报表存放原始调查数据，综合报表存放综合单位填报的数据或从基层报表加工的数据。

4．审核和计算

审核是按照具体的平衡关系，对报表中的数据进行审查。这是对数据进行质量控制的一个重要手段。计算是指对报表中数据进行运算的加工处理，许多分析资料都要通过计算得到。

5．汇总

SARP系统将报表的汇总工作按“叠加”、“分组”进行划分。叠加汇总是将某一单位所属的下一级单位数据对应叠加，得到该单位的汇总数。分组汇总是汇总单位的汇总数按其行、列划分，每行（或列）均是由该单位下属单位满足一定条件叠加而来的，即行（或列）不同，条件亦不同。“叠加”汇总是无条件叠加，“分组”汇总是以多个条件进行叠加。

6．制表

制表是用户统计数据处理的后期阶段。统计资料的整理和积累，统计表的上报，统计数据的提供和分析，都得通过制表来实现。

思考与练习

1．进一步学习自己感兴趣的统计软件。
2．查找并阅读其他相关统计软件的介绍。

附录1　常用数理统计表

附表1　标准正态分布表

$$\Phi(x)=\int_{-\infty}^{x}\frac{1}{\sqrt{2\pi}}e^{-\frac{u^2}{2}}du$$

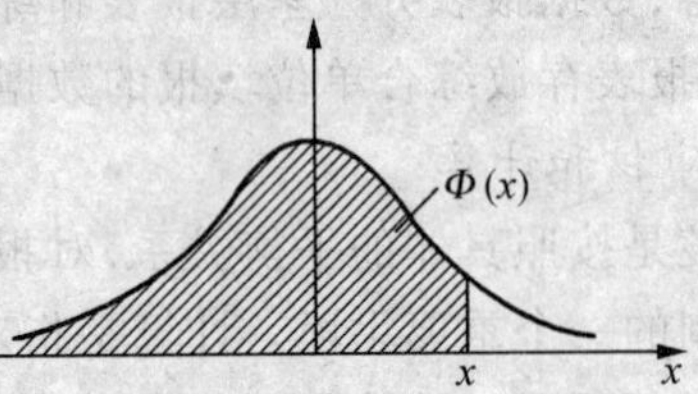

x	0	1	2	3	4	5	6	7	8	9
0.0	0.5000	0.5040	0.5080	0.5120	0.5160	0.5199	0.5239	0.5279	0.5319	0.5359
0.1	0.5398	0.5438	0.5478	0.5517	0.5557	0.5596	0.5636	0.5675	0.5714	0.5753
0.2	0.5793	0.5832	0.5871	0.5910	0.5948	0.5987	0.6026	0.6064	0.6103	0.6141
0.3	0.6179	0.6217	0.6255	0.6293	0.6331	0.6368	0.6406	0.6443	0.6480	0.6517
0.4	0.6554	0.6591	0.6628	0.6664	0.6700	0.6736	0.6772	0.6808	0.6844	0.6879
0.5	0.6915	0.6950	0.6985	0.7019	0.7054	0.7088	0.7123	0.7157	0.7190	0.7224
0.6	0.7257	0.7291	0.7324	0.7357	0.7389	0.7422	0.7454	0.7486	0.7517	0.7549
0.7	0.7580	0.7611	0.7642	0.7673	0.7703	0.7734	0.7764	0.7794	0.7823	0.7852
0.8	0.7881	0.7910	0.7939	0.7967	0.7995	0.8023	0.8051	0.8078	0.8106	0.8133
0.9	0.8159	0.8186	0.8212	0.8238	0.8264	0.8289	0.8315	0.8340	0.8365	0.8389
1.0	0.8413	0.8438	0.8461	0.8485	0.8508	0.8531	0.8554	0.8577	0.8599	0.8621
1.1	0.8643	0.8665	0.8686	0.8708	0.8729	0.8749	0.8770	0.8790	0.8810	0.8830
1.2	0.8849	0.8869	0.8888	0.8907	0.8925	0.8944	0.8962	0.8980	0.8997	0.9015
1.3	0.9032	0.9049	0.9066	0.9082	0.9099	0.9115	0.9131	0.9147	0.9162	0.9177
1.4	0.9192	0.9207	0.9222	0.9236	0.9251	0.9265	0.9278	0.9292	0.9306	0.9319
1.5	0.9332	0.9345	0.9357	0.9370	0.9382	0.9394	0.9406	0.9418	0.9430	0.9441
1.6	0.9452	0.9463	0.9474	0.9484	0.9495	0.9505	0.9515	0.9525	0.9535	0.9545
1.7	0.9554	0.9564	0.9573	0.9582	0.9591	0.9599	0.9608	0.9616	0.9625	0.9633
1.8	0.9641	0.9648	0.9656	0.9664	0.9671	0.9678	0.9686	0.9693	0.9700	0.9706
1.9	0.9713	0.9719	0.9726	0.9732	0.9738	0.9744	0.9750	0.9756	0.9762	0.9767
2.0	0.9772	0.9778	0.9783	0.9788	0.9793	0.9798	0.9803	0.9808	0.9812	0.9817
2.1	0.9821	0.9826	0.9830	0.9834	0.9838	0.9842	0.9846	0.9850	0.9854	0.9857
2.2	0.9861	0.9864	0.9868	0.9871	0.9874	0.9878	0.9881	0.9884	0.9887	0.9890
2.3	0.9893	0.9896	0.9898	0.9901	0.9904	0.9906	0.9909	0.9911	0.9913	0.9916
2.4	0.9918	0.9920	0.9922	0.9925	0.9927	0.9929	0.9931	0.9932	0.9934	0.9936
2.5	0.9938	0.9940	0.9941	0.9943	0.9945	0.9946	0.9948	0.9949	0.9951	0.9952
2.6	0.9953	0.9955	0.9956	0.9957	0.9959	0.9960	0.9961	0.9962	0.9963	0.9964
2.7	0.9965	0.9966	0.9967	0.9968	0.9969	0.9970	0.9971	0.9972	0.9973	0.9974
2.8	0.9974	0.9975	0.9976	0.9977	0.9977	0.9978	0.9979	0.9979	0.9980	0.9981
2.9	0.9981	0.9982	0.9982	0.9983	0.9984	0.9984	0.9985	0.9985	0.9986	0.9986
3.0	0.9987	0.9990	0.9993	0.9995	0.9997	0.9998	0.9998	0.9999	0.9999	1.0000

注：表中末行系函数值 $\Phi(3.0),\Phi(3.1),\cdots,\Phi(3.9)$

附录 2　SPSS 各菜单统计功能一览

附表 2-1　File 菜单项

菜单	功能描述
File 菜单项	文件菜单提供了对数据文件进行打开、保存、另存为、调用、打印、退出等 16 条命令。SPSS 不仅能调用 SPSS 不同版本生成的数据文件，还能调用 Excel、Lotus、Dbase、SYLK、Tab-delimited、Syntax 等生成的各类文件，也可以使用 ODBC 的数据源
……New 子菜单项	New 子菜单项有如下的选项 Data：新建一个 SPSS 数据文件 Syntax：新建一个 SPSS 命令文件 Output：新建一个输出结果文件 Draft Output：新建一个草稿文件 Script：新建一个脚本文件
……Open 子菜单项	Data：打开一个 SPSS 数据文件 Syntax：打开一个 SPSS 命令文件 Output：打开一个输出结果文件 Script：打开一个脚本文件 Other：打开其他文件
……Open Database 子菜单项	New Query：打开一个新的数据库查询文件 Edit Query：编辑数据库查询文件 Run Query：运行数据库查询文件
……Read Text Data 子菜单项	打开一个文本格式的数据文件
……Save 子菜单项	保存 SPSS 数据文件
……Save as 子菜单项	保存数据文件，并且可以指定保存成 Excel、Text、Dat 等格式的文件
……Print 子菜单项	打印数据文件
……Print Review 子菜单项	浏览数据文件
……Recently Used Data 菜单项	该菜单中保存了最近使用过的 SPSS 数据文件，选中某个文件，就可以直接将其打开
……Recently Used File 菜单项	该菜单中保存了最近使用过的 SPSS 文件，包括 SPSS 命令文件、结果文件等，选中某个文件，就可以直接将其打开
……Exit 子菜单项	关闭、退出

附表 2-2　**Edit 菜单**

菜单	功能描述
Edit 菜单	编辑菜单提供了撤销操作、剪切、复制、粘贴、删除、查找、功能设置等命令。这些功能和 Word 的编辑菜单功能类似
……Undo 子菜单项	可以撤销上一次的操作
……Redo 子菜单项	再进行一次同样的操作
……Cut 子菜单项	剪切
……Copy 子菜单项	复制
……Paste 子菜单项	粘贴
……Paste Variables 子菜单项	粘贴变量
……Clear 子菜单项	清除
……Find 子菜单项	查找
……Options 子菜单项	功能设置，单击该菜单，会出现功能设置窗口，可以对系统的各方面设置进行调节，如果用户不理解其中的一些命令，请使用系统的默认值

附表 2-3　**View 菜单**

菜单	功能描述
View 菜单	View（视图）菜单视图菜单提供了显示或关闭状态栏、工具栏、内容区网格线等 6 条命令
……Status Bar 子菜单项	状态栏的显示或关闭
……Toolbars 子菜单项	工具栏的显示或关闭
……Fonts 子菜单项	字体栏的显示或关闭
……Grid Lines 子菜单项	内容区网格的显示或关闭
……Value Lables 子菜单项	值标签的显示或关闭
……Variables 子菜单项	变量编辑窗口的显示

附表 2-4　**Data 菜单**

菜单	功能描述
Data 菜单	Data（数据）菜单数据菜单提供了定义日期、插入变量、插入个案、查找个案、个案排序、增加个案、数据文件合并、数据文件分割等 12 条命令
……Define Dates 子菜单项	定义日期数据的格式
……Insert Variable 子菜单项	插入变量
……Insert Cases 子菜单项	插入个案
……Go to Case 子菜单项	查找个案
……Sort Cases 子菜单项	个案排序
……Transpose 子菜单项	数据文件的行列互换，该命令会创建一个新的数据文件，原文件的变量（Variable）变为个案（Case），原文件的个案变成变量，SPSS 自动创建新的变量名

（续表）

菜单	功能描述
……Restructure 子菜单项	数据文件的结构重构，可以完成 将所选择的变量变成个案 将所选择的个案变成变量 整个数据文件的行列互换
……Merge Files 子菜单项	合并数据文件，其中： Add cases：数据文件的纵向合并，将一个 SPSS 数据文件的内容追加到数据编辑窗口当前数据的后面，然后将合并后的数据重新显示在数据编辑窗口上 Add Variables：数据文件的横向连接，也就是变量值的合并。利用横向合并可以将两个或两个以上的具有相同个案的数据文件连在一起。将 SPSS 数据文件的内容连接到当前数据编辑窗口的右边，然后将合并后的数据文件显示在数据编辑窗口中
……Aggregate 子菜单项	分类汇总，用户对数据编辑器中的数据按指定变量的数值进行归类分组汇总。实现数据文件的分类汇总需要指定分类变量和汇总变量；然后，计算机自动根据分类变量的若干个不同取值对个案数据分成若干类，并对每类个案计算汇总变量的描述统计量；最后将分类汇总计算结果保存到一个文件中
……Split File 子菜单项	数据文件的分组（分割）。先对数据文件中的数据按某个变量进行分组，然后再求各个组的统计分析。用户一旦设置了分组，那么此后的所有分析都将按这种分组进行，除非取消数据分组的命令
……Select Cases 子菜单项	选取个案子集，在数据统计中可从所有资料中选择一些符合指定条件的个案数据进行统计分析
……Weight Cases 子菜单项	变量加权。给不同的变量赋予不同的权重，也就是数据的加权

附表 2-5 Transform 菜单

菜单	功能描述
Transform 菜单	Transform（转换）菜单提供了变量赋值、随机测定、替换缺省值等10项实用功能
……Compute 子菜单项	可以生成新的变量，并且给新变量赋值。赋值可以通过已有变量获得，可以是已有变量的函数，用户也可以选择 SPSS 自带的一些赋值函数
……Recode 子菜单项	变量的重新赋值。在数据编辑过程中，用户可对各个个案的某个变量的数值重新赋予新值。这种操作只适用于数值型变量。它有两个选项： Into Same Variables：对变量自身重新赋值 Into Different Variables：赋值到其他变量或新生成的变量

（续表）

菜单	功能描述
……Random Number Seed 子菜单项	随机数种子的选取。该菜单设置随机函数要用到的随机数种子，以便产生一系列随机数。在 SPSS 中自动设置为 2000000
……Count 子菜单项	产生计数变量。产生计数变量就是实现计数功能，它对所有个案或满足一定条件的个案，计算若干个变量中有几个变量的值落在指定的区间内，并将计数结果放入一个新变量中
……Categorize Variables 子菜单项	分组变量。它可以将连续数值变量转换成离散的了组别变量。程序将会产生新的变量，包含组别结果
……Rank Cases 子菜单项	个案次序确定。可以得到在指定条件下某个或某些变量值的大小顺序
……Automatic Recode 子菜单项	自动赋值。可以将字符型、数字型数值转变成连续的整数，并将结果保存在一个新的变量中。字符型数据按照字母的顺序来排序
……Create Time Series 子菜单项	创建序列变量。可以根据已有的序列函数创建新的变量。对于时间序列分析有用
……Replace Missing Values 子菜单项	缺失值的替换。对于缺失值，可采取多种方式进行科学替代，如用变量的平均值替换等。这里的缺失值必须是系统或用户指定的

附表 2-6 Analysis 菜单

菜单	功能描述
Analysis 菜单	Analysis 菜单是 SPSS 的精华所在，它提供了强大、完备的统计方法
……Reports 子菜单项	报告子菜单，主要是对原始数据作整理和初步分析。包括如下 4 个方面： OLAP Cubes：Online Analytical Processing Cubes Case Summaries：个案概要 Report Summaries in Rows：以行的形式输出报告 Report Summaries in Columns：以列形式输出报告
……Descriptive Statistics 子菜单项	能完成一般的描述统计功能，包括： Frequencies：频数描述 Descriptive：描述统计量计算 Explore：指定个案的综合描述统计 Crosstabs：多维频数列表，列联分析 Ratio：比率描述

（续表）

菜单	功能描述
……Compare Means 子菜单项	均值比较和 T 检验，包括： Means：分组计算指定变量的描述统计量 One-Sample T Test：独立样本 T 检验 Paired-Samples T Test：配对样本 T 检验 One-Way ANOVA：单因素方差分析
……General Linear Model 子菜单项	一般线性模式。该过程属于专业统计和高级统计分析过程，可以完成简单的多因素方差分析和协方差分析，可以分析各因素的主效应，还可以分析各因素之间的交互效应。在安装 SPSS 的时候需要选中 Adv. stats 组，否则该菜单只有一项内容。它有四个选项： Univariate：单变量 GLM Multivariate：多变量 GLM Repeated Measures：重复测量设计的 GLM Variance Components：方差成分
……Correlate 子菜单项	相关分析，用于衡量变量之间的相关程度，包括： Bivariate：两个变量之间相关分析 Partial：偏相关分析，计算两个变量在控制了其他变量的影响下的相关系数 Distances：距离相关分析，对变量或观测量进行相似性或不相似性测量
……Regression 子菜单项	回归分析，用于考察变量之间的数量变化规律，并通过一定的数学表达式来描述变量之间的关系，进而确定一个或者几个变量的变化对另一个特定变量的影响程度。包括下面几个选项： Linear：线性回归分析 Curve Estimation：曲线估计 Binary Logistic：二值逻辑回归分析 Multinomial Logistic：多项逻辑回归分析 Ordinal：有序回归 Probit：概率回归分析 Nonlinear：非线性回归分析 Weight Estimation：加权估计 2-Stage Least Squares：两阶段最小二乘法回归分析
……Loglinear 子菜单项	对数线性分析，包括： General：一般对数线性分析 Logit：Logit 分析 Model Selection：模型选择对数线性分析

（续表）

菜单	功能描述
……Classify 子菜单项	聚类和判别分析，通过某种分类方法，将一批样本数据按照他们在性质上的亲密程度在没有先验知识的情况下自动进行分类。包括： K-Means Cluster：快速聚类过程 Hierarchical Cluster：分层聚类过程 Discriminent：判别分析
……Data Reduction 子菜单项	降维、简化数据过程，包括： Factor：因子分析 Correspondence：对应分析
……Scale 子菜单项	等级分析，包括： Reliability Analysis：可靠性分析（信度） Multidimensional Scaling：多维等级分析
……Nonparametric Tests 子菜单项	非参数检验，不是针对总体参数，而是针对总体的某些一般性假设的统计分析方法，包括： Chi-Square：卡方检验 Binomial：二项分布检验 Runs：游程检验 1-Sample K-S：单样本 K-S 检验 2 Independent Samples：两独立样本非参数检验 K Independent Samples：多独立样本非参数检验 2 Related Samples：两配对样本非参数检验 K Related Samples：多配对样本非参数检验
……Multiple Response 子菜单项	多重应答，包括： Define Sets：定义多重应答数据集合 Frequencies：多重应答频数 Crosstabs：多重应答交叉列表

附表 2-7 Graphs 菜单

菜单	功能描述
Graphs 菜单	Graphs（图形）菜单，这是 SPSS 成名的又一法宝，可与 Excel 的制图功能相比
……gallery 子菜单项	画廊，列出了 SPSS 能够绘制的图形，并可以查询如何实现这些图形功能

（续表）

菜单	功能描述
……Interactive 子菜单项	交互式图形简单，它可以使得 SPSS 生成的图形更加美观，包括： Bar：交互式条形图 Dot：交互式点图 Line：交互式线图 Ribbon：交互式条形图 Drop-Line：交互式垂线图 Area：交互式面积图 Pie：交互式圆图：下面有三个子命令，即：Simple 单式圆图；Clustered 复式圆图；Plotted 坐标式圆图 Boxplot：交互式箱图 Error Bar：交互式误差条图 Histogram：交互式直方图 Scatterplot：交互式散点图
……Bar 子菜单项	条形图
……Line 子菜单项	线图
……Area 子菜单项	生成简单面积图和堆栈面积图
……Pie 子菜单项	圆图(饼图)，以圆的整体面积代表总体，按照各构成部分占总体比重的大小把面积分割成扇形
……High-Low 子菜单项	可以生成高-低-收盘图、极差图和距限图
……Pareto 子菜单项	可以生成排列图或 Pareto 帕雷托图
……Control 子菜单项	控制图(管理图)，用于分析和判定生产工序是否处于稳定状态所使用的一种带有控制界线的统计图
……Boxplot 子菜单项	可以生成探查数据的箱图
……Error Bar 子菜单项	误差条图，描述数据总体离散情况
……Scatter 子菜单项	可以生成简单散点图、重叠散点图、矩阵散点图和三维散点图
……Histogram 子菜单项	可以生成直方图，以一组无间隔的直条图表现频数分布特征
……P-P 子菜单项	P-P 概率图，根据变量的累计比例对所指定的理论分布累计比例绘制的图形，可以直观表示样本数据是否和某个概率分布相一致
……Q-Q 子菜单项	Q-Q 概率图，根据变量分布的分位数对所指定的理论分布分位数绘制的图形，也是用于检验样本分布的一种图形
……Sequence 子菜单项	序列图
……ROC Curve 子菜单项	ROC 曲线
……Time Series 子菜单项	时间序列图，反映现象发生一系列统计指标变化情况的统计图

附表 2-8 Utilities 菜单

菜单	功能描述
Utilities 菜单	Utilities(实用程序)菜单,提供了变量信息、文件信息、定义设置、用户设置和自动增加新个案等命令
……Variables 子菜单项	显示变量信息对话框,显示所选择变量的各种定义信息,包括数据类型、标签、缺失值规定等
……File Info 子菜单项	文件信息,单击该菜单,将在结果输出窗口中显示数据文件的变量信息等
……Define Sets 子菜单项	定义变量子集。在数据文件有众多变量,可以根据变量的性质,将所有变量分成几个变量子集,每个变量子集包括几个相似的变量。这对于以后的变量分析和显示都是很有帮助的
……Use Sets 子菜单项	使用变量子集。通过上面的定义变量子集菜单,定义了变量的子集,这里可以设置 SPSS 要分析那些变量子集,SPSS 默认分析所有变量
……Run Script 子菜单项	运行脚本文件
……Menu Editor 子菜单项	菜单编辑器。通过该编辑器,可以增加或删除 SPSS 操作界面的菜单

附表 2-9 Window 菜单

菜单	功能描述
Window 菜单	窗口菜单提供了 SPSS 最小化、SPSS 数据编辑窗口和 SPSS 输出窗口的切换言之功能
……Minimize All Windoes 子菜单项	最小化所有窗口
……"窗口名"子菜单项	这里会列出所有 SPSS 中打开的窗口,单击某个"窗口名",将会使该窗口显示在最上面

附表 2-10 Help 菜单

菜单	功能描述
Help 菜单	Help(帮助)菜单帮助菜单提供了帮助主题、SPSS 教程、SPSS 语句指南、SPSS 漫游、关于 SPSS 等 5 个功能
……Topics 子菜单项	帮助主题窗口。该帮助主题窗口中,有两个标签页,一是"目录",可以按目录方式进行检索;一个标签页是"索引",在其中可以输入需要查询的关键字,下面的栏中则会显示出和该关键字相关的内容
……Tutorial 子菜单项	帮助导航,以浏览器形式显示帮助文件
……SPSS Home Page 子菜单项	显示 SPSS 主页,http://www.spss.com/
……Statistics Coach 子菜单项	统计方法指导,SPSS 对一些基本模块中的统计提供了 Statistics Coach 帮助
……About 子菜单项	关于窗口

参考文献

1. 王静主编:《劳动与社会保障统计学》,中国劳动社会保障出版社 2005 年版。

2. 王爱文、赵锡铭主编:《劳动和社会保障规划统计与管理信息系统》,中国劳动社会保障出版社 2005 年版。

3. 何军主编:《劳动与社会保障》,东北财经大学出版社 2002 年版。

4. 国家统计局人口和就业统计司、劳动和社会保障部规划财务司编:《中国劳动统计年鉴》,中国统计出版社 2005 年版。

5. 马费成主编:《信息资源开发与管理》,电子工业出版社 2005 年版。

6. 楼策群主编:《信息管理学基础》,科学出版社 2005 年版。

7. 朱红等编著:《信息资源管理导论》,国防工业出版社 2006 年版。

8. 杜栋主编:《现代统计信息系统理论与实践》,清华大学出版社 2004 年版。

9. 易丹辉、尹德光主编:《居民消费统计学》,中国人民大学出版社 1995 年版。

10. 朱顺泉等编著:《管理信息系统理论与实务》,人民邮电出版社 2004 年版。

11. 吴今培等编著:《现代数据分析》,机械工业出版社 2006 年版。

12. 高敏雪、李静萍主编:《经济社会统计》,中国统计出版社 2003 年版。

13. 游士兵等主编:《统计学》,武汉大学出版社 2001 年版。

14. 贾晶主编:《信息系统的安全与保密》,清华大学出版社 1999 年版。

15. 左美云、邝孔武主编:《信息系统开发与管理教程》,清华大学出版社 2006 年版。

16. 杜栋主编:《统计信息系统》,中国统计出版社 2006 年版。

17. 齐治昌、谭庆平、宁洪主编:《软件工程》,高等教育出版社 2004 年版。

18. 何明璐、霍娅敏、罗霞:《公路运输统计指标管理信息系统》,载《西南交通大学学报》2000 年第 3 期。

19. 王文博、赵昌昌主编:《统计学》,西安交通大学出版社 2005 年版。

20. 卢小广主编:《统计学教程》,清华大学出版社、北京大学出版社 2006 年版。

21. 荣钦科技主编:《Excel 2003 在统计学中的应用》,电子工业出版社 2005 年版。

22. 常柏林、高峻、柴国栋主编:《概率与数理统计》,东南大学出版社 1991 年版。

23. 余锦华等编著:《多元统计分析与应用》,中山大学出版社 2005 年版。

24. 余建英等编著:《数据统计分析与 SPSS 应用》,人民邮电出版社 2003 年版。

25. 阮桂海等编著:《统计分析应用教程》,清华大学出版社 2003 年版。

26. 马庆国编著:《应用统计学:数理统计方法、数据获取与 SPSS 应用》,科学出版社 2005 年版。

27. 符启勋等主编:《实用统计学》,国防工业出版社 2005 年版。

28. 临杰斌等编著:《SPSS 11.0 与统计模型构建》,清华大学出版社 2004 年版。

29. 王庆石等编著:《统计学案例教材》,东北财经大学出版社 2001 年版。

30. 劳动和社会保障部规划财务司编:《优秀劳动保障统计分析报告集》,中国劳动社会保障出版社 2005 年版。

31. 国家统计局国民经济综合统计司编:《优秀统计分析报告集萃》,中国统计出版社 2003 年版。

32. 暴奉贤、陈宏立主编:《经济预测与决策方法》,暨南大学出版社 1995 年版。